# रामकथा व्यास-परम्परा



सम्पादक
डॉ. श्यामसुन्दर दुबे

वाणी प्रकाशन

**वाणी प्रकाशन**

*4695, 21-ए, दरियागंज, नयी दिल्ली 110 002*

फ़ोन : +91 11 23273167 फ़ैक्स : +91 11 23275710

**शाखाएँ**

*अशोक राजपथ, पटना 800 004, बिहार*

*कॉफ़ी हाउस कैम्पस, महात्मा गांधी मार्ग, इलाहाबाद 211 001, उत्तर प्रदेश*

*महात्मा गांधी अन्तरराष्ट्रीय हिन्दी विश्वविद्यालय, वर्धा 442 001, महाराष्ट्र*

*सुल्तानिया रोड, मोतिया पार्क, भोपाल 462 001, मध्य प्रदेश*

www.vaniprakashan.com
marketing@vaniprakashan.in
sales@vaniprakashan.in

*In Association with*

ESTD.-1986

Ayodhya Shodh Sansthan

*presents*

RAMKATHA VYAS-PARAMPARA
*Edited by* Dr. Shyamsundar Dubey

ISBN : 978-93-88684-69-9
Religion/Culture



प्रथम संस्करण 2020

मूल्य : ₹ 399



*सिटी प्रेस, दिल्ली-110 095 में मुद्रित*

*वाणी प्रकाशन का लोगो मक़बूल फ़िदा हुसेन की कूची से*

*सम्पादकीय*

# 'व्यास आदि कविवर्य बखानी'

लगभग पैंसठ वर्ष पूर्व के वे दिन आज याद कर रहा हूँ–जिन दिनों –रामकथा मेरे बालमन में धीरे–धीरे उतर रही थी। मैंने रामचरितमानस पढ़ना प्रारम्भ किया था, और एक नवाह पारायण भी कर लिया था। गाँव में नवाह पारायण की परिपाटी थी। रामचरितमानस का पाठ गाँव में ढिवरी के मद्धिम उजाले में अनेक घरों में होता था। मेरी बहिनें मानस के पाँच दोहे शाम के समय गाकर पढ़ती थीं। मेरे पिता मानस की व्याख्या करते थे। मैं कभी बैठकर, कभी बिस्तर में घुसे–घुसे ये कथा सुनता रहता था। तब तक मेरे गाँव में सार्वजनिक रूप से मानस के प्रवचनों का आयोजन नहीं हुआ था। अखण्ड मानस पाठ का ज़रूर होता रहता था।

मैंने पहली बार इसी समय 'रामचरितमानस' का सार्वजनिक कार्यक्रम अपने गाँव में आयोजित होते देखा–सुना था। एक वृद्ध पण्डित जी सतना के क़रीब के किसी गाँव से आये थे। उनकी सफ़ेद दाढ़ी थी। वे लम्बी बाँहों का चोंगानुमा कुर्ता पहनते थे। बघेली में बात करते थे। वे रात में मानस पर प्रवचन करते थे। प्रवचन, कहने के लिए प्रवचन थे। जबकि थी यह मानस की मनगढ़न्त व्याख्या। गाँव के ही एक पण्डित जी मानस के दोहे–चौपाइयाँ पढ़ते और बूढ़े बाबा हाथ फटकार–फटकार करके बघेली में उनकी व्याख्या करते हुए वाणी के बाग़–बगीचा लगाया करते थे। गाँव के लोग उनकी व्याख्या से ख़ुश थे। उन्हें लोग मानस का विद्वान मानने लगे थे।

इन्हीं दिनों मुझे पिता के साथ ज़िला मुख्यालय दमोह जाने का अवसर मिला। उस समय दमोह में अगरिया वाले पण्डित जी की रामकथा चल रही थी। पिता इस तरह के आयोजन में पहुँचते थे–वे मुझे भी साथ ले गये थे। पहली बार मैंने सुसज्जित मंच देखा, मंच पर बैठे व्यास को देखा। उनके साथ बैठी संगीत मण्डली को देखा। पहली बार मैंने हज़ारों श्रोताओं को एक साथ कथा में देखा। मैं इस दृश्यानुभूति से ही चमत्कृत था। मैंने जब पण्डित जी को बोलते सुना तो मुझे लगा कि यही रामकथा रसवाहिनी है। मेरी बाल–बुद्धि पर इस प्रवचन का गहरा प्रभाव पड़ा और मैं लम्बे अरसे तक उस प्रवचन का पारायण–सा करता रहा।

इन घटनाओं का ज़िक्र इसलिए किया कि साठ वर्ष पहले तक मानस पर प्रवचन करने का सिलसिला इतना सघन नहीं था। कथाएँ होती थीं। सीमित श्रोता रहते थे। यहाँ तक कि एक हालनुमा कमरे में भी प्रवचन हो जाते थे। मेरे पिता बताया करते

थे कि हमारी हटा बस्ती में स्वनामधन्य मानस प्रवचनकार रामकिंकर जी के पिताश्री कथा करने आया करते थे।

हमारी सभी कथाएँ चाहे वे पौराणिक हों अथवा धार्मिक हों अथवा लोक कथाएँ हों, श्रोता–वक्ता और एक श्रोता रहा है, तो कभी एक वक्ता और बड़ी तादाद में श्रोता रहे हैं। श्रोताओं की एक संख्या अक्सर कथाओं के सन्दर्भ में आती है। कथा–कथन के लिए नैमिषारण्य क्षेत्र को चुना गया था जहाँ अठासी हज़ार ऋषिगण श्रोता के रूप में उपस्थित रहते थे। सूत जी व्यास बनकर कथा कहते थे।

हमारी वैदिक और पौराणिक साहित्य की कथाएँ श्रोता–वक्ता के बीच लोकप्रिय हो चुकी थीं। तुलसी ने रामकथा अपने गुरु के मुख से ही सुनी थी।

इसके पूर्व भी लव–कुश रामकथा का गायन कर चुके थे। तुलसी ने रामकथा को कहने–सुनने का बड़ा स्पेस निर्मित किया। उनकी कथा चार जगह चार जोड़ियों के माध्यम से कही–सुनी गयी। इन्हें तुलसीदास ने रामकथा सरोवर के चार घाट की तरह निरूपित किया। शंकर और पार्वती, काग भुसुंडी और गरुड़, याज्ञवल्क्य और भरद्वाज के साथ तुलसी और सन्त जन! इस तरह देव, पक्षी, ऋषि और कवि सन्त सभी स्तरों पर रामकथा कही– सुनी गयी है।

रामचरितमानस की रचना के बाद रामकथा को कहने–सुनने की पद्धति का क्रमशः विकास होता गया है। स्वयं तुलसीदास के पूर्व तक रामकथा कहने की बात लोकश्रुतियों से उजागर होती है। सम्भवतः वाल्मीकि की रामायण या अन्य और राम के चरित–काव्यों को कहने–सुनने की परिपाटी रही हो, लेकिन यह निश्चित है कि उस समय कथा संस्कृत आधारित ही थी, हो सकता है कहीं–कहीं अपभ्रंश में भी कथा का प्रचलन रहा हो। हनुमान जी के दर्शन का प्रसंग रामकथा के आयोजन से ही जुड़ा है जिसने तुलसीदास को हनुमान जी से मिलाया था।

तुलसी ने रामचरितमानस के माध्यम से रामकथा के लोकवृत्त को व्यापक परिधि से जोड़ दिया। उनकी कथा 'भाखा' में रची गयी। पूर्व–प्रचलित छन्द दोहा–चौपाइयों में रची गयी यह कथा एक तरह से सिद्ध छन्दों का आश्रय पाकर जनमानस में जल्दी ही पैठ सकी। जायसी का पद्मावत अवधी में दोहा, चौपाई, छन्द में ही रचा गया था और यह काव्य–रूप लोकविश्रुत और लोकप्रिय हो चुका था।

फिर तुलसी ने राम के पावन चरित्र को इस शैली में वर्णित कर कथा को कई स्तरों पर महनीय और सम्प्रेषणीय बना दिया। समाज, संस्कृति, भक्ति, ज्ञान, वैराग्य और नीति आदि के व्यापक फलकों को उन्मोचित करनेवाली इस कृति में जो अनन्त सम्भावनाएँ विद्यमान हैं, उनकों युगों के अन्तराल में भी तलाशा जायेगा और यह तलाश मानव जीवन को सार्थक दिशा प्रदान करती रहेगी।

अपनी इन्हीं उत्तम विशेषताओं के कारण रामचरितमानस को अपार लोकप्रियता हासिल हुई। यह विद्वानों और सामान्यजनों के लिए प्रबोधित करने में समर्थ है इसलिए यह सर्वसंवेद्य है। व्यास–परम्परा में इसका आगमन एकाएक नहीं हुआ है, न ही इसके

माध्यम से व्यास–परम्परा का सूत्रपात ही हुआ। शताब्दियों पूर्व से हमारे देश में पुराण प्रवचन की परम्परा रही है। श्रीमद्भागवत महापुराण के साप्ताहिक कथा आयोजन की परम्परा पर्याप्त पूर्व से इस देश के गाँव–गाँव में थी। 'मानस' ने इसी परम्परा नें अपना स्थान निर्धारित किया। आज भागवत के प्रसंगों में भी मानस के प्रसंगों की अवतारणा होती रहती है। ये दोनों महाग्रन्थ व्यास–परम्परा के आधार हैं।

मानस की व्यास–परम्परा अब स्वतन्त्र रूप से भी गतिशील है। 'मानस' की कथा का मंचन रामलीलाओं के माध्यम से होता है जिसमें तुलसीदास के दोहे, चौपाइयों का ही संवाद की तरह प्रयोग होता है। कुछ अन्य कवियों की कविताएँ इस प्रयोजन के लिए चुन ली जाती हैं। रामलीलाओं ने लोकांचलों में रामकथा को लोकप्रिय बनाने में अपनी भूमिका का तो निर्वहन किया ही, प्रकारान्तर से रामकथा की व्यास–परम्परा को भी आधार प्रदान किया। अनेक व्यास रामलीला से ही व्यास गद्दी पर प्रतिष्ठित हुए हैं।

रामकथाओं में संगीत की अपनी प्रभावी भूमिका है वैसे सभी तरह की कथाओं में संगीत का अतिरिक्त आकर्षण होता है, किन्तु रामचरितमानस के छन्द अनेक राग–रागिनियों में गाये जा सकते हैं। लोकगीतों में भी मानस के प्रसंगों का अद्भुत समायोजन हुआ है, इसलिए लोकगीतों के गायन का भी अवसर रामकथा में है। एक सहज संगीत संलाप रामकथा में सम्भव होता है। इसलिए संगीतमय रामकथा का अलग ही आकर्षण रहता है।

रामकथा विभिन्न अंचलों में अपनी उपस्थिति अपने तरह से दर्ज कराये हुए है। राम का चरित लोकव्यापी है। रामचरितमानस की रचना के पूर्व भी रामकथा लोक के संस्कारों में ढल चुकी थी। तुलसी ने अपने रामचरितमानस की रचना में लोक की इस रचना–प्रणाली को भी अपनी कथा–रचना में कहीं–कहीं स्थान दिया है। जो रामकथा लोकचित्त में बसी हुई है। व्यास–परम्परा में उस चित्त को द्रवित–स्रवित करने में अधिक सक्षम है इसलिए रामकथा की लोकव्यापिनी सामर्थ्य को व्यास–परम्परा ने अनेक आयाम दिये।

रामकथा व्यास–परम्परा का लोक में समादर इस कथा की सहजता में तो निहित है ही इसकी चमत्कारगर्भिता भी इस रूप में सहायक है। श्रद्धा और विश्वास के क्षेत्र के चमत्कारों की बात छोड़ दें तो अर्थगत, भावगत और शब्दगत चमत्कार रामकथा में जिस काव्यत्व का प्रभाव व्यक्त करते हैं, वह वक्ता और श्रोता को रसानुभूति से भरने वाला है। बहुत से गुणी वक्ता कथा के इस आन्तरिक चमत्कार को बेहद कुशलतापूर्वक प्रकट करते हैं। विशेष रूप से रामचरितमानस में निहित चमत्कारों पर तो वक्ता जैसे नयी–नयी शोध लेकर ही आते हैं। यह अन्यतम काव्य गुण भी रामकथा की लोकप्रियता का एक विशेष पक्ष है।

रामकथा इस देश की आत्मा में बसी हुई है इसलिए देश की बिखरी शक्तियों को जोड़ने में भी यह कथा समर्थ है। परिवार, समाज और राष्ट्र के आदर्शों की प्रतिमान

रामकथा आज की विखण्डित हो रही सभी स्तरों की परिस्थितियों को जाग्रत कर रही है। भारतीय चिन्तन परम्परा में जिस मानवतावाद की परिकल्पना की गयी है रामकथा उसे उद्बुद्ध करती है, उसे साकार करती है।

रामकथा को विस्तारित करने में इलेक्ट्रॉनिक मीडिया की बड़ी भूमिका है। पिछले पच्चीस–तीस सालों में टी.वी. के माध्यम से रामकथाओं के प्रसारण में व्यापक विस्तार हुआ है। अनेक चैनल्स इस तरह के कार्यक्रमों का सतत प्रसारण कर रहे हैं, इस रूप में रामकथा विश्वव्यापिनी हो रही है। कुछ चैनल्स केवल इसी तरह के कार्यक्रम प्रसारित करते हैं। इन चैनल्स के माध्यम से घर–घर में रामकथा के श्रोता और दर्शक हैं। अधिकतर ये चैनल्स रामकथाओं का लाइव प्रसारण करते हैं इसलिए रामकथा के कार्यक्रमों में साज–सजावट और उनका अनुशासित एवं समयबद्ध प्रस्तुतीकरण सम्भव हो रहा है। इस रूप में कथा– शैली के वैविध्य के साथ कथा के अनेक अनछुए पहलुओं का भी उद्घाटन हो रहा है।

मानस पर केन्द्रित प्रवचनों की शृंखला के आयोजन जगह–जगह होते रहते हैं। इन कार्यक्रमों के द्वारा अनेक विद्वानों को एक ही मंच पर कार्यक्रम देने का अवसर प्राप्त होता है। 'नवरात्रि व्याख्यान माला', 'तुलसी जयन्ती व्याख्यान माला', 'पावस व्याख्यान माला' आदि शीर्षकों से मानस पर व्याख्यान मालाएँ आयोजित की जाती हैं। इन व्याख्यान मालाओं के माध्यम से समाज के एक बड़े हिस्से को एक साथ कई विद्वानों को सुनने का अवसर सुलभ हो जाता है।

शताब्दियों से इस तरह के प्रवचनों का सिलसिला चल रहा है। पहले जब संसाधन विकसित नहीं हुए थे, तब प्रवचनकारों की वाणी को स्थायित्व प्रदान करने का स्थायी तरीक़ा नहीं था। पढ़ने–लिखने में उन्नति हुई तो प्रवचनकारों के प्रवचन लिपिबद्ध किये जाने लगे। पत्र–पत्रिकाओं और पुस्तकों में ऐसे प्रवचन सुरक्षित रखे जाने लगे। बाद में कैसेट्स आदि उपकरण आये तो व्याख्यान रिकॉर्ड होने लगे। इन्हें सुरक्षित रखने और इनके प्रसारण का स्थायी आधार बना किन्तु ये सब होने के बावजूद प्रवचनकारों के विषय में सामान्यजन तक जानकारियों का अभाव–सा रहा। प्रवचनकारों का समवेत परिचय मिलना कठिन था।

यह कार्य–योजना प्रवचनकारों के परिचय को एक जगह उपलब्ध कराने के उद्देश्य से क्रियान्वित की गयी है। सूचना एकत्रित करना इस कार्य का ध्येय अवश्य था, किन्तु इसके पीछे यह दृष्टि थी कि प्रवचनकारों की शैली और रुचि का भी उल्लेख हो सके–ऐसा किया भी गया है। इस कार्य में सामग्री संकलन में किंचित कठिनाई थी। प्रवचनकार अक्सर भ्रमणशील रहते हैं। उनके कार्यक्रम सतत चलते हैं इसलिए उन तक पहुँचना सरल काम नहीं रहा। फिर प्रवचनकर्ता अपने विषय में भी एक सामान्य जानकारी उपलब्ध करा सकते हैं। वे स्वयं अपने विषय में अधिक जानकारी नहीं देते इसलिए उन्हें सुनने–गुनने के बाद ही उनकी प्रवचन–शैली आदि को जाना जा सकता है।

इस कार्य को करते हुए यह अनुभव हुआ कि यह भी एक व्यापक जगत है। गोस्वामी जी ने जो कहा है कि "हरि अनन्त हरि कथा अनन्ता" यह व्यास–परम्परा पर सटीक बैठने वाली पंक्ति है। रामकथा के व्यास अनगिनत हैं। गाँवों–क़स्बों से लेकर नगरों–महानगरों में व्यास श्रेणी के विद्वान सर्वत्र उपलब्ध हैं। अधिकांश व्यासों ने अपने आश्रम भी निर्मित कर लिए हैं। इन व्यासों की अपनी गुरु परम्परा है, अपने प्रेरणास्रोत हैं। उनके सम्बोधन की शैली भिन्न–भिन्न हैं। इनके सम्बोधन के तरीक़े अपने–अपने हैं।

अक्सर यह देखने को मिला है कि क्षेत्रीयता भी व्यास–परम्परा में अपना महत्त्वपूर्ण स्थान रखती है। व्यास की भाषा–शैली क्षेत्रीयता से भी परिचालित होती है। यह भी एक तथ्य है कि गाँवों–क़स्बों में कथा करनेवाले व्यास क्षेत्रीय बोलियों को भी अपने प्रवचन का आधार बनाते हैं। ऐसा इसलिए कि वे जिनको सम्बोधित कर रहे है उन्हें बात समझ में आनी चाहिए। रामकथा के प्रसंगों के अनुकूल वे लोकगीतों का चयन भी करते हैं, उन लोकगीतों को लोकधुनों के आधार पर संगीत की लय में सुनाते भी हैं। इससे कार्यक्रम की स्पष्टता बढ़ जाती है।

देश–विदेश की यात्रा करनेवाले व्यास रामकथा के ऐसे प्रचारक और विस्तारक हैं जो भारतीय संस्कृति के लोक हितैषी तत्त्वों को विदेशों में लोकप्रिय बना रहे हैं। विदेशों में इस कथा की लोकप्रियता बढ़ने के मायने हैं कि भारतीय संस्कृति के प्रति विदेशी जनों का रुझान बढ़ रहा है। एक तरह से सांस्कृतिक सम्बन्धों की दृढ़ता इस रूप में बढ़ती है। कथाकार एक तरह से सांस्कृतिक एम्बेसडर हैं।

अब कथाओं का आयोजन ख़र्चीला होता जा रहा है। पहले जहाँ व्यास एक तख्त पर बैठकर सम्बोधित करते थे अब उनकी मंच सज्जा बेहतरीन होने लगी है। जितने दिन कथा चलती है, उतने दिन मंच–सज्जा का स्वरूप अलग–अलग बनाया जाता है। श्रोताओं को बैठने की सुविधाजनक व्यवस्था की जाती है। पण्डाल सुन्दर और सुरक्षित बनाया जाता है। आधुनिक सुख–सुविधाओं का पूरा ध्यान रखा जाता है। ध्वनि–विस्तारक के साथ–साथ वीडियो रिकॉर्डिंग की सुविधा बनायी जाती है। प्रथम प्रसार में भी बड़े पैमाने पर व्यय किया जाता है। यह कथा का बदला हुआ परिवेश है। इस रूप में सामान्यजन की इतनी सामर्थ्य नहीं रहती है कि वह कथाओं का आयोजन करा सके। सार्वजनिक प्रयासों या श्रीमन्तों के संरक्षण में ही कथाओं के आयोजन की कल्पना की जा सकती है।

कथाओं में तामझाम की बढ़ती प्रवृत्ति ने इन्हें एक अलग तरह की सांस्कृतिक पहचान भी दी है। संगीत के साथ–साथ इनमें नृत्यों का भी आयोजन होने लगा है–प्रसंगानुकूल झाँकियाँ सजने लगी हैं। कथा में राजनीति से सम्बन्धित व्यक्तियों की विशेष पूछ–परख बढ़ रही है। ये सब कथा के आकर्षक बनानेवाले प्रयास ज़रूर हैं किन्तु उससे कथा की अन्तरंग भाव और विचार चेतना की हानि हो जाती है। श्रोता–दर्शक एक विशेष प्रदर्शन का हिस्सा बनकर कथा मूल के प्रयोजन से विरत

हो जाता है। इस कार्ययोजना को मैंने बोली क्षेत्रों के अनुसार विभाजित किया है। विभिन्न बोली क्षेत्रों के प्रवचनकारों को यथासम्भव इसमें सम्मिलित किया गया है जिन्हें कार्यक्रमों के लिए देश–विदेश की यात्राएँ करनी पड़ती हैं और कुछ ऐसे प्रवचनकारों पर हमने स्वतन्त्र विवेचन भी प्रस्तुत किया है, जो अखिल भारतीय स्तर पर अपनी पहचान बनाने में समर्थ हुए हैं।

इस कार्य में यह तथ्य प्रसन्नतावर्द्धक रहा है कि सभी श्रेणियों के व्यासों को इस कृति में सम्मिलित कर लिया गया है। रामकथा व्यास–परम्परा का यह मिनी कोश जैसा है। यह इस दिशा का प्रस्थानिक कार्य है। इस क्षेत्र में आगे शोध और समाहार की बहुत दिशाएँ खुलेंगी और विद्वज्जन इन दिशाओं में संचरणशील भी होंगे।

इस कार्य को सम्पन्न करने में अयोध्या शोध संस्थान की ही भूमिका रही है। इस शोध संस्थान ने मुझे प्रेरित किया, इस हेतु संस्थान के निदेशक प्रिय डॉ. योगेन्द्र प्रताप सिंह को मैं प्रीतिपूर्वक अपना धन्यवाद करता हूँ। उन सभी मानस व्यासों को और उन सभी लेखकों को भी अपना आभार व्यक्त करता हूँ, जिन्होंने इस कार्य को करने में यत्किंचित सहायता की है।

हटा (दमोह) म.प्र.

**डॉ. श्यामसुन्दर दुबे**

# अनुक्रम

## खण्ड एक
## परिचय

## खण्ड दो
## प्रभाव

# खण्ड एक

## परिचय

।।रामकथा के मिति जग नाँही।।

# बुन्देलखण्ड क्षेत्र की व्यास-परम्परा

**डॉ. अवधेश कुमार चंसौलिया**

बुन्देलखण्ड का प्राचीन नाम जैजाक मुक्ति था। आधुनिक दृष्टि से उत्तर प्रदेश और मध्य प्रदेश के कुछ ज़िला मिलाकर बुन्देलखण्ड का निर्माण हुआ है। बुन्देलखण्ड पहाड़ें–घाटियों का इलाका है। यहाँ जंगलों से आच्छादित भूमि अधिक है। बेतवा, केन, ब्यारमा, धसान, आदि यहाँ की प्रमुख नदियाँ हैं। चित्रकूट, ओरछा, कुंडलपुर आदि यहाँ के तीर्थस्थल हैं इस क्षेत्र में श्रीराम वनगमन के समय आये थे। इसलिए यह भूमि राम के श्री चरणों से पवित्र भूमि है।

यहाँ के लोकगीतों में राम के चरित्र की अनुगूँज है। रामकथा को यहाँ के कवियों ने विस्तारित किया है। महाकवि केशवदास ने 'रामचन्द्रिका' जैसा महाकाव्य रचा तो आधुनिक युग में राष्ट्रकवि मैथिलीशरण गुप्त ने 'साकेत' की रचना की है। यहाँ गाँव–गाँव में रामलीलाएँ होती रही हैं। रामकथा के प्रवाचक के रूप में रहली में रामचन्द्र वीर महाराज की कथा प्रसिद्ध थी। टीकमगढ़ में सुप्रसिद्ध कथावाचक सुश्री उमा भारती का जन्म हुआ। बाद में उमा भारती राजनीति में आ गयीं और मध्य प्रदेश की मुख्यमन्त्री तक बनीं। उमा भारती जी ने सम्पूर्ण भारतवर्ष में रामकथा कहकर बुन्देलखण्ड क्षेत्र को गौरवान्वित किया। रामकथा कहनेवाले विद्वानों में सागर विश्वविद्यालय के पूर्व कुलपति डॉ. भागीरथ मिश्र रामकथा के विद्वान प्रवक्ता थे। उन्होंने तुलसीदास पर पुस्तकों की रचना भी की है। दमोह के श्री झुन्नीलाल वर्मा भी मानस के मर्मज्ञ विद्वान थे। उनकी 'भरत दर्शन' कृति उस समय की सुप्रसिद्ध कृति थी।

महाराजा छत्रसाल ने सन् 1703 में छतरपुर को बसाया था। महोबा का एक पाण्डेय परिवार उस समय छतरपुर में आकर बस गया। इस परिवार में विद्वान पण्डितों ने जन्म लिया। बाद में यह परिवार झाँसी ज़िले के मऊरानीपुर आ गया और पं. खुरखुरी पाण्डेय ने 'रामचरितमानस' और 'विनयपत्रिका' की हस्तलिखित पोथी प्राप्त कर इन ग्रन्थों का गहन अध्ययन किया और वह रामचरितमानस पर प्रवचन करने लगे। इसी परिवार में आगे पं. नन्द किशोर पाण्डेय भी मानस के प्रसिद्ध प्रवचनकार हुए।

हटा नगर के पं. दुर्गाप्रसाद पाण्डेय ने रामकथा प्रवचन में संगीत का समावेश किया। वह कुशल गायक थे। स्वयं हारमोनियम बजाते थे। उस समय तक बुन्देलखण्ड में इस तरह की कथा–वाचकी का वातावरण कम था। फिर भी पण्डित जी ने इस क्षेत्र में अपनी संगीतमय रामायण से एक भक्तिमय प्रवचन–शैली के विकास में अपना योगदान किया।

बुन्देलखण्ड में मानस प्रवचनों की आयोजन श्रृंखलाएँ चलती रहती हैं, जिनमें देशभर के मानस प्रवचनकार सम्मिलित होते रहते हैं।

## पूजा पचौरी 'प्रज्ञा'

वृन्दावन के गुरु श्री किशोर दास जी एवं श्री सिया रामदास महन्त के आशीर्वाद से रामकथा में रुचि जाग्रत होने के उपरान्त पूजा पचौरी ने रामकथा को जन–जन तक पहुँचाने का व्रत लिया। वह बचपन से ही कथा सुनने और कहने की लगन अपने भीतर बनाये हुए थीं। सुयोग्य अवसर प्राप्त होने पर वह एक लोकप्रिय कथावाचक के रूप में उभरकर आयीं।

प्रज्ञा जी सात्विक और पवित्र विचारों से ओत–प्रोत हैं। वह कीर्तन का आश्रय लेकर अपनी कथा के सूत्र आगे बढ़ाती हैं। वह स्वयं अच्छी गायिका हैं, इसलिए उनकी कथा संगीत रस से आपूरित रहती है। संगीत मण्डली वह अपने साथ रखती हैं। वह बीच–बीच में पदों का गायन कर कथा को विस्तार देती हैं।

उनकी कथा में भक्ति का प्रवाह उमड़ता है इसलिए वह भावुक कथावाचिका हैं। वह सामान्यतः कथा के सभी प्रसंगों को प्रस्तुत करती हैं किन्तु उनकी विशेष रुचि मार्मिक प्रसंगों को नयी भव्य छवि प्रदान करने में है। वह परम्परित शैली में भी अपनी मौलिकता इस रूप में प्रकट करती हैं कि वह जीवन के यथार्थ से कथा की संरचना को जोड़ती चलती हैं।

वह सहज सरल भाषा में तथा बोधगम्य लहजे में अपनी कथा प्रस्तुत करती हैं। इसी कारण उनकी कथा जन–रंजन के साथ–साथ लोक–शिक्षण के विभिन्न आयामों को भी स्पर्श करती है। वह अभी और आगे बढ़ेंगी।

पूजा पचौरी 'प्रज्ञा' के पिताश्री का नाम पं. श्री रामगोविन्द पचौरी और माता का नाम श्रीमती रचना पचौरी है। आपका जन्मस्थान–साँबा (जालौन) उ.प्र. है। उन्होंने अपनी पहली कथा रौन (भिण्ड) में की थी। तब से अब तक लगभग 500 प्रवचन कर चुकी हैं। आप स्नातक तक शिक्षित हैं।

**आपका पता है–**

*ग्राम–साँबा, जालौन (उ.प्र.)*

## स्वामी राजेश्वरानन्द चतुर्वेदी

ग्राम पचोखरा, ज़िला जालौन में जन्म लेनेवाले कथा–व्यास स्वामी राजेश्वरानन्द सरस्वती ने कथा–कथन की प्रेरणा अपने पिताश्री अमरदास शर्मा से ली। वह उच्च शिक्षा के प्रथम पायदान पर ही थे, तभी उनके भीतर रामकथा के प्रचार–प्रसार का भाव जाग्रत हुआ। उन्होंने अध्ययन (महाविद्यालयीन) छोड़कर, रामकथा का गहन स्वाध्याय किया। वह जब कथा के भीतर के चरित्र रत्नों से परिचित हुए तब उन्होंने कथा–व्यास के रूप में सक्रिय भूमिका निभाना प्रारम्भ कर दी। अब तक वह तीन हज़ार कार्यक्रम अपनी कथा के दे चुके हैं। वह लोकप्रिय व्यास हैं।

अपनी कथा वह वाद्य–यन्त्रों की सुरलहरी के माध्यम से प्रस्तुत करते हैं इसलिए कथा

में विशेष आकर्षण बना रहता है! वह गायन–वादन में निपुण कथा–व्यास हैं। रामचरितमानस के दोहों–चौपाइयों को वह अपने गायन के माध्यम से साकार करने की क्षमता रखते हैं।

उनके प्रवचनों के अनेक संकलन प्रकाशित हुए हैं–जिनमें 'रामकथा सुधा', 'रामकाज लगि तव अवतारा', 'भजनांजलि', 'मानस पुष्पांजलि' आदि प्रमुख हैं। स्वामी जी कवित्व शक्ति से परिपूर्ण हैं इसलिए उनकी कथा का प्रवाह काव्यमय होता है। यद्यपि वह तात्विक चिन्तन प्रधान कथा के भी पक्षधर हैं। अपनी कथा में उन्हें हनुमान जी का चरित्र प्रिय है, इसलिए वह हनुमान अर्पित अपने कथा–पुष्पों की माला भक्ति–भाव से गूँथते हैं। स्वामी जी के प्रवचनों की भाषा भावानुगामिनी है। वह विषय के प्रतिपादन में समर्थ हैं।

उन्होंने अमर शान्ति नाम से अपना आश्रम स्थापित किया है। वहीं रहकर रामकथा से सम्बन्धित शोध और अध्ययन करते और कराते रहते हैं। स्वामी जी अपने क्षेत्र से श्रद्धा सहित जुड़े हुए हैं। इसलिए उनका क्षेत्र उन्हें अपनी धरोहर जैसा मानता है।

आपका जन्म 22 सितम्बर 1955 में हुआ। आपकी माता का नाम श्रीमती शान्ति देवी है। आपके गुरु का नाम ब्रह्मलीन स्वामी अविनाशी रामजी महाराज था। आपने अपनी पहली रामकथा (छत्तीसगढ़) में की थी। तब से लगभग आप 4000 कथाएँ सम्पन्न कर चुके हैं।

**आपका पता है–**

*अमर शक्ति आश्रम, ग्राम पचोखरा, पोस्ट जालौन (उ.प्र.)*

## डॉ. हरिहर गोस्वामी

डॉ. हरिहर गोस्वामी 'मानस विश्वास' के उपनाम से भी विख्यात रहे हैं। यह उपनाम शायद उन्होंने मानस के प्रति अपनी आस्था व्यक्त करने के लिए रखा है। मानस विश्वास शासकीय महाविद्यालय में प्रोफ़ेसर रहे हैं। सुदर्शन और आकर्षक व्यक्तित्व के केन्द्र 'मानस विश्वास' अपनी पहली ही मुलाकात में प्रभावित करनेवाले व्यक्तित्व थे। उनका समग्र जीवन अध्यापन तथा कथा करने में व्यतीत हुआ।

'मानस विश्वास' जी का कण्ठ सुरीला था, वह बहुत अच्छे गायक थे। मानस के दोहे और चौपाइयाँ वह अपनी गरजती आवाज़ में तार स्वर में प्रस्तुत करते थे, तो वातावरण झंकृत हो उठता था। उन्हें गायन के लिए वाद्य मण्डली की भी ज़रूरत नहीं पड़ती थी। वह अकेले ही पर्याप्त रहते थे।

उनकी कथा चमत्कारिक प्रभाव उत्पन्न करती थी। अक्सर वह ऐसे प्रसंग उठाते थे, जिनके कुछ रहस्य छिपे रहते थे। वह छिपे रहस्यों को उजागर करने के लिए रामचरितमानस का ही सहारा लेते थे। जैसे हनुमान का लंका प्रवेश प्रसंग जब कहते थे तो यह अवश्य बताते थे कि मंसक समान रूप धारण करनेवाले हनुमान जी के पास अँगूठी कैसे सुरक्षित रही–इस हेतु वह और अष्ट सिद्धि नव निधि के दाता का स्मरण करते थे। ऐसे प्रसंग श्रोताओं को नयी–नयी जानकारियाँ देनेवाले रहते थे।

वह हिन्दी के प्रोफ़ेसर थे अतः उनकी भाषाशैली परिमार्जित रहती थी, किन्तु वह देश–काल के अनुसार भाषा–व्यवहार करते थे। उनकी रामकथाएँ पश्चिम बंगाल तक में लोकप्रिय थीं।

डॉ. मानस विश्वास ने अपने छात्रों को भी रामकथा कहने की कार्यशालाएँ आयोजित की थीं। वह चाहते थे कि व्यास–परम्परा में नयी प्रतिभाएँ आयें और आज के पढ़े–लिखे लड़के इसे अपनायें। मानस विश्वास सहज–सुलभ व्यक्तित्व थे।

पं. मानस विश्वास के पिता का नाम पं. श्री रामचरण गोस्वामी एवं माता का नाम श्रीमती राजा बेटी गोस्वामी था। आपके गुरु का नाम श्री मानस मयंक खुरई वाले था। वे ही कथा के प्रेरणास्रोत थे। मानस विश्वास जी का जन्म 13 जुलाई 1937 को सिरसा, तहसील स्यौढ़ा, ज़िला दतिया (म.प्र.) में हुआ था। आपने अपने जीवन काल में लगभग 900 कार्यक्रम किये।

## श्रीमती शान्ति देवी पाण्डेय 'मानस मन्दाकिनी'

श्रीमती शान्ति देवी पाण्डेय 'मानस मन्दाकिनी' की उपाधि से विभूषित हैं। वह सन्त शिरोमणि रामदास जी की शिष्या हैं। उन्होंने अपनी पहली रामकथा झाँसी में प्रस्तुत की थी। तब से लगातार अब तक वह एक हज़ार स्थानों पर अपनी कथा का विस्तार कर चुकी हैं। उनका जीवन भगवत् सेवा में समर्पित है। वह जनता जनार्दन में विश्वास करती हैं इसलिए रामकथा को अपनी भक्ति का आधार मानती हैं।

यद्यपि उनके गुरु ने उन्हें इस मार्ग पर बढ़ाया, लेकिन वह मानती हैं कि मानस–पाठ करते–करते ही उनके भीतर रामकथा कहने की प्रेरणा जाग्रत हुई। लगभग उसी तरह से जैसे राष्ट्रकवि मैथिलीशरण गुप्त ने अपने पिताश्री रामचरन जी गुप्त के निर्देशानुसार रामचरितमानस के 108 पाठ किये और पाठ करते–करते ही उनमें कविता रचने का स्रोत उमड़ पड़ा। इसलिए उन्होंने लिखा था–

**राम तुम्हारा चरित्र स्वयं ही काव्य है–**
**कोई कवि बन जाये सहज सम्भाव्य है।**

कुछ ऐसी ही प्रेरणा मानस–पाठ से 'मानस मन्दाकिनी' को प्राप्त हुई और वह व्यास–माला की रत्नावली की एक विशिष्ट रत्न बन कर चमकीं।

मानस मन्दाकिनी जी अपनी कथा संगीतमय ढंग से ही प्रस्तुत करती हैं। संगीत के अन्तर्गत वह मानस के दोहों–चौपाइयों का तो गायन करती ही हैं, विभिन्न कवियों द्वारा रचित–पदों को भी अपने गायन में समाहित कर लेती हैं।

उनकी कथा में अधिकतर पारिवारिक आदर्शों के सिद्धान्तों की चर्चा रामचरितमानस के पारिवारिक आदर्शों के आधार पर होती है। वह समाज को अपनी कथा के आधार से सन्देश देना चाहती हैं कि सामाजिक समरसता ही मानव जीवन का सार है और यह तभी आयेगी जब प्रत्येक मनुष्य प्रभु चरणों का आश्रय ग्रहण करे और धर्म के विहित मार्ग पर चलने का आधार बनाये।

आपकी माता का नाम श्रीमती माधव बेनी और पिता का नाम पं. श्री दीनदयाल दुबे है। आपका जन्मस्थान उदोतपुरा (भिण्ड) है। आपकी जन्मतिथि 1 जुलाई 1948 है।

**आपका पता है–**

*शान्ति आश्रम, चिरगाँव, झाँसी (उ.प्र.)*

## मानस माधुरी मंशाजी

मानस माधुरी मंशाजी–यथानाम तथागुण हैं। वह सचमुच मानस को उसकी सम्पूर्णता में माधुर्य भाव के साथ प्रस्तुत करती हैं। उनके अभी तक पाँच सौ से ऊपर कार्यक्रम विभिन्न स्थानों पर सम्पन्न हो चुके हैं। उनके पिता ही उनके कथा–गुरु रहे हैं। इसलिए उन्हें व्यास पीठ परम्परा के रूप में ही प्राप्त हुई है।

मंशा जी की कथा रस प्रधान होती है, वह गायन–वादन के साथ कथा करती हैं। उनका कण्ठ मधुर है। वह अभी तक पाँच सौ से अधिक प्रवचन कर चुकी हैं। वह अपनी कथा को प्रसंगों और चरित्रों को विस्तार देने में माहिर कथाकार मानी जाती हैं। उनकी पहली कथा सहरसा (बिहार) में आयोजित की गयी थी, तब से वे विभिन्न प्रान्तों में कथा कर चुकी हैं।

मंशा जी अपने प्रवचन को सरस बनाने के लिए दृष्टान्तों का सहारा लेती हैं। वह दृष्टान्तों का चयन पौराणिक कथाओं से भी करती हैं, और आज की परिस्थितियों से भी दृष्टान्त चुनती हैं। उनका लक्ष्य रहता है कि वह कथा की प्रेषणीयता को बनाये रखें। वह लोक बोलियों की लोकगीत परम्परा से भी अपने लिए कुछ चुन लेती हैं। इससे कथा में जीवन की पुलक आ जाती है।

मंशा जी कथा में अधिकतर नारी–चरित्रों की गरिमा और उनकी आदर्श मर्यादाओं को केन्द्र बनाकर अपनी बात कहती हैं। मानस के नारी–चरित्र उन्हें आकर्षित करते हैं। वह इन चरित्रों की गहराई में उतरकर उनका विवेचन मधुरा शैली में करती हैं।

मंशा जी का जन्म ग्वालियर में 9 मार्च 1978 में हुआ है। आपके पिता का नाम श्री गोस्वामी रामस्वरूप जी उपमन्यु हैं। माता का नाम श्रीमती सरस्वती उपमन्यु है। आपके गुरु तुल्य पिताश्री ही रहे हैं।

**आपका पता है–**

*खासगी बाज़ार, लक्ष्मीनारायण मन्दिर, लश्कर, ग्वालियर (म.प्र.)*

## ब्रजरसिक भागवताचार्य पं. जानकी वल्लभ शास्त्री

ब्रजरसिक भागवताचार्य पण्डित जानकी वल्लभ शास्त्री जी महाराज श्रीमद्भागवत महापुराण के साथ रामचरितमानस पर भी प्रवचन करते हैं। यह कहना असंगत न होगा कि शास्त्री जी अधिकतर रामकथा पर ही केन्द्रित रहते हैं। रामकथा व्यास डॉ. श्यामसुन्दर पाराशर उनके कथा–गुरु हैं। वह कथा को सरस और सहज ढंग से सम्प्रेषणीय बनाते हैं। वह कथा के बीच–बीच में गायन भी करते हैं, गायक मण्डली उनके साथ रहती है। लेकिन इसे यह न मान लिया जाये कि वह कथा का तात्विक विवेचन नहीं करते हैं। वह प्रसंगानुकूल कथा की गूढ़ व्याख्याएँ भी करते हैं। विशेष रूप से संस्कृत की सम्पुट में शब्दों की व्याख्या और शब्दों की व्युत्पत्ति भी देते रहते हैं।

शास्त्री जी सार्वजनिक सुलभ दृष्टान्तों को भी प्रस्तुत करते हैं। इस कारण उनकी कथा रंजन भी करती है और उपदेश भी देती है। समकालीन कथाकारों में उनका विशेष स्थान है।

शास्त्री जी की भाषा–शैली प्रवाहमय है। वह श्रोता को अपने साथ ले चलने की क्षमता रखते हैं। वह अपनी कथा में समकालीन सन्दर्भों की भी प्रस्तुति करते हैं। शास्त्री जी की कथाओं से नागर जनों के साथ–साथ लोकांचली जन भी प्रभावित होते हैं।

रामचरितमानस के भावुक प्रसंगों को वह बड़े ही प्रभावी ढंग से कहते हैं। यथा भरत–मिलाप, दशरथ–स्वर्गारोहण आदि। वह हनुमान चरित्र का भी ओजस्वी और भक्तिमय चित्रण करते हैं।

शास्त्री जी से कथा–परम्परा को बहुत आशाएँ हैं। पं. पाठक जी का जन्म भितखार ग्वालियर (म.प्र.) में हुआ। 14 मई 1982 आपकी जन्मतिथि है। आपके पिताश्री का नाम पं. वृन्दावन लाल जी पाठक और माताश्री का नाम श्रीमती सुखदेवी पाठक है। आप व्याकरणाचार्य की उपाधि से विभूषित हैं। आपके गुरु का नाम पं. कमल किशोर शास्त्री जी महाराज है। आपकी पहली कथा श्री कुंज वृन्दावन में हुई थी। तब से अब तक सैकड़ों कथाएँ हो चुकी हैं। अपने प्रवचनों को वह लेखबद्ध भी प्रकाशित कराते हैं।

**आपका पता है–**

*खेड़ापति मुहल्ला खरैली घाट, वार्ड 14 भितखार, ग्वालियर (म.प्र.)*

## मानस माधुरी सुश्री दीपा भारती

संगीत में उच्च शिक्षा प्राप्त मानस माधुरी सुश्री दीपा भारती जी को 'सनातन धर्म प्रवक्ता' की उपाधि से विभूषित किया गया है। वह ठाकुर जी धारी महाराज की शिष्या हैं। वह अबतक सौ से अधिक स्थानों पर अपनी कथा प्रस्तुत कर चुकी हैं। भगवद्भक्ति पारायण मानस माधुरी जी 'सनातन धर्म' की विशद व्याख्या करनेवाली और वर्तमान में सनातन धर्म की रक्षा की ध्वजा धारण करनेवाली कथावाचिका हैं।

वह शास्त्रीय संगीत में निष्णात हैं। संगीत और वैदुष्य का अद्भुत संगम है–मानस माधुरी जी का व्यक्तित्व। वह अपनी कथा में संगीत का ख़ूब सहारा लेती हैं। उनकी संगीतमय कथा सुनने के लिए श्रोताओं का हुजूम उमड़ पड़ता है। वह रामचरितमानस की चौपाइयों को अनेक रागों में प्रस्तुत करती हैं।

मानस माधुरी जी अपनी कथा संगीतबद्ध तो कहती हैं, किन्तु वह कथा के तात्विक पक्ष पर भी ध्यान देती हैं। वह कथा–मर्म उद्घाटन करने में समर्थ व्यास हैं। इसलिए उनकी कथाएँ बौद्धिक पिपासा रखनेवाले श्रोता भी अपनी सन्तुष्टि प्राप्त करते हैं। वह कथा के बीच–बीच में दृष्टान्तों के माध्यम से भी कथा को सरस बनाती हैं इसलिए आबाल–वृद्ध उनकी कथा से प्रभावित होते हैं।

मानस माधुरी जी अच्छी लेखिका भी हैं। लगभग साठ लेख रामचरितमानस पर लिखे हैं। इन लेखों में उनकी चिन्तन शक्ति का अच्छा समाहार हुआ है। यह सोना में सुहागा ही कहा जायेगा कि मानस माधुरी संगीत गायन तथा कथा–कथन में पारंगत बहुआयामी व्यास हैं। वह अपनी कथा से लोकहित का संवर्द्धन करती रहें।

आपके पिता का नाम पं. श्री रमाकान्त मिश्रा शास्त्री तथा माता का नाम श्रीमती कमला मिश्रा है। आपके गुरु का नाम स्वामी शतानन्द गिरि जी महाराज है। आप सनातन धर्म की प्रमुख प्रवक्ता हैं।

**आपका पता है–**

*सनातन धर्म मन्दिर (प्रमुख पुजारी), लश्कर, ग्वालियर (म.प्र.)*

## पं. अवधेश मणि शाण्डिल

पं. अवधेश मणि शाण्डिल के पिताश्री का नाम पं. विजेन्द्र मणि शाण्डिल है। आपका जन्म 15 मई 1967 में हुआ। आपके गुरु डॉ. मदनमोहन मिश्र वाराणसी हैं। आपको कथा कहने की प्रेरणा अपने पिताश्री से प्राप्त हुई है। आप उच्च शिक्षित हैं। आपने परास्नातक तक शिक्षा ग्रहण की है, आपकी कथा व्यास–परम्परा वाराणसी के डॉ. मदन मोहन मिश्र के चरणचिह्नों का अनुसरण करनेवाली है। सिरजन आश्रम में आपकी प्रथम कथा हुई थी। अब तक लगभग पाँच सौ कथाएँ आपके श्रीमुख से श्रोता सुन चुके हैं।

पं. अवधेश जी गायन के साथ कथा करते हैं। कभी–कभी संगीत मण्डली भी साथ लेकर चलते हैं। वह कथा की सरस धारा के प्रवक्ता हैं। वह स्वयं छन्दबद्ध रचनाओं को गाकर प्रस्तुत करते हैं। गायन के कारण कथा की लोक प्रसिद्धि में चार चाँद लग जाते हैं। पण्डित जी का विश्वास है कि कथा प्रभु की आराधना का ही एक अंग है, इसलिए इसे आराधना की तरह ही लेना चाहिए, यह कोई व्यवसाय नहीं है।

पण्डित जी आधुनिक दृष्टि से भी अपनी कथा का विषय चयन करते हैं। वह परम्परित कथा के पक्षधर ज़रूर हैं, किन्तु समकालीन जीवन से निरपेक्ष नहीं हैं, इसलिए वह ऐसे प्रसंगों पर अधिक फोकस करते हैं, जो आज की ज़रूरत हैं। वह राम का चरित्रांकन करते हुए उनकी राष्ट्रभक्ति और उनके मातृभूमि के प्रति किये गये प्रेम की चर्चा ज़रूर करते हैं। इस रूप में श्रीराम का शील, सौन्दर्य और पराक्रम राष्ट्र का ही प्रतीक है। वह चौदह वर्ष की अपनी वन–यात्रा में जैसे अपने राष्ट्र की ही आत्मा की तलाश में संलग्न रहते हैं। वह इस देश की पग–पग यात्रा नापते हैं, और उत्तर से दक्षिण तक एकात्म्य भाव को जाग्रत करते हैं। पण्डित जी का चिन्तन आधुनिक है, इसलिए वह कथा में आधुनिकता बोध भी जगाते हैं।

पण्डित जी ने अपना आश्रम बनाया है। यह आश्रम 'सिरजन आश्रम' कहलाता है। यह गौरी बाज़ार देवरिया में है।

*प्रस्तुति : पं. वीरेन्द्र शर्मा कौशिक*

## पं. अरूण कुमार गोस्वामी

पं. अरुण कुमार गोस्वामी का जन्म 12 मार्च 1964 को हुआ था। इनके पिताश्री का नाम पं. रामप्रसाद गोस्वामी है। इनके गुरु डॉ. रामाधार शर्मा, विद्यावाचस्पति हैं। इनकी शिक्षा आठवीं कक्षा तक है। पहली कथा इन्होंने वियादिन में की थी। फिर तो कथा कहने का जो प्रवाह चला तो अनवरत आज तक चल रहा है। अब तक इनके 1200 से अधिक कथा–आयोजन

हो चुके हैं। आपको कथा कहने की प्रेरणा श्री पाण्डेय जी महाराज, साला, ज़िला रीवा (म.प्र.) से प्राप्त हुई है। श्री पाण्डेय जी रामचरितमानस के अच्छे गायक हैं।

श्री अरुण कुमार भी अपनी कथा कवित्त–सवैयों, दोहों–चौपाइयों से सजाते–सँवारते हैं। आपका कण्ठ और उच्चारण अच्छा है इसलिए आपकी कथा में मधुरता का पुट रहता है। बीच–बीच में दृष्टान्त शैली का भी आप प्रयोग करते हैं। आपका गद्य भी अच्छा है इसलिए आपकी कथा में सम्प्रेषणीयता बनी रहती है।

पं. अरुण कुमार को मानस के सभी प्रसंगों में रुचि है। वह अपने प्रवचनों में प्रसंगानुकूल भावना की भूमिका प्रारम्भिक चरण में विभिन्न दृष्टान्तों के माध्यम से बाँधते हैं, फिर वह अपने इष्ट प्रसंग पर केन्द्रित होते हैं। वह प्रसंग में से प्रसंग निकालते चलते हैं। कभी–कभी अन्य कथाओं से भी प्रसंगों की अवधारणा कर लेते हैं। एक तरह से वह प्रसंग गुच्छ निर्मित करते हैं। इस प्रसंग गुच्छ में एकसूत्रता निहित रहती है।

पण्डित जी की दृष्टि में राम–विवाह प्रसंग रामचरितमानस में एक अनूठा प्रसंग है। इस प्रसंग में गोस्वामी तुलसीदास ने लोक जीवन के अनेक दृश्य प्रस्तुत किये हैं। नेग–जोग, खान–पान का बड़ा ही सुहावना वर्णन राम जी के विवाह का है। इस प्रसंग की लोक व्याप्ति के कारण ही पण्डित जी को इस प्रसंग पर प्रवचन करने में आनन्द की अनुभूति होती है। पण्डित जी की कथा सुनने दूर–दूर से लोग एकत्रित होते हैं। इनमें गाँव–देहातों से भी लोग रहते हैं, उनके निमित्त राम–विवाह को पण्डित जी लोक शैली में प्रस्तुत करते हैं।

वर्तमान में पण्डित जी नयी बस्ती, खजूर बाग, झाँसी में अपना निवास बनाये हैं।

## पं. श्री सत्यपाल शर्मा

पं. श्री सत्यपाल शर्मा के गुरु श्री रामदुलारे शरण जी हैं। शरण जी महाराज अयोध्या में निवासित हैं। श्री सत्यपाल जी के रामकथा के प्रेरणास्रोत श्री हनुमान जी महाराज हैं, 'सकल सिद्धि नवनिधि के दाता' के रूप में हनुमान जी महाराज को वह मानते हैं, उनकी कृपा ही पण्डित जी पर है। पण्डित जी की पहली कथा सेमरी महाराज में हुई थी। तब से लगातार अब तक छह सौ से अधिक स्थानों पर पण्डित जी अपनी कथाएँ कर चुके हैं। पण्डित जी की शिक्षा इंटरमीडिएट तक है। उनका जन्म 18 मार्च सन् 1970 में हुआ था। इन्हें बचपन से ही रामकथा में रुचि थी।

पण्डित जी संगीत के साथ तथा बिना संगीत के भी कथा करते हैं। संगीत में वह स्वयं अच्छे गायक हैं। पद और कीर्तन वह अच्छी तरह से गाते हैं। श्रोताओं को बाँधने के लिए वह दृष्टान्त भी कथा के बीच–बीच में प्रस्तुत करते हैं। अन्य कथाओं से भी प्रसंग उठाते हैं किन्तु केन्द्रीय कथा केवल रामचरितमानस की ही रहती है। वह विद्वान व्यक्ति हैं, इसलिए व्यास शैली में कथा करते हैं।

राम की कथा तो प्रत्येक ओर से मिठास से भरी है। रामकथा शक्कर की रोटी है, जिस तरफ़ भी आप स्वाद लेंगे उस तरफ़ से वह मीठी लगेगी। इसी तरह रामकथा के प्रसंग भी हैं। जिस कथा को उठा लें वही सुहावनी लगने लगती है। पण्डित जी ने बताया कि उन्हें 'रामवनगमन' की कथा का प्रसंग प्रिय है। इस प्रसंग में अनेक भावों का उतार–चढ़ाव है

जो श्रोताओं के हृदय को मथ देता है। कर्त्तव्यपरायणता के साथ के दृश्य भी हृदय पिघला देते हैं। दशरथ जी का मरण और राम जी का वन–प्रस्थान महाभयंकर रात्रि जैसे अयोध्या पर उतर आयी थी। यह मानव जीवन का यथार्थ है। इस रात्रि से सबको एक–न–एक दिन गुज़रना पड़ता है। तुलसीदास ने जिस भाव की गहराई में डूबकर इस प्रसंग को रचा है, पण्डित जी भी उसी भाव को छूने का प्रयत्न करते हैं। उनके मुख से इस कथा को सुनकर अनेक लोग अपनी आँखों में आँसू भर लेते हैं। यही तो कथा सुनने और कहने की सच्ची भाव–भूमि है।

वह आज भी गाँव की सहजता और सादगी को जीवित रखें हैं।

**पण्डित जी का स्थायी पता है–**

*मु. पो. सेमरी चिरगाँव, झाँसी (उ.प्र.)*

## पं. राम जीवन पस्तोर

पं. राम जीवन पस्तोर का जन्म 1 जुलाई 1971 को मदरवास में हुआ था। इनके पिता का नाम पण्डित श्री दुर्गाप्रसाद पस्तोर और माता का नाम श्रीमती मिथला देवी है। पण्डित जी के गुरु पण्डित श्री सुन्दर लाल रिछारिया जी हैं। आपको रामकथा के प्रति प्रेरित करने वाले हैं पण्डित डॉ. गदाधर भट्ट। आप गोलोकवासी जगद्गुरु हर्षाचार्य जी महाराज की कथा व्यास–परम्परा के अनुगामी हैं। आपकी प्रथम कथा रोढ़ी, फतेहपुर, ज़िला झाँसी में हुई थी। इसके बाद जो कथाओं का सिलसिला चला तो आज तक अनगिनत कथाएँ हो गयी हैं।

आप तात्विक विवेचन के साथ कथा में जन–रंजन का विशेष ध्यान रखते हैं। आप मानते हैं कि श्रोताओं में सब श्रेणियों के श्रोता रहते हैं। उन सबका ध्यान कथावाचक को रखना पड़ता है, इसलिए कथावाचक को सदैव अपनी कथा को इस तरह से प्रस्तुत करना चाहिए कि सभी जन उसका आनन्द ले सकें। आपका प्रयास यही रहता है कि श्रोताओं के सभी वर्गों को सन्तुष्ट कर सकें।

पण्डित राम जीवन पस्तोर कुछ चयनित प्रसंगों की मधुर व्याख्या करते हैं। वे भरत के चरित्र पर मुग्ध हैं। वह कहते हैं कि मैं तो भरत को धर्म का अवतार ही मानता हूँ। मानस में कहा गया है– 'जो न होत जग जनम भरत को। सफल धरमधुर धरनि धरत को'– इसी चौपाई पर केन्द्रित होकर पण्डित जी भरत के चरित्र की गहन व्याख्या करते हैं। वह भरत को धर्म का अवतार स्पष्ट करते हैं। इस रूप में मानस का धर्माचरण भरत में ही समाया हुआ है। भरत के चरित्र को पण्डित जी बहुत भावुक होकर मंच से प्रस्तुत करते हैं। वह कभी–कभी अपनी कथा में श्रोताओं को गहरे विषाद में डुबाकर उन्हें आँसू बहाने के लिए मजबूर कर देते हैं।

पण्डित जी ने अपना मुख्यालय अपने गाँव में ही बनाया है। वह अपनी कथा का स्थान ये सोचकर नहीं चुनते कि उनकी सुविधाएँ कैसी हैं। वह अपने जीवन में सात्विक विचारों वाले और श्रोताओं से घुल–मिल जाने वाले हैं। उनमें अहंकार का लेशमात्र भी नहीं है।

**अपका पता है–**

*ग्राम मदरवास, पोस्ट बेखई, तहसील मऊरानीपुर, ज़िला झाँसी*

## पं. सुन्दरलाल रिछारिया

श्री गया प्रसाद जी बिदुआ के शिष्य एवं श्री गोकुलचन्द रिछारिया के सुपुत्र श्री सुन्दरलाल रिछारिया का जन्म 4 सितम्बर 1955 को सुहागपुरा झाँसी में हुआ है। उन्होंने मध्यमा तक शिक्षा प्राप्त की है। उनके ऊपर गोलोकवासी जगद्गुरु हर्षाचार्य जी महाराज की कृपा थी। अपनी कथा का प्रारम्भ उन्होंने हर्षाचार्य जी महाराज के संरक्षण में उन्हीं की प्रेरणा से किया था। सुन्दरलाल जी महाराज की प्रथम कथा का आयोजन श्रीराम की वासस्थली चित्रकूट से हुआ था। रामघाट पर उन्होंने अपनी पहली कथा का विस्तार किया था। उस समय पण्डित जी की कथा से श्रोता प्रसन्न हुए थे। इनका उत्साह फिर निरन्तर बढ़ता रहा और अब तक पण्डित जी की अनेकानेक कथाएँ हो चुकी हैं।

पण्डित जी अपनी कथा तात्विक विवेचना के माध्यम से करते हैं, इसलिए इनकी कथा विवरणात्मक रूप से प्रसंगों को विस्तार देनेवाली तो है, किन्तु वह अपनी कथा में ऐसे स्थल तलाश लेते हैं, जहाँ कुछ गूढ़ता निहित हो। पण्डित जी दोहा–चौपाइयाँ सस्वर सुनाते हैं। ज़रूरत पड़ने पर संगीत का साथ भी ले लेते हैं। रामचरितमानस के अधिकांश प्रसंग पण्डित जी को कण्ठस्थ हैं और वह मनोयोग के साथ इन्हें सुनाते भी हैं।

पण्डित जी पर हनुमत लाल की कृपा है। इसलिए वह हनुमान जी की शरण में सदैव रहते हैं। वह हनुमत चरित्र–चित्रण में भी बेजोड़ हैं। हनुमान जी की भक्ति आराधना और समर्पण की तो चर्चा करते ही हैं। हनुमान जी का बल–पराक्रम और हनुमान जी की सूझ–बूझ का वह मनोहारी और सूक्ष्म वर्णन करते हैं। दरअसल वह कथा के शक्ति केन्द्र हनुमान को ही मानते हैं यद्यपि हनुमान जी तो यह मानते हैं–जो कुछ भी बल–पराक्रम है–वह रघुनाथ जी का ही दिया हुआ है। अंजनी नन्दन जी की प्रार्थना वह सुरीले कण्ठ से करते हैं।

पण्डित श्री रिछारिया जी अपने ग्राम में ही निवासरत हैं। वह चटक–मटक और तड़क–भड़क में विश्वास नहीं करते हैं। सीधे–सच्चे भाव के भूखे रहते हैं। इसी भाव को वह जहाँ पाते, वहाँ अपनी कथा कहते हैं। उनकी कथा सुनने हज़ारों नर–नारी, युवा–बाल इकट्ठे हो जाते हैं। पण्डित जी इसी तरह से आगे बढ़ते हैं।

## श्रीमती अखिलेश्वरी देवी

स्वामी रामस्वरूपाचार्य जी महाराज चित्रकूट की शिष्या श्रीमती अखिलेश्वरी देवी, श्रीमती नीलम गायत्री की कथा–शैली से प्रभावित हैं। उन्होंने बी.ए. तक शिक्षा ग्रहण की है। उनके पिता पण्डित श्यामसुन्दर शर्मा विद्वान व्यक्ति हैं, उनकी छत्रछाया में ही अखिलेश्वरी जी का बचपन अपने भीतर रामकथा के बीज पल्लवित करने की ओर उन्मुख हुआ। उनकी पहली रामकथा–धुरट (हनुमान मन्दिर) में हुई थी, तब से उन पर हनुमान महाराज की कृपा है। इसके बाद वह लगातार कथा करती रही हैं। आज तक वह तीन सौ से अधिक कथाएँ कर चुकी हैं।

श्रीमती अखिलेश्वरी जी की गहरी रुचि साहित्य में है। इसलिए उनके पास भाषा का अच्छा वैभव है। वह लोक जीवन की भाषा से लेकर साहित्यिक भाषा तक के शब्दों का सफ़र अपने प्रवचनों में तय करती हैं। वह पदों और कीर्तन का गायन भी अपने प्रवचनों में करती हैं। इस रूप में उनकी कथा जहाँ तात्विक विमर्श–वाली होती है, वहीं वह सरस शैली में अपने श्रोताओं को बहा लेनेवाली भी है। उनके प्रवचनों का सार–संक्षिप्त संकलन भी प्रकाशित हुआ है।

अखिलेश्वरी जी की कथा में वैसे तो सभी प्रसंगों का समावेश कथा के दिवस क्रम से होता है और वह प्रतिदिन के प्रसंगों को रुचि के साथ प्रस्तुत करती हैं, किन्तु वह मानस के विवाह प्रसंगों से अधिक प्रभावित हैं, उन्हें अपनी गहरी भावुकता के साथ प्रस्तुत करती हैं। इन विवाहों में शिव विवाह और राम विवाह महत्त्वपूर्ण हैं। विवाहों का विस्तार से वर्णन करने–वाली अखिलेश्वरी देवी कभी–कभी लोकगीतों के माध्यम से भी विवाह को रस्मों को साकार करती हैं। उनकी कथा में उत्सव जैसा वातावरण बना रहता है।

अखिलेश्वरी जी का निवास उनका गाँव ही है यद्यपि वह सदैव यात्राशील रहती हैं, और स्थान–स्थान पर कथा कहती रहती हैं इसलिए वह अपने स्थायी आवास पर कम ही रह पाती हैं।

**आपका स्थायी आवास है–**

*मु.पो. एटा, ज़िला जालौन (उ.प्र.)*

## श्रीमती रश्मि रामायणी

श्रीमती रश्मि रामायणी की रामकथा के लिए प्रेरणा स्रोत सुप्रसिद्ध कथावाचिका श्रीमती नीलम गायत्री जी रही हैं। उनके गुरु हैं–स्वामी नित्यगोपाल दास जी महाराज, अयोध्या। अपने गुरु से उन्होंने कथा कहने की शैली प्राप्त की है। श्रीमती रश्मि रामायणी के पिता पण्डित विश्वनाथ शर्मा स्वयं एक अच्छे विद्वान हैं, इसलिए श्रीमती रश्मि जी को पिताजी से भी परम्परा का अवलम्बन मिला है।

रश्मि जी का स्थायी निवास ग्राम पोस्ट–लखवती गुरसराय (झाँसी) में है। वह ग्रामीण जीवन में रची पगी रही हैं इसलिए रामकथा के प्रति अनुराग उन्हें बचपन में ही हो गया था। जब वह घर–परिवार और गाँव में मानस–पाठ में भाग लेती थीं तब उनकी रुचि श्री राम चरणाविन्द में अपने को समर्पित करने में बढ़ने लगी, उन्हें अपने परिवार से भी इस मार्ग पर चलने की जैसे अनुमति मिल गयी थी। वह रामकथा में दक्ष होने लगीं। मानस के अनेक पारायण करने के बाद उन्हें लगा कि अब उन पर राम कृपा कर रहे हैं। तब उन्होंने एट में अपनी पहली रामकथा की।

वह गाती भी अच्छा हैं, इसलिए उनकी रामकथा संगीत से अछूती नहीं है। संगीत के कारण उनकी कथा में सरसता हिल्लोलित होने लगती है। जब उनसे जानना चाहा कि उन्हें मानस का कौन–सा प्रसंग सर्वाधिक प्रभावित करता है, तब उन्होंने कहा कि उन्हें तो सभी चरित्र प्रभावित करते हैं लेकिन मैं मानस के उन गौण चरित्रों से अधिक प्रभावित हूँ जो कथा प्रवाह आगे बढ़ाते हैं, किन्तु वे मुखर अधिक नहीं होते, ऐसे अनेक नारी चरित्र मानस में हैं, उनमें से सुमित्रा ऐसा चरित्र है, जो अपने अधिक मौन में भी प्रभावशाली है। अपने पुत्र को

वनवास के लिए राम के साथ भेजने में वह तनिक भी विलम्ब नहीं लगाती हैं। यद्यपि कथा में सुमित्रा के चरित्र को कहने के अधिक अवसर नहीं हैं, किन्तु उन्हें इस चरित्र से प्रीति है।

अब तक रश्मि जी की अनेक कथाएँ हो चुकी हैं। वह अपने श्रोताओं में सहज ही उपलब्ध रहती हैं। समाज में रामकथा को विस्तार देना ही उनका उद्देश्य है।

## सुश्री मन्दाकिनी

ग्राम खलार, पोस्ट करगुँवा खुर्द, तहसील टहरौली, ज़िला झाँसी में जन्म लेनेवाली सुश्री मन्दाकिनी जन्म से ही जैसे प्रतिभावान थीं। वह एक ग्राम में बचपन व्यतीत करके अपने विद्याध्ययन के लिए अनेक स्थानों पर गयीं। उन्होंने स्नातक स्तर तक शिक्षा ग्रहण की। उनके माता–पिता श्री शिवकुमार यादव और श्रीमती कुसुम यादव ने उन्हें संस्कारी कन्या की तरह पाला–पोसा, अपने माता–पिता के ममतामय सान्निध्य ने ही उन्हें वह प्रेरणा दी कि वह रामकथा की प्रवाचक बन गयीं।

वैसे उनके कथा–गुरु श्री रामेश्वरदास जी महाराज हैं। उन्होंने ही इन्हें कथा करने की ओर प्रवृत्त किया और कथा–कथन के गुणों से परिचित कराया। यद्यपि मन्दाकिनी जी मानती हैं कि उनके मन में कथा कहने की तीव्र लालसा बचपन से जाग गयी थी, जो अनुकूल जनों और अनुकूल वातावारण पाते ही बीज से वृक्ष बन गयी। उन्होंने पहली कथा अपनी जन्मभूमि से ही प्रारम्भ की थी। उन्हें अपनी जन्मभूमि से ही अपार सहयोग मिला। उनका उत्साहवर्धन हुआ, और आज वह व्यास–परम्परा के क्षेत्र में अपने गाँव का नाम उजागर कर रही हैं।

मन्दाकिनी जी ने बताया कि उन्हें 'सीता स्वयंवर' प्रसंग अधिक रुचिकर लगता है। जब वह बचपन में गाँवों में होनेवाली रामलीला देखती थीं तब उन्हें रामलीला के सभी प्रसंग आकर्षित करते थे, किन्तु सीता स्वयंवर देखकर वह बहुत प्रसन्न होती थीं। विवाह का उत्सव उन्हें आनन्द में डुबा देता था। रामलीला मण्डलियों में यह धनुषयज्ञ से लेकर सीता की विदाई तक जो अनेक भावनाओं को उभारने वाले दृश्य चलते हैं, वह बहुत आकर्षित करते हैं। इसका एक कारण यह भी है कि सीता स्वयंवर में लोक संस्कृति के अनेक पक्ष हैं। मन्दाकिनी जी का मन लोक संस्कृति से ही बना है। उन्हें लोकगीत और लोककथाएँ आती हैं। अपने इस लोक ज्ञान का वह भरपूर उपयोग करती हैं। और कथा को रोचक बनाती हैं।

मन्दाकिनी जी ने कोई आश्रम नहीं बनाया है। वह कथा करने में ही यात्रारत रहती हैं। उन्हें श्रोताओं का भरपूर प्रेम मिलता रहता है, इसलिए उन्होंने आश्रम बनाने का कभी सोचा भी नहीं। भविष्य में यदि कभी मन बना तो आश्रम बना भी सकती हैं।

## श्रीमती योगेश्वरी देवी

महन्त श्री विश्वभूषण दास चिरगाँव की शिष्या श्रीमती योगेश्वरी देवी ने अपनी औपचारिक शिक्षा स्नातक तक प्राप्त की है। पण्डित रामशरण जी की सुपुत्री योगेश्वरी जी के

कथा–व्यास बनाने के प्रेरणास्रोत उनके पतिदेव रहे हैं। उनकी प्रथम कथा का आयोजन उरई में हुआ था। तब से लेकर अब तक वह तीन सौ से अधिक कथाएँ कर चुकी हैं। वह अपनी कथा के माध्यम से रामकथा के प्रति जन–जागरण तो कर ही रही हैं। वह राम की जन–जन में रमी छवि को भी अपनी कथा के माध्यम से स्वयं जानना चाहती हैं क्योंकि वह मानती हैं कि–

**सीय राम मय सब जग जानी। करऊँ प्रनाम जोर जुग पानी।**

राम की कथा जैसे वह राम रूपमय जनता को ही सुनाती हैं।

योगेश्वरी जी को सीता का चरित्र सर्वोपरि प्रिय है–वह मानती हैं कि भले मानस रामचरित को लेकर रची गयी हो, किन्तु मानस की असल शक्ति तो सीता ही हैं। सीता के कारण ही मानस का समुच्चयकारी दर्शन आकार पा सका है। सीता ही एक ऐसा चरित्र है, जो भारत की नारी को आदर्श बना सकता है, यदि नारी सीता बन जायें तो देश अपनी खोयी कीर्ति को प्राप्त कर सकता है, सीता ही राम हैं–और राम ही सीता हैं–**"बन्दऊँ सीता राम पद जिनहिं परम प्रिय खिन्न"** सीताराम एक–दूसरे से अभिन्न नहीं हैं। इस रूप में सीता का गुणगान भी प्रकारान्तर से राम का ही गुणगान हैं।

योगेश्वरी जी की कथा विवरणपरक है। वह प्रत्येक प्रसंग और प्रत्येक चरित्र का विवरण देते हुए उसके उत्कर्ष की ओर अग्रसर होती हैं। इस बीच चरित्र के संघर्ष और घटना के उद्वेलन को जब वह अपने शब्दों में बाँधती हैं तो प्रवचन भाव विचार और भक्ति के सागर में लहराते हुए सम्पन्न होने लगता है।

वह सहज सरल जीवन पद्धति को अपनानेवाली कथावाचिका हैं। वह स्नेहमयी ममतामयी और कृपामयी हैं। उनका प्रभाव उनकी शिष्य मण्डली पर रहता है। वह अधिकतर लोक क्षेत्र में ही अपनी कथाएँ करती हैं। वह मानती हैं कि जिन्हें कथा की ज़रूरत है वे ही कथा सुनने के अधिकारी हैं। ऐसे कथा अधिकारी को वह कथा सुनाकर सन्तुष्ट होती हैं।

## श्रीमती नीलम गायत्री

श्रीमती नीलम के व्यास–गुरु धर्मचक्रवर्ती श्री श्री 1008 श्री जगद्‌गुरु रामानन्दाचार्य स्वामी रामभद्राचार्य जी हैं। स्वामी रामभद्राचार्य के सान्निध्य में नीलम जी ने मानस का अध्ययन किया एवं उन्हीं की वाणी का आश्रय लेकर वह कथा–पीठिका पर बैठकर कथा का गायन करती हैं। स्वामी रामभद्राचार्य स्वयं विद्वान एवं व्यास–परम्परा के स्वनामधन्य व्याख्याता हैं इसलिए नीलम जी ने एक सुयोग्य गुरु के संरक्षण में अपनी मानस–यात्रा प्रारम्भ की, यह उनके लिए गौरव की बात है।

श्रीमती नीलम की प्रथम कथा क़िले के पास झाँसी में हुई, तब से वह निरन्तर इस दिशा में आगे बढ़ रही हैं। वह यह मानती हैं कि उनके पिता श्री रामशरण शर्मा ही वह व्यक्ति हैं, जिन्होंने उन्हें व्यास–परम्परा में अग्रसर होने की प्रेरणा प्रदान की। अभी तक उनकी विभिन्न स्थानों पर 2,500 कथाएँ सम्पन्न हो चुकी हैं। वह रामचरितमानस के प्रायः सभी प्रसंगों और चरित्रों पर बोलती हैं, किन्तु वह भरत चरित्र पर अधिक मुग्ध हैं। उन्हें भरत के चरित्र में

भक्ति, त्याग, सेवा, संघर्ष, धैर्य जैसे गुण सदैव आकर्षित करते रहे हैं। वह भरत को मानस का प्राणतत्त्व मानती हैं और कहती हैं कि भरत के समान और कौन है। जिन राम को संसार भजता है–वे राम भरत को भजते हैं। तुलसीदास ने ज्ञान, वैराग्य और भक्ति को यदि कहीं एकत्रित किया है तो वह भरत चरित्र ही है।

नीलम जी ने चित्रकूट में अपना आश्रम बनाया है। उनके आश्रम का नाम है–धनंजय आश्रम। ये आश्रम जानकी कुण्ड के पास है। वहीं निवास करके वह अपनी शिष्य मण्डली को सम्बोधित करती हैं। अक्सर वह अपने प्रवचनों हेतु बाहर जाती रहती हैं लेकिन उनके आने–जाने से आश्रम की गतिविधियाँ प्रभावित नहीं होती हैं।

## बाबा रामदास रामायणी

बाबा रामदास जी रामायणी की प्रथम कथा प्रयाग माघ मेला में आयोजित हुई थी। वह अब तक अनेक जगह अपनी कथाएँ सम्पन्न कर चुके हैं। उनके गुरु श्री रामदास जी ब्रह्मचारी हैं। वह कथा व्यास–परम्परा में स्वामी करपात्री जी से प्रभावित हैं। बाबा रामदास जी संगीतमय कथा नहीं करते हैं। यह अलग प्रसंग है कि वह कभी–कभी अपनी शैली में ही दोहा–चौपाइयों का गायन कर लेते हैं।

बाबा जी का मुख्य लक्ष्य कथा के तात्विक विवेचन का है। वह कथा के जो निगूढ़ तत्त्व हैं उनकी ओर ही अधिक संकेत करते हैं। अधिकतर वह अपनी कथा के लिए रामचरितमानस के प्रसंग चयन करते हैं जो मीमांसा की दरकार रखते हैं। उन्हें इन प्रसंगों में चित्रकूट में भरत प्रसंग सर्वप्रिय है। विशेष रूप से भरत के तर्कों की वह बड़ी सहृदय विवेचना करते हैं। चित्रकूट के सभा–स्थल में जो वाग्धारा बही थी, वे उसमें स्नात होनेवाले व्यास हैं। वह अपने श्रोताओं को इस प्रसंग का आख्यान करते हुए उन्हें मन्त्रमुग्ध कर देते हैं।

वह 'तुलसी चेतना' पत्रिका में अपने विचार प्रस्तुत करते रहते हैं। उनकी भाषा सधुक्कड़ी होते हुए भी गम्भीर विश्लेषण की क्षमता रखती है। वह कभी–कभी अपने श्रोताओं को लोक बोली में भी सम्बोधित कर देते हैं। यह उनकी ख़ास विशेषता है कि वह संगीत का सहारा न लेकर भी कथा की सरसता को बनाये रखते हैं।

बाबा जी ने मऊरानी में अपना स्थायी आश्रम बनाया है जहाँ वह पठन–पाठन में संलग्न रहकर आगन्तुकों का स्वागत अपने मधुर स्वभाव के अनुकूल करते हैं। उनका लक्ष्य है कि रामकथा जन–जन तक पहुँचनी चाहिए। उसके नये–नये अर्थ तलाशे जाने चाहिए।

## आचार्य अमरनाथ दीक्षक

आचार्य दीक्षक का जन्म 10 जनवरी 1959 को हुआ। आपके पिता का नाम स्व. श्री भक्त भगवत गिरिदीक्षक और माता का नाम स्व. श्रीमती रुद्रादेवी था। आपके उपनाम हैं–मधुर गिरि मानस अमर गिरिजी। आपको विद्वान पिता का संरक्षण प्राप्त हुआ। पारिवारिक वातावरण में धार्मिक संस्कार थे। अतः बचपन से ही कथावार्ता में रुचि रही।

आपकी शिक्षा एम.ए., बी.एड. है। आप राजकीय इंटर कालेज समथर में शिक्षकीय कार्य में संलग्न रहते हुए कथा–प्रवचन हेतु भी अवसर निकाल लेते हैं। आपकी अभिरुचि पुराण और मानस प्रवचन में है। ज्योतिष, कर्मकाण्ड आदि के प्रति भी आप समर्पित विद्वान हैं।

पं. दीक्षक को रामकथा में 'रामराज' की परिकल्पना राज्य की आदर्श परिकल्पना प्रतीत होती है। वह राम को देव संस्कृति का प्रतीक मानते हैं। और मानवीय क्षमताओं को दैवी क्षमताओं तक विकस्ति करने के लिए वह राम को आदर्श पुरुष मानते हैं। वह रावण को राक्षसीय प्रवृत्तियों का प्रतिनिधि मानते हुए उसके भी आचरण की चर्चा करते हैं। यह द्वन्द्व हमारी आन्तरिक प्रवृत्तियों का द्वन्द्व भी है। पं. दीक्षक के रामकथा विषयक व्याख्यान तत्त्व चिन्तन परक होते हैं। वह मानस के आधार व्यक्ति और समाज के भीतर की अन्तःप्रवृत्ति की चर्चा करते हैं। वह यथावसर अपने प्रवचनों में गायन का भी प्रयोग करते हैं।

पं. दीक्षक को अनेक सम्मान प्राप्त हुए हैं। 'मानस मधुर', संस्कृत प्रबोध, धर्मरत्न, विद्यावारिधि, सुकवि आदि इनमें प्रमुख हैं। आप स्वयं कवि भी हैं, इसलिए वह प्रवचनों में अपनी कविताओं का भी प्रयोग करते हैं। उनकी कविताएँ आकाशवाणी से भी प्रसारित होती हैं। मानस सम्मेलन और सभाओं का आयोजन भी करते रहते हैं। आपकी प्रकाशित पुस्तकें–'अमृत कलश', 'अमर नैतिक शिक्षा', 'कृष्ण की करुणा' आदि हैं। आप पत्र–पत्रिकाओं का भी सम्पादन करते रहे हैं।

**आपका वर्तमान पता है–**
*योगाश्रम, रूराजती, पोस्ट शहजादपुरा, ज़िला जालौन (उ.प्र.)*

## श्रीमद्भागवतभूषण जी महाराज पं. श्री कृपाचार्य जी

पण्डित कृपाचार्य के पिता का नाम पण्डित गोपाल प्रसाद मिश्र है। आप श्री राघवेन्द्राचार्य महाराज के शिष्य हैं। आपके कथा प्रेरक श्री मधुसूदनाचार्य जी महाराज, अयोध्या हैं। आप अपने गुरुतुल्य जनों के सान्निध्य से ही प्रवचनों में पारंगत हुए हैं। आपका जन्म 15 फ़रवरी 1945 को हुआ था।

आपकी रुचि बचपन से भगवद्भक्ति में थी और सदैव सत्संग की खोज में रहते थे। अयोध्या, काशी, वृन्दावन आदि क्षेत्रों में भ्रमण करते हुए आपने रामचरितमानस पर अपने को केन्द्रित किया। आप श्रीमद्भागवत और रामचरितमानस पर प्रवचन करने में समर्थ हैं।

आपको रामचरितमानस का केवट प्रसंग प्रिय है। वह कहते हैं–भगवान स्वयं भक्त के सामने पराधीन हो जाते हैं। जबकि भगवान हमेशा स्वतन्त्र हैं। फिर भी भगवान इस प्रकार झुक जाते हैं कि जैसे वृक्ष की डाली फलों के भार से झुक जाती है। भगवान हनुमत लाल के सामने झुक गये थे।

**सुनु कपि तोहि समान उपकारी। नहिं कोऊ सुर नर मुनि तनुधारी।।**
**प्रति उपकार करों का तोरा। सन्मुख होई न सकत मन मोरा।।**
**सुनु सुत तोहि उरिन मैं नाहीं। देखेऊँ कर विचार मन माँहीं।।**

इस प्रेमालाप का मर्म बहुत गहन है। प्रभु का यही संकल्प है कि जो उनका हो जाता है, तब वे उसे बड़ा बना देते हैं।

पण्डित कृपाचार्य जी की प्रवचन शैली सर्वबोधी है। वह मानस की दोहा–चौपाइयाँ गाकर सुनाते हैं। लोककथाओं और विभिन्न ग्रन्थों के दृष्टान्त सुनाकर वह अपने प्रतिपाद्य को पुष्ट करते हैं। पण्डित जी सहज–सरल स्वभाव वाले हैं। आप दमोह के प्राचीन देव स्थान श्री देव श्यामलाधीश, प्यासी मन्दिर में निवास करते हैं। यहीं रहकर आप भगवत् भजन करते हुए श्रोताओं को कथा का उपदेश करते रहते हैं। जब कहीं से प्रवचन हेतु आमन्त्रण आता है, तब कथा करने हेतु भ्रमणशील हो जाते हैं।

पण्डित जी के शिष्यवृन्द एवं श्रद्धालु जनों की संख्या बहुत है। ये लोग ही पण्डित जी को सदैव कथा करने के लिए प्रेरित करते रहते हैं, अन्यथा पण्डित जी तो भगवद् भक्ति में ही रमे रहते हैं।

**आपका पता है–**

*श्री देव श्यामलाधीश, प्यासी मन्दिर, दमोह (म.प्र.)*

## पं. श्री गणेश प्रसाद पाठक

पण्डित पाठक का जन्म बेलखेड़ी (आँजनी) ज़िला दमोह में 28 जुलाई 1949 को हुआ था। आपके पिता का नाम स्व. श्री गोपाल प्रसाद पाठक तथा माता का नाम श्रीमती केशर बाई पाठक था। पण्डित पाठक की शिक्षा अपने ग्राम और नज़दीक के क़स्बे में हुई। एक कर्मकाण्डी परिवार में जन्म लेने के कारण बचपन से ही आप पर धार्मिक और आध्यात्मिक विचारों का प्रभाव था। आप अपने स्वाध्याय और सत्संग के बल पर ही अपनी यात्रा आगे बढ़ाते रहे और मानस प्रवचनकार के रूप में प्रतिष्ठा अर्जित करते रहे।

आपने रामकथा पर प्रवचन सन् 1977 से प्रारम्भ किये हैं। आप संगीतमय रामकथा करते हैं। सुगम और लोकशैली में आपका गायन श्रोताओं का मन मोह लेता है। आपके प्रवचन सरस और तात्विक विश्लेषण प्रधान होते हैं। आपको मानस की अर्द्धाली **"रामहिं केवल प्रेम पियारा। जानि लेउ जो जाननिहारा।।"** अत्यन्त पसन्द है। वह मानते हैं कि भगवान केवल भावुक भक्तों को ही सुगमतापूर्वक मिलते हैं। यह गुण जीव में तभी आता है, जब उसे कोई योग्य गुरु प्राप्त हो जाता है। योग्य गुरु की प्राप्ति के लिए सत्संग की आवश्यकता होती है। एक तरह से सत्संग करना ही योग्य गुरु की खोज करना है। गुरु की कृपा से राम के प्रति भक्ति बढ़ती है। यही भक्ति, परम प्रिय रूपा है।

पण्डित पाठक अपने प्रवचनों में दृष्टान्तों का सहारा भी लेते हैं। वह दृष्टान्त लोककथाओं से भी चयन करते हैं। दृष्टान्तों के माध्यम से वह कथा के तात्विक विश्लेषण करते हैं। इस प्रक्रिया से कठिन–से–कठिन दार्शनिक गुत्थियाँ भी सुलझाते जाते हैं। यह एक तरह से सम्प्रेषणीयता का ऐसा गुण है, जो सर्वसाधारण को कथा की अनुभूति कराने में सक्षम है। पण्डित पाठक की प्रवचन की भाषा सहज और प्रवाहमयी रहती है। अभी तक पाठक जी अनेक स्थानों पर अपने प्रवचन कर चुके हैं। पण्डित जी को विभिन्न मानस सम्मेलनों में भी आमन्त्रित किया जाता है।

**पं. पाठक का पता है–**

*इन्द्रा कॉलोनी, दमोह (म.प्र.)*

## पं. फूलचन्द्र शर्मा

पं. फूलचन्द्र शर्मा के पिता का नाम श्री के. सी. शर्मा है। आपका जन्म 9 जून 1955 को हुआ था। आप पूज्यपाद अवधेशानन्द जी गिरि के शिष्य हैं। आपने एम.ए., बी.एड. तक की शिक्षा ग्रहण की है। आपको मानस प्रवक्ता और गीताचार्य की सम्मानोपाधि से विभूषित किया गया है।

आप मानस पर प्रवचन करने के लिए दूर–दूर तक जाते हैं। मानस को केन्द्र बनाकर आप श्रीमद्भगवतगीता और श्रीमद्भागवत महापुराण से भी अपने आख्यान और अपने उद्धरण चुनते हैं। एक प्रकार से आपके प्रवचनों में त्रिवेणी की धारा का आनन्द लिया जा सकता है। इन ग्रन्थों के पारस्परिक पुष्ट प्रमाणों से पण्डित शर्मा अपने प्रवचनों को व्यापक स्वरूप प्रदान करते हैं। आपके प्रवचन उद्धरण बहुल रहते हैं।

भक्ति के सन्दर्भ में पण्डित शर्मा का मन्तव्य है कि जीव भक्त बनता है, तब वह मानवता से जुड़ता है। भक्ति मनुष्य को करुणामय बनाती है। भक्त बनकर ही मानव का उद्देश्य लोक रंजन, लोक हितकारी और लोक रमण का हो उठता है। रामचरितमानस का प्रमाण है–

**उमा जे राम चरित रत, विगत काम मद क्रोध।**
**निज प्रभुमय देखहिं जगत का सन करहिं विरोध।।**

जब सारा संसार ही प्रभुमय दिखाई देने लगता है तब किसी से विरोध करने का प्रश्न ही नहीं उठता है। यह समभाव ही प्रभु की भक्ति है। भक्ति एकान्तिक नहीं होती है, भक्ति तो एक व्यापक भाव है।

पण्डित जी पद–गायन से अपने प्रवचन प्रारम्भ करते हैं। वे श्रोताओं को मानव के तत्वज्ञान से परिचित कराने का सदैव प्रयास करते हैं। उनके प्रवचन एक तरह से बौद्धिक आख्यान भी होते हैं।

पण्डित जी अध्यात्म विद्यापीठ गीता रामायण भागवत समन्वयक मण्डल दमोह के संयोजक हैं। यह पीठ अध्यात्म विज्ञानशाला, विद्यापीठ ओंकारेश्वर खण्डवा (म.प्र.) की एक शाखा है।

**पण्डित जी का पता है–**

*बी–29, वसुन्धरा नगर, दमोह (म.प्र.)*

## मानस माधुरी किरण भारती

किरण भारती का जन्म ग्राम नन्ही देवरी, सागर (म.प्र.) में हुआ। आपके पिता का नाम स्व. बाबूलाल था। बाल्यकाल से ही किरण भारती को मातृ–पितृहीन जीवन व्यतीत करना पड़ा। आपके बड़े भाई श्री अयोध्या प्रसाद 'मानस मयंक' ने अपना संरक्षण दिया। आपको धर्म–अध्यात्म की दिशा दी।

आपके गुरु श्री मृदुल जी महाराज हैं। आप बताती हैं कि जब आप सोलह वर्ष की थीं, तब आपने श्री मृदुल जी के मानस प्रवचन के कैसेट्स सुने थे और उनसे

प्रभावित हुई थीं। उसी समय मन–ही–मन उन्होंने मृदुल जी को गुरु बना लिया था। बाद में जब मृदुल जी देवरी में प्रवचन करने आये, तब उन्हें किरण भारती ने प्रत्यक्ष गुरु बना लिया।

किरण भारती जी कथा करते समय पदों और भजनों का गायन करती हैं। वह कथा को सहज भाव से सरलतापूर्वक समझाती हैं। उनकी शैली सामान्य जन की समझ के अनुकूल है। वह ज्ञान, भक्ति और वैराग्य की चर्चा करते हुए राम को ज्ञान, लक्ष्मण को वैराग्य और सीता को भक्ति के रूप में व्यक्त करती हैं। रावण भक्ति का ही हरण करके ले गया था। ज्ञान और वैराग्य भक्ति को ही खोज रहे थे। जब ज्ञान–वैराग्य के साथ भक्ति आ जाती है तभी जीवन की पूर्णता होती है।

बुन्देलखण्ड क्षेत्र में किरण भारती की कथाएँ होती रहती हैं। आपको मानस सम्मेलनों में आमन्त्रित किया जाता है। आपका कण्ठ मधुर है। आप लोकगीतों की लय पर भी कभी–कभी अपनी कथा का विस्तार करती हैं। किरण भारती गृहस्थी वाली हैं। वह सद्गृहस्थ के जीवन के कर्तव्य निभाती हुई कथा करनेवाली विदुषी हैं।

**आपका पता है–**

*केवलारी कला, सागर (म.प्र.)*

## श्री सीताराम महाराज

आपका पूरा नाम स्वामी राम आसरे रामायणी महाराज है। आपके गुरु श्री राजेश्वरानन्द जी सरस्वती महाराज हैं। आपके कथा प्रेरक श्री मृदृल जी महाराज हैं। आपके पिता का नाम श्री रामकृपाल गोस्वामी है। माता का नाम श्रीमती रामप्यारी देवी गोस्वामी है। आपका जन्म रूराजती ग्राम में 12 फ़रवरी 1971 को हुआ। आपकी शिक्षा स्नातक है।

आपके प्रवचन का आधार रामचरितमानस है। आप अठारह वर्ष की आयु से ही रामकथा कह रहे हैं। आपको मानस के सभी प्रसंगों पर प्रवचन करने में महारत हासिल है। किन्तु इन्हें राम वनगमन, केवट–संवाद, सीताहरण, आदि प्रसंग विशेष प्रिय हैं। आप भावुक वक्ता हैं। श्रीराम नाम प्रवाचक हैं, भक्ति आपका केन्द्रीय विषय है। वह मानते हैं–श्रीराम को अपना भक्त सबसे प्रिय है–वह भक्त के वश में हैं। श्री हनुमान लाल राम के परम भक्त हैं। हनुमान जी न केवल श्रीराम के कृपा–पात्र रहे, बल्कि माता सीता का भी उन्हें आशीर्वाद प्राप्त था। वह भक्त शिरोमणि हैं। भक्त की शिखर साधना में पहुँचे श्री हनुमत लाल जी स्वयं देव रूप में प्रतिष्ठित हुए।

आप पद और भजन गाते हैं। कथा के बीच में आप कीर्तन को विशेष महत्त्व प्रदान करते हैं। श्रोताओं को सदैव कीर्तन करने के लिए प्रेरित करते हैं। उनके अनुसार ''**कीर्तिनीयो सदा हरिः**''। श्री हरि ही सदैव कीर्तिनीय ही हैं। वह अहर्निशि कीर्तन के पक्षधर हैं।

सीताराम महाराज जी के प्रवचन मुम्बई (महाराष्ट्र), भुसावल (महाराष्ट्र), जबलपुर (म. प्र.), कायमगंज (उ.प्र.), डॉलटनगंज (झारखण्ड), छपरा (बिहार), दिल्ली, तरनतारन (पंजाब), कलकत्ता, हैदराबाद (आन्ध्र प्रदेश), आदि स्थानों पर हो चुके हैं। आज भी आप सम्पूर्ण देश में भ्रमण करते रहते हैं। आपको विद्यालंकार, धर्मरत्न, भूषण, आदि उपाधियाँ प्राप्त हैं।

**आपके आश्रम का पता है–**
*आश्रम कैलाश नगर कालोनी, श्रीधाम, मथुरा–वृन्दावन (उ.प्र.)*
**आपका पता है–**
*श्री सीताराम आश्रम, रूराजती, पोस्ट शहजादपुरा, ज़िला जालौन (उ.प्र.)*

## हरे राम बाबा

मानस की एक चौपाई है– **"रामचरित जे सुनत अघाही। रस विसेस जाना तिन्ह नाही।"** इस चौपाई में रामकथामृत की महिमा जिसमें सुमेरु की ऊँचाई और सागर की गहराई है, व्यंजित हुई है। रामनाम की ज्योति को विगत सौ वर्षों से अधिक समय से प्रज्वलित रखनेवाले साधु जमनादास जी महाराज जिन्हें मध्य भारत का बुन्देलखण्ड अंचल हरे राम बाबा के नाम से जानता है, रामकथा के अप्रतिम गायक हुए हैं। होशंगाबाद के गृहस्थ सन्त जगन्नाथ प्रसाद परसाई जी से आपने बाल्यकाल में ही वैराग्य दीक्षा ग्रहण की और अपना जन्मस्थान हरदी गाँव को छोड़ दिया। इस ग्राम से लगभग बारह किलोमीटर की दूरी पर आपचन्द की गुफाएँ स्थित हैं जो वर्तमान में गढ़कोटा तहसील, ज़िला सागर परिक्षेत्र में आती हैं। पुरामानव निर्मित शैलचित्र और तीन परमहंसों की समाधि यांगधेरी नदी के तीर पर यहाँ स्थित है और इसी तपोभूमि को हरे राम बाबा जी ने अपना आश्रम बनाया और मध्य प्रदेश के सागर संभाग और आसपास के हज़ारों गाँव–क़स्बों में हरे राम नाम संर्कीतन, प्रभात फेरी एवं रामकथा की अजस्र धारा प्रवाहित की।

बाबा जी वैष्णव परम्परा के वाहक रहे और अयोध्या, बनारस, प्रयागराज तथा वृन्दावन से सैकड़ों साधु सन्तों के आगमन से गुफा आश्रम का तेजोमय व्यक्तित्व देखते ही बनता था। जितनी सुन्दर और आकर्षक उनकी काया थी उतना ही मनमोहक उनका मधुर कण्ठ था। हारमोनियम बजाते हुए उनकी रामकथा की छवि अलौकिक हो उठती थी, ढोलक बजाते हुए खरगा धानुक चौपाई संकीर्तन में करुण रस उड़ेल देता था। बाबा जी एवं खरगा का सम्बन्ध चोली–दामन के जैसा था। समीप के ही गाँव मझगुवाँ में जन्मे खरगा किसी बीमारी में अन्धत्व को प्राप्त हो गये थे और गुफा आने पर बाबाजी का अनुग्रह पाकर उनकी दृष्टि वापस आ गयी। इसके बाद खरगा ने बाबा जी का सान्निध्य नहीं छोड़ा। जाति न पूछो साधु की का व्यावहारिक दर्शन मुझे बाबाजी और खरगा धानुक के युगल संयोजन में बाल्यावस्था से ही देखने को मिला। यह जानकर लोगों को अचरज होगा कि हरे राम बाबा जी की शालेय शिक्षा शून्य थी और उनके गायन के अन्तर्गत गूढ़ तत्त्वों की मीमांसा शास्त्रीय विवेचन और विषय का सुमधुर प्रतिपादन जिस ऊँचाई को स्पर्श करता था उससे बाबाजी के आचार्य होने का बोध होता था।

मेरा सौभाग्य था कि बाबाजी के साथ तपो भूमि गुफा में दीर्घ अवधि का सत्संग सदैव सुलभ रहा और इस अवधि में मैंने जाना कि हरे राम बाबा की रामकथा और नाम संकीर्तन धुन, लोक–मानस में साधना सात्विक वातावरण को निर्मित तो कर ही रही है साथ ही उनकी साधना की संसिद्धि भी **"रामकथा कलि कुलष नसावन"** को अपना शक्तिशाली अस्त्र बनाकर सतत विचरणशील हरे राम बाबा जी **"साधु ते होई न कारज हानी"** के स्वयं सिद्धविग्रह रहे और शतायु होकर भौतिक जगत से सांकेतोन्मुखी हुए।

## बालसन्त श्री शाश्वत भार्गव

आपका जन्म 26 मार्च 2001 को यशस्वी शिक्षक श्री योगेन्द्र भार्गव जी के यहाँ गुना (म.प्र.) में हुआ। आप जन्मजात प्रभु कृपा प्राप्त एवं प्रतिभाशाली हैं। पाँच वर्ष की आयु में आपको पूरी श्रीमद्भगवद्गीता कण्ठस्थ थी।

श्री शाश्वत जी संस्कृत विषय के साथ स्नातक हैं। आपने बचपन में ही परम पूज्य रामानन्दाचार्य श्री अभिरामदास त्यागी जी महाराज से दीक्षा ग्रहण कर ली थी और पाँच वर्ष की आयु में ही सन् 2006 में राजनाँदगाँव (छत्तीसगढ़) से श्रीरामकथा वाचन का श्रीगणेश कर दिया। तत्पश्चात् 17 अप्रैल 2007 से राजस्थान में कथा की।

श्री शाश्वत जी अब तक मध्य प्रदेश, उत्तर प्रदेश, राजस्थान, हरियाणा, पंजाब, गुजरात, उत्तराखण्ड, बिहार, झारखण्ड, महाराष्ट्र, अरुणाचल, आन्ध्र प्रदेश, तेलंगाना आदि राज्यों में 190 कथाएँ कर चुके हैं।

आपकी कथा पूर्णतः शास्त्रीय शैली में नारद व व्यास पद्धति पर रहती है और सामाजिक समस्याओं से लोगों को अवगत कराकर उनका मूल्यपरक समाधान प्रस्तुत कर समाधान का मार्ग प्रशस्त करती है। आप अपनी कथा में रामदूत श्री हनुमन्त लाल जी का सामाजिक चरित्र प्रस्तुत कर उन्हें युवाओं के रोल मॉडल बनाने पर बल देते हैं। आप अपनी कथा में स्वरचित भजनों के गायन से श्रोताओं को मन्त्रमुग्ध करने की क्षमता रखते हैं। आपको देश के अनेक प्रसिद्ध सन्तों का स्नेह व आशीष प्राप्त है।

## पं. लखन शास्त्री

पं. लखन शास्त्री जी का जन्म ग्राम सरखण्डी में 01 फ़रवरी 1974 को अपने नाना के यहाँ माता श्रीमती सुशीला देवी उपाध्याय के गर्भ से हुआ। बाल्यकाल से ही आप विलक्षण प्रतिभा के धनी रहे और सन्त–सेवा में आपकी रुचि रही।

आपकी प्रारम्भिक शिक्षा पैतृक गाँव कुरौद, गुना, (म.प्र.) में तथा उच्चतर माध्यमिक शिक्षा गुना में सम्पन्न हुई। बचपन में ही आपको अपने गाँव में श्री श्री 1008 श्री बजरंगदास जी महाराज एवं श्री श्री 1008 श्री सियाराम दास जी महाराज जैसे सन्तों का आशीष प्राप्त हुआ। आपने पूज्य श्री रामायणी जी (वृन्दावन) से दीक्षा ग्रहण की।

श्री रामचरितमानस के अध्ययन में आपकी रुचि बचपन में ही जाग्रत हो गयी थी। बचपन में आप गाँव की चौपाल पर गाँव के लोगों को लालटेन के उजाले में श्री रामचरितमानस सुनाया करते थे। यहीं से आपके भीतर श्री रामकथा का बीजारोपण हुआ। गाँव में तत्कालीन मिडिल स्कूल के प्रधानाचार्य श्री शिवनारायण आपकी संगीतमय रामकथा के प्रेरक बने। लोगों को आपकी कथा रुचिकर लगी।

आप अपना आदर्श गुरुदेव श्री श्री 1008 श्री परमानन्दगिरि जी को मानते हैं। सिंहस्थ– 2016, उज्जैन एवं प्रयागराज कुम्भ– 2019 में आपने अपना विशाल पण्डाल लगाकर, भण्डारे का आयोजन कर आगन्तुक जन–समुदाय को श्री रामकथा का रसामृत पान कराया। सिंहस्थ में आपकी सेवाओं के लिए म.प्र. शासन द्वारा आपको विशिष्ट सेवा पुरस्कार से सम्मानित किया गया।

अब तक आप उत्तर प्रदेश, मध्य प्रदेश, राजस्थान, कर्नाटक, हैदराबाद, मुम्बई, दिल्ली आदि अनेक स्थानों पर संगीतमय श्रीरामकथा के भव्य आयोजन कर चुके हैं। रामकथा में आप श्री हनुमन्तलाल जी, भरत जी एवं केवट के आदर्शों पर बल देते हैं।

मानस को जन–जन तक पहुँचाना एवं उसे राष्ट्रीय ग्रन्थ के रूप में मान्यता दिलाना आपका लक्ष्य है।

## मानस पुत्री दीदी पुष्पांजलि जी

मानस पुत्री दीदी पुष्पांजलि जी का जन्म 16 अक्टूबर 1995 को कोचे ऋषि की तपस्थली कोंच जनपद जालौन में हुआ। इनकी प्रवचन प्रवृत्ति का परिचय इस बात से मिलता है कि आप बचपन से ही चालीस–पचास बाल मित्रों को एकत्रित कर उन्हें शिक्षा देने का कार्य करती रही हैं। पहली कक्षा से ही विद्यालय में उनके सांस्कृतिक कार्यक्रमों की प्रस्तुति होती रही। वह अपने बोलचाल और आचरण से समाज में अलग प्रभाव छोड़ने लगीं। उन्होंने सन् 2002 में सखी हनुमान मन्दिर, झाँसी से श्री रामचरितमानस प्रवचन की शृंखला का श्रीगणेश किया। सन् 2011 में उन्हें पं. भागवतशरण जी महाराज ने श्रीमद्भागवत की व्यास पीठ सौंपी। आप तब से निरन्तर श्रीरामकथा, श्रीशिवपुराण तथा श्रीमद्भागवत की 125 कथाएँ देश के अनेक अंचलों में कर चुकी हैं।

मानस पुत्री दीदी पुष्पांजलि जी ने हरि लीलामृत सेवा संस्थान का गठन किया है जो लोक कल्याणकारी सेवा प्रकल्पों द्वारा भारतीय संस्कृति की रक्षा में संलग्न है। आप 2014 से श्री दुर्गावाहिनी, विश्व हिन्दू परिषद की महाराष्ट्र में संयोजिका भी रही हैं।

आपकी 'कल्पवृक्ष', 'सतपंच चौपाई सरस्वती कवच', 'हरिलीला' आदि कृतियाँ भी प्रकाशित हैं। उत्तर प्रदेश, हरियाणा, पंजाब, दिल्ली, महाराष्ट्र, राजस्थान, बंगाल, बिहार आदि राज्यों में आपने सनातन संस्कृति की पताका फहराई है। वृन्दावन की पावन धरा पर आप अनाथालय, नारी निकेतन, वृद्धाश्रम जैसे सेवा प्रकल्पों का संचालन भी कर रही है।

## देवी भक्ति प्रभा दीदी

देवी भक्ति प्रभा जी का जन्म 01 जुलाई 1982 में उत्तर प्रदेश के जनपद जालौन के ग्राम पचोखरा (एटा) में हुआ।

देवी भक्ति प्रभा दीदी एक ऐसी कथावाचिका हैं जिन्हें श्री रामकथा विरासत व सहज संस्कारों में प्राप्त हुई है, आप मानस जगत के सशक्त एवं सहज हस्ताक्षर उत्कृष्ट सन्त परम पूज्य स्वामी श्री राजेश्वरानन्द जी (रामायणी) की ज्येष्ठ सन्तान हैं।

वैसे तो महाराज श्री की नाद परम्परा में उनकी अनेक सन्तानें मानी जा सकती हैं। परन्तु बिन्दु परम्परा से दो सन्तानें हैं। उनमें ज्येष्ठ सुपुत्री एवं कनिष्ठ पुत्र हैं।

दीदी जी बचपन से ही महाराज श्री के साथ मंचों पर भक्त गाथा, भजन आदि से श्रोताओं को भागवत रसामृत पान करा रही हैं। सद्गृहस्थ होने के साथ–साथ आज लगभग 16 वर्ष से देश के अनेक भागों में श्री रामकथा गाकर अपनी इस दिव्य गायन की परम्परा का बड़ी कुशलता से निर्वहन करती आ रही हैं।

दीदी जी ने मन्त्र दीक्षा श्रद्धेय परम वैष्णव सन्त श्री श्री 1008 श्री नृत्यगोपालदास जी महाराज (मणिराम छावनी, अयोध्या जी) द्वारा ली है। अभी कुछ समय पूर्व पूज्य महाराजश्री का गोलोकगमन हो जाने के बाद आधिकारिक रूप से राजेश्वरम् परिवार ने दीदी जी को महाराजश्री की श्री रामकथा गायन दिव्यपरम्परा का संवाहक बनाया है ताकि यह परम्परा पल्लवित व पुष्पित होती रहे। साथ ही राजेश्वरम् परिवार के संस्थापक पूज्य महाराजश्री के संकल्प पूर्ण हो सकें।

## पं. श्री कपिल कुमार शर्मा 'मानस मधुकर'

पं. कपिल कुमार शर्मा जी का जन्म 09 मई 1962 को माता श्रीमती भगवती देवी शर्मा एवं पिता श्री नन्दकिशोर शर्मा जी के घर ग्राम धनियाखेड़ी, तहसील ब्यावरा, राजगढ़ (म.प्र.) में हुआ। आपने दर्शनशास्त्र, राजनीतिशास्त्र, समाजशास्त्र में एम.ए. किया है।

आपने अपने पूज्य पिताजी से प्रभावित होकर श्रीरामकथा आरम्भ की। आपने 15 वर्ष की आयु से ही श्रीरामकथा का गायन–वाचन प्रारम्भ कर दिया था। आपने प्रयागराज में अनन्त श्री समलंकृत ऋषिकुल परम्परा प्रवर्तकाचार्य श्री अखिलेश्वरानन्द तीर्थ (अंगदजी) महाराज से दीक्षा ग्रहण की।

आपके सान्निध्य में श्री नीलगिरि आश्रम ग्राम हबीपुरा, पोस्ट डकोरा, ब्यावरा में विगत 21 वर्षों से श्रीरामचरितमानस का अखण्ड पाठ निर्विघ्न रूप से संचालित हो रहा है।

आपने वाराणसी के श्री संकट मोचन धाम से श्रीरामकथा प्रारम्भ कर त्रयम्बकेश्वर, रामेश्वर धाम तक और जैसलमेर से जगन्नाथ धाम तक श्रीरामकथा का गायन और वाचन किया है।

**अन्य कथाएँ**–श्रीरामकथा के अतिरिक्त श्रीमद्भागवत महापुराण तथा श्रीशिवपुराण की भी कथा व प्रवचन आपके द्वारा होते हैं।

भारतवर्ष के कई मानस सम्मेलन मंचों से आपके द्वारा श्रीरामचरितमानस के पृथक्–पृथक् पात्र व प्रसंग पर आपका व्याख्यान प्रवचन होता है।

**संकल्पित**–जब तक श्रीरामलला का मन्दिर (अयोध्या) में नहीं बन जाता तब तक आप श्रीरामकथा का गायन का प्रवचन खड़े होकर ही करेंगे।

इसी संकल्प को 21 वर्ष पूर्ण हो चुके हैं।

श्रीरामचरितमानस के प्रत्येक प्रसंग को आपके द्वारा प्रामाणिक रूप से और संगीतबद्ध तथा सभी रसों से समावेशित कर प्रस्तुत किया जाता है।

एक ही विषय पर पूरे नौ दिनों तक आपकी व्याख्या होती है। सन् 2010 में हरिद्वार कुम्भ में आपके द्वारा 31 दिनों तक भरत चरित्र ही श्रवण कराया गया था।

**विचार**–रामायण पर्याप्त पढ़ना, अब साँचे में ढलना होगा, चले राम के पदचिह्नों पर, अब इतिहास बदलना होगा, समस्त विषय का मंगल हो, सभी निरोग व स्वस्थ रहें, सभी अपने–अपने धर्म का पालन करें, सम्पूर्ण विश्व में शान्ति स्थापित रहे। प्रिय वाक्य–श्रीराम जय राम जय जय राम।

## श्री दामोदर प्रसाद तिवारी

*(गुरुप्रदत्त नाम–श्री दामोदर दास)*

आपका जन्म बुन्देलखण्ड की भक्तिमयी धारा पन्ना ज़िले के शहनगर में 23 जुलाई 1941 को पं. श्री राजाराम एवं श्रीमती धम्मीबाई के सम्पन्न परिवार में हुआ था। आप बाल्यावस्था से ही कठिन परिश्रमी और लगनशील रहे। प्रारम्भिक शिक्षा गाँव में ही पूर्ण हुई। आपने अपने अध्यवसाय से एम.ए. और एम.एड. उपाधियाँ अर्जित कीं तथा स्कूल शिक्षा म.प्र. में शिक्षकीय कर्म का निष्ठा पूर्ण ढंग से निर्वहन किया। आपकी शास्त्रों तथा सन्तों में अद्भुत श्रद्धा रही है। स्वामी श्री रामहर्षणदास के माध्यम से 'श्री राम मन्त्र' मिला। निरन्तर नाम जप और गुरु कृपा से रामकथा गायन का भाव मन में जाग्रत हुआ। इस मनोभूमि निर्माण में श्री सद्गुरु का प्रबल सम्बल बना। रामकथा पीठ पर आसीन होने की प्रेरणा शिक्षा गुरु श्री सुरेन्द्र रामायणी से मिली आप अपने प्रवचनों में विचारपरक विषय लेते हैं तथा संगीत के माध्यम से श्रोताओं को झंकृत कर देते हैं। कथा प्रवाह सरस और मार्मिक रहता है। देश के विभिन्न प्रदशों में रामकथा के जन–मन तक सम्प्रेषण के संवाहक हैं। प्रमुखतः प्रवचनों में श्री हनुमान चरित्र का सेवा पक्ष उद्घाटित करते हैं।

**सेवक–सेव्य भाव बिनु, भव न तरहिं हनुमन्त।**
**मैं सेवक सचराचर रूप स्वामि भगवन्त।।**

"आप सेवा भावों से सदैव भावित रहते हैं। गुरु आश्रम पर आपकी कथनी और करनी प्रेरणा के आधार बनकर दिशा–दीप बनती हैं।

*प्रस्तुति : डॉ. जवाहर लाल द्विवेदी*

## डॉ. वाल्मीकि प्रसाद : श्री अवध किशोर दास

आपका जन्म विन्ध्याचल की पावन धरा पर श्री मार्कण्डेय आश्रम दवबार में माघ कृष्ण नवमी संवत् 1989 को पं. श्री भृगुनाथ प्रसाद गौतम तथा श्रीमती मुनियादेवी के घर में हुआ था। आप बचपन से ही कुशाग्र बुद्धि के धनी थे। परिणामतः आपने अध्ययन में कठिन श्रम और लगन शक्ति से उत्कृष्ट सफलता अर्जित की। एम.ए.,एम.एड. तथा पीएच.डी. की उपाधियाँ अर्जित की। इसी तारतम्य में आप स्कूली शिक्षा म.प्र. में व्याख्याता पद पर चयनित हुए। मन्त्र–दीक्षा स्वामी श्री रामहर्षणदास से ग्रहण की तथा गुरु निष्ठा में उच्च प्रतिमानों को सृजित किया। रामकथा प्रवचन की प्रेरणा युग तुलसी पं. रामकिंकर उपाध्याय से प्राप्त हुई। निरन्तर अभ्यास और शास्त्रों के विशद अवगाहन से चमत्कारिक आकर्षण वृद्धिगत होता गया। आपके प्रवचनों के विवेच्च पात्रों में प्रमुख रूप से श्री हुनमान चरित, मिथिलेश नन्दिनी तथा वैराग्य मूर्ति श्री लक्ष्मण चरित होते हैं। आप म.प्र., छत्तीसगढ़ और उत्तर प्रदेश के अंचलों में रामकथा रस विकीर्ण करने का महनीय कार्य सम्पादित कर रहे हैं। नेपाल के भक्तों पर एकाधिक बार कथा सुनाने का योग बना। आपकी शैली शोधपूर्ण तथा विचार प्रधान है।

**भक्त भक्ति, भगवन्त, गुरु चतुर्नाम वपु एक।**
**इनके पद वन्दन करें, नाशत विघ्न अनेक।**

आपने सम्पूर्ण जीवन गुरु जी द्वारा निर्दिष्ट आचार–विचार के निर्माण में प्रवृत्त किया। साधु वर्ग में आपकी प्रतिष्ठा 'भइया जी' के रूप में है। आप जितने प्रभावी वक्ता हैं उससे कहीं अधिक आप भाव प्रवण कवि भी हैं।'

## श्री सुरेन्द्र कुमार 'रामायणी' : कौशल किशोर दास

आपका जन्म बुन्देलखण्ड की पावन धरा धाम चित्रकूट के समीप स्थित श्री बाँके सिद्ध आश्रम सिद्धपुर में माघ शुक्ल त्रयोदशी वि.सं. 1988 को हुआ। आपके पिता श्री मिठाई लाल एवं माता श्रीमती विद्या देवी थीं। आपका लालन–पालन ग्रामीण परिवेश में हुआ परन्तु उच्च शिक्षा प्राप्ति हेतु नगरीय परिवेश में जाने की बाध्यता आयी। आपने कठिन परिश्रम और लगनशीलता से एम.ए. हिन्दी, एम.एड. और साहित्यरत्न की उपाधियाँ अर्जित कीं तत्पश्चात् आपको स्कूल शिक्षा में व्याख्याता पद पर नियुक्ति मिली। आप एक संस्कारी वैष्णव सन्त स्वभाव के भावुक भक्त हैं, इसीलिए आप रामकथा के ओजस्वी एवं सरस वक्ता के रूप में समादृत हैं।

**सन्त विशुद्ध मिलहिं पुनि केही। राम कृपा पुनि चितवहिं जेही।।**

इस धारणा का फलितार्थ यह हुआ कि फाल्गुन शुक्ल पंचमी सं. 2024 को पंचरसाचार्य स्वामी रामहर्षणदास अयोध्या से शरणागति प्राप्त होने का सौभाग्य मिला। सन्त–मिलन से रामकथा गायन की सद्प्रेरणा मिली। आपका रामचरितमानस पर सम्यक् अध्ययन और अधिकार है। वीर रस और करुण रस की मार्मिक व्याख्या से श्रोता मन्त्र मुग्ध हो जाते हैं। श्री भरत चरित और हनुमत् चरित की प्रस्तुतियों में भाव और विद्वत्ता सम्मिश्रण प्रेमाश्रु का विषय बन जाता है।

आपकी विचारात्मक शैली अनूठी है। फलतः आप मध्य प्रदेश के अलावा उत्तर प्रदेश, राजस्थान, गुजरात, छत्तीसगढ़, झारखण्ड, बिहार, उड़ीसा, पश्चिम बंगाल तथा मेघालय में रामकथामृत का प्रचुर लाभ दे चुके हैं। 'श्री सीताराम विवाहोत्सव पद्धति' तथा 'सब विधि भरत सराहन जोगू' दो चर्चित कृतियाँ हैं।

## श्री रामकृष्णदास वेदान्ती

आपका जन्म ज़िला देवरिया के जोकहा खाट नामक गाँव में 2 अगस्त 1965 को पं. श्री अवधराम एवं श्रीमती गैंदाबाई के भरेपूरे परिवार में हुआ। आपके परिवार में धार्मिक आचार–विचार पर बड़ा ज़ोर दिया जाता था जिसकी अमिट छाप आपके भावी जीवन में परिलक्षित हुई। आपकी स्कूली शिक्षा गाँव में माता–पिता के ही संरक्षकत्व में हुई परन्तु इन्हें औपचारिक शिक्षा अधिक रास नहीं आयी। आपने श्री सिद्धिसदन 'नया घाट' परिक्रमा मार्ग श्री अवध में श्री रामहर्षणदास के चरण प्रदेश में स्थान ग्रहण किया। उनकी स्नेह छत्रछाया में व्याकरण तथा वेदान्त का अध्ययन पूर्ण किया। तदनन्तर श्री रामहर्षण कुंज के महन्त पद पर

आसीन हुए। रामकथा गायन का अंकुरण श्री स्वामी जी के कृपा कटाक्ष से हुआ। आप प्रमुख रूप से श्री जानकी चरित्र पर प्रवचन करते हैं। आपकी मधुर वाणी का जब शब्द से संयोग होता है तो रससिक्त भक्त वृन्द नृत्य करने लगते हैं। वर्तमान में आप प्रभु की लीला भूमि चित्रकूट में श्री प्रेम रामायण आश्रम का सुचारु रूप से संचालन कर रहे हैं, जिसमें संस्कृत शिक्षा अर्जन के साथ गौ–संवर्द्धन प्रकल्प अनवरत क्रियाशील है। देश के विभिन्न प्रदेशों के अलावा नेपाल में भी रामकथा की गंगा का लाभ जन–जन को सहज सम्प्राप्य हुआ।

**सन्त न होते जगत में, तो जरि जातो संसार।**
**भक्ति–ज्ञान–वैराग्य को, को करते उजियार।।**

आप सरस वक्ता के साथ भाव सिद्ध सन्त और भक्त भी हैं।

# छत्तीसगढ़ क्षेत्र की व्यास-परम्परा

**अनिरुद्ध 'नीरव'**

छत्तीसगढ़ को पूर्व में कोशल क्षेत्र कहा जाता था। इसलिए यह कहा गया कि कौशल्या छत्तीसगढ़ की ही थीं। अभी भी इस क्षेत्र के निवासी भगवान राम को अपना भानजा मानते हैं। इस रूप में यह क्षेत्र भगवान राम का मामा घर कहलाया। भगवान राम अपने वनवास काल में भी इस क्षेत्र में यात्रा–रत रहे हैं। छत्तीसगढ़ के सरगुजा इलाके में जो सिसरिंग पहाड़ हैं–उसे शृंगी ऋषि का आश्रम स्थल माना जाता है। सरगुजा में ही रामगढ़ पहाड़ी है, जहाँ सीता बैंगरा और लक्ष्मण बैंगरा नाम की दो गुफाएँ हैं। जनश्रुति है कि वनवास के समय राम जी ने यहाँ निवास किया था। बस्तर में दण्डकारण्य है। राम जी की यात्रा में दण्डकारण्य का उल्लेख है। बस्तर में तो चित्रकूट भी एक स्थान है। ऐतिहासिक, भौगोलिक और सांस्कृतिक परिदृश्य से यह स्पष्ट हो जाता है कि श्रीराम के प्रति इस अंचल में अगाध श्रद्धा और विश्वास है।

छत्तीसगढ़ में छत्तीसगढ़ी भाषा बोली जाती है। यहाँ महाभारत की कथा पण्डवानी के रूप में गायी जाती है। रामकथा से सम्बन्धित भजन इस इलाके में प्रचलित हैं। कुछ विशेष जातियों के लोग अपने शरीर पर राम, राम शब्द का गोदना गुदवाते हैं। एक तरह से यहाँ का धार्मिक परिवेश हमारी संस्कृति के अनेक आयामों से परिपूरित है।

'रामचरितमानस' का प्रचार–प्रसार भी इस क्षेत्र में ख़ूब है। रामचरितमानस के छत्तीसगढ़ी भाषा में भी कई अनुवाद किये गये हैं। मानस पाठ की परम्परा भी इस क्षेत्र में है। छत्तीसगढ़ साहित्यिक गतिविधियों में भी अग्रणीय रहा है। पं. मुकुटधर पाण्डेय जैसे साहित्यिक साधक कभी यहाँ हुए हैं, जिन्होंने छायावाद का प्रारम्भ किया। अठारहवीं सदी का उत्तरार्ध यहाँ जागृति का काल रहा है। इस काल में अनेक विभूतियों ने छत्तीसगढ़ में अपना प्रवास किया। इसी समय लगभग यहाँ रामकथा वाचकों का आवागमन भी प्रारम्भ हुआ। रामलीलाओं के आयोजनों की भूमिका बनी, और राम–भक्ति का समुद्र जैसे हिल्लोलित होने लगा।

छत्तीसगढ़ की रामगढ़ रियासत इस रूप में एक मुख्य केन्द्र रही है कि वहाँ कविता, कला और अध्यात्म की त्रिवेणी बहती रही है। विशेष रूप से महाराजा चक्रधर सिंह के काल में यहाँ विद्वानों को ख़ूब प्रश्रय मिला। हिन्दी के प्रमुख कवि सूर्यकान्त त्रिपाठी निराला और जानकी बल्लभ शास्त्री जैसे व्यक्तित्व यहाँ आते रहे हैं। इसी कड़ी में डॉ. बल्देव प्रसाद मिश्र भी रामगढ़ में रहे हैं, बाद में डॉ. मिश्र दिग्विजय महाविद्यालय, राजनाँदगाँव से सम्बन्धित हो गये।

तुलसी साहित्य के गहन अध्येता और मानस मर्मज्ञ डॉ. मिश्र की अनेक पुस्तकें तुलसी के साहित्य पर रची गयी हैं। वह तुलसीदास पर वक्तव्य भी प्रस्तुत करते थे। वह यद्यपि मानस की व्यास–परम्परा वाले विद्वान नहीं थे, किन्तु वह मानस के प्रवचनकार थे। एक तरह से छत्तीसगढ़ में उन्होंने मानस का प्रवचन कर उसे एक नया आयाम प्रदान किया। अब तक छत्तीसगढ़ में मानस पर बोलने–वाले प्रवासी व्यास आने लगे थे। ये प्रायः उत्तर प्रदेश से आते थे।

डॉ. सूर्यकान्त झा और डॉ. शोभाकान्त झा ने भी मानस के सम्बन्ध में अपनी–अपनी भूमिका का निर्वाह किया है। दोनों उच्च शिक्षा विभाग में अपनी सेवाएँ देनेवाले हैं। बाद में रामकथा को दो तरह से प्रस्तुत किया जाने लगा–एक ओर गीत रामायण के रूप में सांगीतिक प्रस्तुति हुई तो दूसरी ओर रामायण पर प्रवचन की संगीतमय शैली भी प्रारम्भ हुई। अरुण कुमार सेन जो रायपुर के रहनेवाले हैं–ने गीत रामायण की संगीतमय प्रस्तुति करना प्रारम्भ की और दूर–दूर तक रामायण का प्रचार किया। प्रवचन परम्परा में प्रेमचन्द मालवीय, रायपुर का नाम लिया जाता है। आप सुप्रसिद्ध मानस प्रवक्ता श्री रामकिंकर जी के शिष्य हैं। स्व. जमना प्रसाद कसार जो दुर्ग निवासी थे, व्यास–परम्परा के प्रवाचक थे। वे स्वतन्त्रता संग्राम सेनानी थे। इसी तरह स्व. गजानन्द प्रसाद देवांगन का स्मरण किया जाता है। आप छुरी (ग़ाज़ियाबाद) में निवास करते थे। स्व. रामकुमार तिवारी भी एक ऐसी ही विभूति थे। आप बिलासपुर में रहते थे और छत्तीसगढ़ी भाषा में ही रामकथा कहते थे। स्व. भूपाल प्रसाद द्विवेदी जी इस क्षेत्र के जाने–माने रामकथा व्यास थे। आपको अनेक उपाधियों से विभूषित किया गया था। डॉ. विजय दुबे (बेमेतरा), शिवकुमार पाण्डेय, तखतपुर (मुंगेली), मनोरंजन मिश्र (सारंगगढ़), अर्जुन नयने मानस (राजिम), नर्मदा प्रसाद 'नरम' (रायपुर), वृन्दावन से पढ़कर आनेवाले श्री हरिकृष्ण शुक्ल (मुंगेली) और शैलेन्द्र पाण्डेय शास्त्री ने मानस व्यास–परम्परा को आगे बढ़ाया है।

छत्तीसगढ़ में अब मानस पर प्रवचन करनेवालों की संख्या निरन्तर बढ़ रही है। गाँव–गाँव में इस तरह के कार्यक्रम हो रहे हैं। कतिपय व्यासों का विस्तृत परिचय आगे दिया जा रहा है।

## पं. गिरधर शर्मा

पं. गिरधर शर्मा को भागवत भूषण आचार्य नाम से भी सम्बोधित किया जाता है। पं. गिरधर शर्मा का जन्म 01 जनवरी 1941 को बेदहारी (दुर्ग) में हुआ था। उनके पिता का नाम पं. लखनलाल शर्मा है।

पं. गिरधर शर्मा ने प्रवचनों का प्रारम्भ सन् 1982 से किया। आप माँ गायत्री के उपासक हैं। उन्हीं की कृपा से आपको प्रवचन की प्रेरणा प्राप्त हुई। अभी तक आपके अनेक प्रवचन करते हुए छत्तीसगढ़, दिल्ली, मुम्बई, अमरकंटक आदि स्थानों पर प्रमाणशील रहे हैं।

आप संगीतबद्ध रामकथा और श्रीमद्भागवत करते हैं। आपकी शैली व्याख्यात्मक है। प्रसंगों की व्याख्या करना और तदनुरूप भजन और पदों का गायन करना आपकी कथा की विशेषता है। आप परम्परित कथा–कथन में विश्वास रखते हैं। इसलिए कथा के

लटकों–झटकों से बचते हैं। तात्पर्य यह है कि आपका ध्यान अधिकतर मूल कथा पर रहता है। आप श्रोता को भटकाते नहीं हैं।

आपके सम्पादन में 'प्रज्ञातन्त्र' नामक मासिक पत्रिका का प्रकाशन होता है। आपको रामचरितमानस में भरत का चरित्र सर्वाधिक प्रिय है। आप अपनी कथा में अक्सर भावुक होकर भरत के चरित्र का वर्णन करते हैं। सन्त सज्जन भक्त भाई की दृष्टि से भरत चरित्र खरा उतरता है। वे मानस में मानो प्रेम के ही अवतार हैं। इसलिए भरत का चरित्र प्रायः अधिकांश मानस व्यासों की पसन्द है और सभी व्यास गाहे बगाहे भरत की चर्चा अपनी कथा में कर लेते हैं।

पण्डित गिरधर शर्मा अपने अनुभवों का लाभ अपनी कथा में लेते हैं। इसलिए निजी जीवन के अनुभवों के आधार पर वह रामकथा के प्रभावों को भी व्यक्त करते हैं। विभिन्न ग्रन्थों से वह अपनी कथा में दृष्टान्तों का भी प्रयोग करते हैं। वह रामकथा को लोक–परलोक सुधारने वाली मानते हैं।

**आपका पता है–**

*प्रज्ञातन्त्र कार्यालय, सोन गंगा कॉलोनी, सीपत रोड, बिलासपुर (छ.ग.)*

## पं. कृष्णा रंजन

पं. कृष्णा रंजन के पिता का नाम पं. सरयू प्रसाद तिवारी है। आपका जन्म 15 अगस्त 1931 को दुर्ग में हुआ था। एक सनातनी परिवार में जन्म लेने के कारण पण्डित कृष्णा रंजन को धार्मिक संस्कारों का वातावरण जन्म से ही मिला था। पण्डित सरयू प्रसाद तिवारी की पितृछाया में उनका प्रारम्भिक अध्ययन हुआ। उनके कथा–संस्कार बनाने में उनके पिताश्री की महती भूमिका रही है।

पण्डित कृष्णा रंजन को कथा करते हुए लगभग चालीस वर्ष का समय गुज़र चुका है। इस दौरान उन्होंने हज़ार से ऊपर जगहों में कथाएँ सम्पन्न की हैं। वह एक साहित्यिक रुचि प्रधान कथा व्यास हैं इसलिए कथा में दृष्टान्तों के साथ पद–भजन आदि को भी प्रस्तुत करते हैं। पं. कृष्णा रंजन की कथा यद्यपि विचार प्रधान होती है। वह कथा के अन्तरंग का विश्लेषण करने के लिए कभी–कभी आधुनिक चिन्तन का भी सहारा लेते हैं। एक तरह से वह सतर्क कथाकार हैं। वह कथा के वैज्ञानिक महत्त्व को भी प्रतिपादित करते हैं।

पं. कृष्णा रंजन श्रीमद्भागवत के प्रवक्ता भी हैं। उन्होंने 2400 पृष्ठों में भागवत–तत्त्व को लिखा है। वह भागवत के साथ रामकथा को भी लेते चलते हैं। रामचरितमानस का आधार वह अपने सभी कार्यक्रमों में लेते हैं। वह स्वतन्त्र रूप से रामचरितमानस पर व्याख्यान देते हैं। वह कथा में संगीत को आवश्यक मानते हैं। मानस में उन्हें मानस का उत्तरकाण्ड प्रिय है, किन्तु वह मानस के सभी प्रसंगों को अपनी कथा का आधार बनाते हैं–जैसे अवतरण का हेतु एवं राम का जन्म, राम का विवाह, राम वनगमन, केवट प्रसंग आदि पर वह खूब बोलते हैं, और इन प्रसंगों को रोचकता के साथ प्रस्तुत करते हैं।

पं. कृष्णा रंजन जी ने अनेक पुस्तकों का प्रणयन किया है– 'महानदी की घाटी की सभ्यता', 'पुष्पांजलि', 'छत्तीसगढ़ की खोज', 'विविधा' आदि। पण्डित जी की इतिहास–दृष्टि

भी विलक्षण है। वह सांस्कृतिक अभिप्रायों की खोज करनेवाले कथावाचक हैं। उनकी कथा गवेषणापूर्ण होती है। उन्होंने सत्संग एवं पठन–पाठन के लिए अपना एक आश्रम भी बना रखा है। इस आश्रम में रामकथा और कृष्णकथा सम्बन्धित सत्संग सदैव चला करता है।

**आपका पता है–**

*श्रीमद्भागवत आश्रम (शान्तानन्द), राजिम (छत्तीसगढ़)*

## पं. मोहन चतुर्वेदी

पं. मोहन चतुर्वेदी का जन्म 10 अक्टूबर 1944 को डोरापार नामक स्थान में हुआ था। आपके पिता का नाम स्व. गोपाल प्रसाद था। आपको बचपन से ही रामकथा के संस्कार प्राप्त थे। घर में रामकथा को सुनते–सुनते आपके मन में भी रामकथा को कहने की ललक जागने लगी। अनेक बार रामचरितमानस का पारायण किया। इसके साथ ही आपने संस्कृत ग्रन्थों का भी अध्ययन किया। सदैव सत्संग की तलाश करते रहते थे। **'सो जानेऊँ सत्संग प्रभाऊ।'** को उन्होंने जैसे ध्येय वाक्य बना लिया था।

उनकी प्रवचन करने की ललक सन् 1982 में साकार हुई। फिर उनके प्रवचनों की एक लम्बी श्रृंखला है। छत्तीसगढ़ में लगभग सौ स्थानों पर आपकी कथाएँ हो चुकी हैं। छत्तीसगढ़ी भी आपको आती है–इसलिए बीच–बीच में श्रोताओं को सम्बोधित करने में आप छत्तीसगढ़ी भाषा का प्रयोग करते हैं। वह भाषा की ताक़त को जानते हैं।

रामचरितमानस के प्रसंगों में उन्हें भरत मिलाप, शबरी की भक्ति, हनुमत् चरित्र प्रभावित करते हैं। हनुमत् चरित्र को पण्डित जी विस्तार से अपनी कथा में प्रस्तुत करते है। हनुमान जी का चरित्र है भी अद्वितीय। भक्ति और अनुराग के साथ हनुमान जी में विद्वत्ता, विनम्रता और बुद्धिमत्ता का भी समन्वय है। वे समुद्र उल्लंघन करके जब लंका पहुँचे थे तब उनके इन्हीं गुणों का प्रकाशन होता है। हनुमान जी के साथ–साथ लक्ष्मण का चरित्र भी पण्डित जी बड़े मनोयोग से समझते हैं।

पं. मोहन चतुर्वेदी जी ने साहित्य के क्षेत्र में भी अनेक ग्रन्थों की रचना की है। 'वारिधि प्रकृति' और 'मोर गाँव' उनकी लोकप्रिय कृतियाँ हैं। वह पदों और भजनों का गायन भी करते हैं, और रचना भी करते हैं। पण्डित जी विद्वत् समाज में समादृत व्यक्तित्व हैं। वह अपने विचार और रहन–सहन में एकदम सहज व्यक्तित्व हैं। वह छत्तीसगढ़ में लोकप्रिय कथा व्यास हैं।

**आपका पता है–**

*साहित्य कुटीर, गुरूर, ज़िला दुर्ग (छत्तीसगढ़)*

## पं. दानेश्वर शर्मा

पिता का नाम पं. श्री गंगा प्रसाद द्विवेदी 'व्यास'। आपका जन्म 10 मई 1931 को छत्तीसगढ़ के मेर्डोसाहा स्थान में हुआ। आपके पितृव्यों से व्यास–परम्परा का दाय आपको भी प्राप्त हुआ। आपके पिताश्री भी अच्छे व्यास थे। रामकथा को बहुत ही प्रभावशाली ढंग से प्रस्तुत

करते थे। अतः पिता के संरक्षण में ही पं. शर्मा को कथा कहने की प्रेरणा का सफल प्रकाशन भी उन्हीं की देख–रेख में हुआ।

मूलतः दानेश्वर शर्मा एक अच्छे साहित्यकार हैं। अब यह कहना कठिन है कि वह अच्छे साहित्कार हैं या अच्छे प्रवचनकार। यह अवश्य है कि ये दोनों गुण जिस व्यक्ति में एकाकार हो जाते हैं, तो ऐसा व्यक्तित्व अपने प्रभा–मण्डल को प्रभावी बना ही लेता है।

पं. दानेश्वर शर्मा स्वयं काव्य–रचना कर लेते हैं, अतः अपने प्रवचनों में वह अपने पद स्वयं गाते हैं। उनका छत्तीसगढ़ी पर भी अच्छा अधिकार है, इसलिए अपने प्रवचनों में वह छत्तीसगढ़ी बोली का पुट लगाते चलते हैं।

मानस के प्रसंगों को छत्तीसगढ़ी के माध्यम से वह सामान्य जनों तक सम्प्रेषित करने में सिद्धहस्त हैं। उन्हें शबरी प्रसंग, केवट प्रसंग, भरत मिलाप आदि प्रसंग रुचिकर लगते हैं–वह इन प्रसंगों की गूढ़ और सहज दोनों प्रकार की व्याख्या करते हैं। वह अपनी कथा में चरित्रों को जीवन्त कर देते हैं। भाषा पर अच्छा अधिकार होने के कारण उनकी शैली सरस और बोधगम्य होती है।

पं. शर्मा ने अपने प्रवचन सन् 1994 से प्रारम्भ किये थे, तब से अब तक अनेक कथाएँ अनेक स्थानों पर पण्डित जी कर चुके हैं। आप छत्तीसगढ़ में ही अब तक कथा करते रहे हैं, उन्होंने लक्ष्य ही बना लिया है कि वह रामकथा को छत्तीसगढ़ी में करेंगे। उनकी लिखी पुस्तकें हैं–'लवकुश', 'छत्तीसगढ़ी श्रीमद्भागवत'। वह सतत क्रियाशील हैं।

**आपका पता है–**

*582, पदम नामपुर, दुर्ग (छत्तीसगढ़)*

## पं. राजेन्द्र प्रसाद पाण्डेय

पं. राजेन्द्र प्रसाद पाण्डेय के पिता का नाम पं. नर्मदा प्रसाद पाण्डेय, माता का नाम श्रीमती केजावाई पाण्डेय है। आपका जन्म 01 मार्च 1967 को ग्राम– लिटीपुर, पोस्ट–प्रतापपुर, तहसील नवागढ़, ज़िला बेमेतरा (छ.ग.) में हुआ। आपकी शिक्षा एम.ए. साहित्य में आचार्य और लोकसंगीत में डिप्लोमा के स्तर तक है। आप कथा में रस को प्रवाहित कर देते हैं।

आप रामकथा तथा श्रीमद्भागवत के लोकप्रिय कथाकार हैं। आप संगीतमय रामकथा करते हैं। स्वयं पद रचने और गायन में निपुण होने के कारण आप प्रसंगानुकूल पद रचना कर लेते हैं। आपका गायन छत्तीसगढ़ी लोकरागनियों पर आधारित रहता है। यही वजह है कि छत्तीसगढ़ी, गुजराती, भोजपुरी आदि के भजनों को गाकर भी आप अपनी कथा में भजनों का प्रसारण आकाशवाणी दूरदर्शन, ज़ी–24, सब टी.वी. आदि पर होता रहता है।

आप स्वयं कवि हैं। कवि–सम्मेलनों में भी सक्रिय रहते हैं। अनेक कवि–सम्मेलनों में आपने भागीदारी की है। आपने छत्तीसगढ़ी फ़िल्मों में भी भूमिका निभायी है। आप श्रीमद्भागवत पुराण पर केन्द्रित कथा करते हुए भी रामचरितमानस के दोहों–चौपाइयों का सम्बल लेते हैं। मानस के सभी प्रसंग आपको प्रिय हैं–वे हैं हनुमान जी के चरित्र की वे

घटनाएँ जो उन्हें अलौकिक और लौकिक रूप में प्रस्तुत करती हैं। वे भगवान राम के अनन्य सेवक रहते हुए स्वयं देव श्रेणी में आ गये और कलियुग में तत्काल–फल देनेवाले देवता की तरह प्रतिष्ठित हो गये।

पण्डित राजेन्द्र जी व्यास–परम्परा को आजीविका नहीं बनाये हैं। वह स्वान्तः सुखाय और परजन सुखाय ही कथा करते हैं। वह अनेक संस्थाओं में पदाधिकारी हैं, उन्होने प्रवचन करना सन् 2000 ई. से प्रारम्भ किया है। अब तक वह अनेक स्थानो पर प्रवचन कर चुके हैं।

**आपका पता है–**

*पं. राजेन्द्र प्रसाद पाण्डेय, लक्ष्मीनारायण विद्यामन्दिर के पास, कुकरी पारा, सुभाष नगर, रायपुर (छत्तीसगढ़)*

## पं. पवन दीवान

पं. पवन दीवान का पूरा नाम पं. पवनधर दीवान है। आपके पिता का नाम पं. सुखरामधर दीवान था। आपका जन्म किरवई (राजिम) में 01 जनवरी 1945 को हुआ था। पं. पवन दीवान ने प्रवचन करना सन् 1976 से प्रारम्भ किया था। बाद में वह सन्त पवन दीवान के रूप में प्रसिद्ध हुए।

पं. पवन दीवान श्रीमद्भागवत और रामचरितमानस पर प्रवचन करते थे। वह सन्त और प्रवचनकर्ता की भूमिका से ही राजनीति में आये थे। छत्तीसगढ़ में उन्होंने एक राजनीतिज्ञ की तरह भी अपनी विशेष भूमिका दर्ज करायी। वह मध्य प्रदेश में उस समय मन्त्री पद पर प्रतिष्ठित रहे, जब छत्तीसगढ़ मध्य प्रदेश में ही सम्मिलित था।

पं. दीवान कुशल गायक थे। हिन्दी और छत्तीसगढ़ में उन जैसा गायक विरल है। अपनी गायिकी प्रतिभा से वह लोगों का मन मोह लेते थे। रामचरितमानस के वह कुशल प्रवक्ता थे। तुलसी के दोहे और चौपाइयों का वह जब सस्वर पाठ करते थे, तब श्रोतावृन्द झूम उठते थे। आकाशवाणी और दूरदर्शन से आपकी कविताओं एवं प्रवचनों का प्रसारण होता रहा है।

सन्त पवन दीवान ने पूरे छत्तीसगढ़ में घूम–घूम कर कथाएँ सम्पन्न की हैं। उनकी कथाएँ विश्लेषण प्रधान होती थीं। वह प्रसंग की आत्मा को व्याख्यायित करते थे इसलिए उनकी कथाओं का आनन्द बौद्धिक वर्ग लेता था। किन्तु वह गायन शैली में निबद्ध प्रसंगों को जब प्रस्तुत करते थे तब सामान्य जन भी उनकी कथा को रस लेकर सुनता था।

सन्त पवन दीवान सरल व्यक्तित्व के धनी थे। वह भारतीय सन्त परम्परा के मूर्तिमान व्यक्तित्व थे। उन्होंने अपने सद्कृत्यों से एक आश्रम भी स्थापित किया था। इस आश्रम का नाम उन्होंने छत्तीसगढ़ ब्रह्मचर्याश्रम राजिम (दुर्ग) रखा था। आज भी उनका आश्रम पठन–पाठन का केन्द्र–स्थल है।

# बघेलखण्ड क्षेत्र की व्यास-परम्परा

प्रीति तिवारी

बघेलखण्ड बघेली बोली का क्षेत्र है। विन्ध्य के सामीप्य ने इसे प्रकृति का मनोहारी रूप दिया है। इस क्षेत्र में ही वाल्मीकि जी और बाणभट्ट का निवास रहा है। अनेक ऋषि और मुनि यहाँ आते–जाते रहे तो यहाँ ज्ञान–सत्र भी वे सम्पादित करते रहे हैं। चित्रकूट की पवित्र भूमि पर अत्रि और अनसूया का आश्रम था। मुनि का सान्निध्य लाभ लेने अनेक ऋषि–मुनि यहाँ आते रहते थे। स्वयं राम उनके आश्रम में उनका उपदेश सुनने आये थे। न केवल अत्रि जी ने श्रीराम से संवाद किया बल्कि अनसूया जी ने सीताजी को पतिव्रत धर्म की शिक्षा प्रदान की।

रीवा के राजा रघुनाथ सिंह जी ने रामचरित को केन्द्र बनाकर पहला हिन्दी नाटक 'आनन्द रघुनन्दन' रचा। इस रूप में यह क्षेत्र राममय रहा है। आधुनिक काल में सतना के समीप 'रामवन' की स्थापना श्री शारदा प्रसाद ने की। वे इसे तुलसी तीर्थ बनाना चाहते थे। यहाँ से 'मानस मणि' अनेक वर्षों तक प्रकाशित होती रही। इसमें मानस से सम्बन्धित उत्कृष्ट स्तर पर रचनाएँ प्रकाशित होती थीं। अनेक मानस समर्थ विद्वानों के इस पत्रिका में लेख प्रकाशित होते थे। रामरक्षित जी रामायणी के लेख इसमें सतत प्रकाशित होते थे। यहाँ लायब्रेरी भी स्थापित थी। लायब्रेरी में तुलसीदास जी से सम्बन्धित पुस्तकों को एकत्रित किया गया था। एक समय था, जब मानस प्रवचनकारों का यहाँ मेला लगा करता था।

बघेलखण्ड में रामलीलाएँ भी ख़ूब आयोजित होती रही हैं। यहाँ के खजुरी ताल की रामलीला मण्डली ने अच्छी ख्याति अर्जित की थी। इस मण्डली के माध्यम से देश के अनेक स्थलों पर रामलीलाओं का प्रदर्शन होता रहा है। रामलीलाओं में रामचरितमानस के गायन की पद्धति है। प्रायः पात्रों के संवाद रामचरितमानस की दोहा–चौपाइयों पर आधारित रहते हैं। महन्त पहले दोहा–चौपाई प्रसंगानुकूल गाकर प्रस्तुत करता है, फिर पात्र उनका हिन्दी गद्य में अनुवाद–सा अपने संवादों में प्रस्तुत करता है। कभी–कभी पात्र भी दोहा–चौपाइयाँ सस्वर बोलता है। इस रूप में पात्र एवं गायक मण्डली को रामचरितमानस की दोहा– चौपाइयाँ याद हो जाती हैं, वे उनकी गायन शैली से परिचित हो जाते हैं। ऐसे ही लोगों में से कुछ लोग रामकथा व्यास बनकर प्रतिष्ठित हो जाते हैं। इस तरह से रामलीला मण्डलियाँ व्यास बनने की नर्सरी जैसी होती हैं। इस रूप में बहुत से लोग व्यास–परम्परा में इस क्षेत्र से भी आये हैं।

बघेलखण्ड के अधिकांश घरों में रामचरितमानस की पुस्तक का पाठ होता रहता था। इसकी व्याख्या करनेवाले भी प्रायः इन घरों में होते थे। यही व्याख्या करनेवाले

जन गाँव–क़स्बों में जाकर, रामकथा की सरस व्याख्याएँ करके अपनी जीविका भी निर्धारित कर लेते थे। ऐसे अनेक नाम–अनाम कथावाचक एक समय में यहाँ से देश के विभिन्न अंचलों में भ्रमणशील रहे हैं।

रीवा में गुरु रामप्यारे अग्निहोत्री जी जैसे विद्वानों ने अपनी भूमिका रामचरितमानस के प्रचार–प्रसार में निभायी। डॉ. भगवती प्रसाद शुक्ल, डॉ. श्यामसुन्दर लाल दीक्षित प्रभृति जनों ने भी तुलसी साहित्य को वाचिक और व्यास–परम्परा को अपनी मेधा का आधार प्रदान किया। इसी क्षेत्र से नूरदास रामायणी अपने समय के श्रेष्ठ व्यासों में परिगणित होते हैं। बाद में स्वामी रामभद्राचार्य ने अपनी विश्वव्यापी ख्याति से इस क्षेत्र को पवित्र किया। यहाँ धारकुण्डी आश्रम भी है, जहाँ विद्वान सन्तों का सदैव आवागमन बना रहता है और मानस प्रवचन के अवसर यहाँ सुलभ होते रहते हैं।

मानस के अध्ययन–अध्यापन, उसके मौखिक प्रस्तुतीकरण और मानस की कथा व्यास–परम्परा का एक पुख्ता आधार इस क्षेत्र में विनिर्मित होता रहा है।

# बघेलखण्ड क्षेत्र में 'दृष्टिबाधित दिव्यांगता और कथा व्यास-परम्परा'

प्रीति तिवारी

दिव्यांग जनों के लिए व्यवसायगत अवसर कम नहीं हैं। बस ज़रूरत है उनकी प्रतिभा को सही दिशा में प्रेरित किया जाये। दिव्यांग की कोटि के अनुसार ही व्यवसाय का चयन किया जाता है। अक्सर दृष्टिबाधित विकलांगों को ऐसे कार्य करने में असुविधा होती है, जो हाथ और पैरों से किये ज़ाते हैं। यद्यपि एक निश्चित दायरे में निश्चित समयावधि में किये जाने वाले कार्य दृष्टिबाधित जन अपने पाँव को चलाकर भी कर लेते हैं। बँधी–बँधाई परिपाटी वाले इन कार्यों को ठीक उसी तरह से माना जा सकता है, जैसे आँखों पर पट्टी बाँधे कोल्हू का बैल कार्य करता है। दृष्टिबाधित के लिए जो कार्य अनुकूल होते हैं वे उनके कण्ठ और मुख से सम्बन्धित हैं। जब नेत्र बन्द रहते हैं तब ज्ञान का भीतरी प्रकाश जगमगा उठता है। महाकवि सूरदास इसके बड़े प्रमाण हैं। इसे दीनत्व की आपूर्ति की तरह माना जा सकता है। इस रूप में संगीत और प्रवचन के क्षेत्र दृष्टिबाधितों के लिए सुविधाजनक माने जा सकते हैं। ''कलाओं को व्यवसाय के रूप में ग्रहण किया जा सकता है। आजकल कला का बाज़ार भी बहुत बड़ा बाज़ार है। दिव्यांगजन कलाओं में महारत हासिल कर ले तो वह इस बाजार का उपयोग अपने लिए कर सकते हैं। संगीत के क्षेत्र में इस तरह की अपार सम्भावनाएँ हैं। दिव्यांग संगीत के केन्द्र स्थापित कर सकते हैं। संगीत की शिक्षा दे सकते हैं। स्वयं गायन–वादन करके रंगमंचीय कार्यक्रम के माध्यम से अर्जन कर सकते हैं।''

यदि दिव्यांग गायक कला में निपुण है, और वह अपने ज्ञान की सीमाओं में वृद्धि कर ले तो वह बहुत अच्छा प्रवचनकार भी बन सकता है। ज़रूरत यह है कि उसे धार्मिक ग्रन्थों की शिक्षा ग्रहण करनी पड़ेगी जो कि बहुत कठिन कार्य नहीं है। दृष्टिबाधित सुनकर ही अनेक सन्दर्भों और प्रसंगों को याद कर लेते हैं। इस हेतु उन्हें ट्रेनिंग भी दी जा सकती है। यहाँ मैं अखिलेश महाराज का उदाहरण प्रस्तुत कर रही हूँ–''अन्तरराष्ट्रीय भजन गायक अखिलेश महाराज के बचपन का नाम मोतीलाल तथा पिता का नाम पुन्नीलाल था। गाँव में चेचक के कारण मोतीलाल की दोनों आँखों की ज्योति चली गयी। माँ और पिता के स्वर्गवास के बाद वे दर–दर की ठोकरें खाने को मजबूर हो गये। घर से भाग कर मन्दिरों में घूमते हुए भजन गाने लगे। उनकी याददाश्त अच्छी थी, इसलिए उन्हें भजनों के साथ–साथ श्रीमद्भागवत के श्लोक भी कण्ठस्थ हो गये। अब वे अखिलेश महाराज बन गये थे। अखिलेश महाराज ने अपना आश्रम वृन्दावन में बनाया। आश्रम में गायिकी और प्रवचन का अभ्यास कराया जाता है।''

यह दिव्यांग का हौसला ही है कि स्वयं के लिए रोज़गार सृजित किया, और दूसरों के लिए अवसर जुटाने का मंच भी निर्मित। रवीन्द्र जैन इसके सर्वोत्तम उदाहरण हैं। दृष्टिबाधित होते हुए भी उन्होंने जीवन की अनेक ऊँचाइयाँ छुईं। वह एक कुशल गायक तो थे ही कुशल संगीत निर्देशक भी थे। उन्होंने अनेक फ़िल्मों में गायन किया और अनेक फ़िल्मों में संगीत निर्देशन भी किया। उन्होंने 'रामायण' जैसे लोकप्रिय सीरियल में गायन किया था। वह धार्मिक भजनों की संगीत निशाएँ भी आयोजित करते थे, और स्वयं भजन गाते थे। यह स्पट करने की ज़रूरत नहीं है कि दृष्टिबाधित जनों के पास इस तरह की शक्तियाँ जाग्रत हो उठती हैं। उनकी वाणी उनका व्यक्तित्व निखारने लगती है। वह वाणी व्यक्तित्व बन जाते हैं, और अपने इसी व्यक्तित्व के बल पर अपनी लोकप्रियता को स्थापित कर लेते हैं।

दृष्टिबाधित जनों को प्रवचन करने में कोई असुविधा नहीं होती है, यदि वे संगीत पक्ष को साथ लें तो यह सोने में सुहागा हो जाता है। सामान्यतः यह अनुभव किया गया है कि दृष्टिबाधित जन गायक अच्छे होते हैं। अधिकतर यात्रा करते हुए रेलगाड़ियों में दृष्टिबाधित जनों को गाते हुए देखा सुना जाता है। इनकी गायन कला ही इनकी आजीविका बन जाती है। यदि अपनी प्रज्ञा का और विकास कर लें तो वे प्रवचनकार भी बन सकते हैं। रामकथा व्यास–परम्परा में ऐसे अनेक प्रवचनकार हुए हैं जिन्होंने दृष्टिबाधित होते हुए भी देश–विदेश में रामकथा पर प्रवचन करते हुए लोकप्रियता हासिल की है यह केवल लोकप्रियता ही नहीं थी, बल्कि लोक को परलोक से जोड़ने का एक आध्यात्मिक उपक्रम था। भक्ति की भावना से ओतप्रोत ये कार्यक्रम भक्ति के प्रकार कीर्तन का ही एक प्रकार है। तुलसीदास ने रामचरितमानस में लिखा है–

**तीजी भगति मम गुन गन करई कपट तजि गान।**

रामचरितमानस में उल्लिखित भक्ति की कोटि में प्रवचन को इसी रूप में लिया जा सकता है।

'रामकथा व्यास–परम्परा' में दृष्टिबाधित जनों का योगदान यह स्पष्ट करता है कि रामकथा के सन्दर्भ में जो कहा गया है– **'उघरहिं विमल विलोचन हिय के।'** वस्तुतः रामकथा हृदय के नेत्र खोलनेवाली ही होती है। तभी तो चर्मचक्षु रहित जन रामकथा का आश्रय लेकर स्वयं अपनी अन्तर्दृष्टि का उन्मीलन तो करते ही हैं दूसरों के आन्तरिक नेत्रों को खोलने का भी प्रयास करते हैं। यही वजह है कि सूरदास रामकथा को कहने और गाने में अपना विशिष्ट स्थान रखते हैं।

रामकथा व्यास–परम्परा में वैसे तो अनेक दृष्टिबाधित जन अपनी वाणी की अर्चना राम के प्रति समर्पित करते रहे हैं, किन्तु निकट अतीत में 'सूरदास रामायणी' नामक कथा व्यास अत्यन्त लोकप्रिय हुए हैं। सूरदास रामायणी चित्रकूट के नज़दीक के एक गाँव में जनमे थे। वह जन्मान्ध थे। उन्होंने अपना निवास चित्रकूट को बनाया। चित्रकूट में रहकर वह सत्संग करने लगे। उनके पास गायन के लिए सुरीला कण्ठ था ही। वह बहुत प्रभावी गायन करते थे। वह रामचरितमानस को आधार बनाकर ही प्रवचन करते थे। वह प्रवचन करने दूर–दूर तक जाते थे। उन्हें रामचरितमानस के दोहे–चौपाइयाँ कण्ठस्थ थे। वह इनकी लोकलुभावनी व्याख्या भी करते थे। उनकी यह विशेषता होती थी कि वह प्रसंगों की कड़ी

मिलाने में चमत्कारिक प्रयोग करते थे। वह शब्दों की नयी–नयी व्याख्याएँ करने में प्रवीण थे। बीच–बीच में अंग्रेज़ी और उर्दू के उदाहरण भी देते थे। वह सामाजिक दृष्टि से उपयोगी दृष्टान्त भी कथा के बीच–बीच में सुनाते थे। उनकी शैली देशज लहजे वाली थी, इसलिए बघेली बोली के शब्दों का वह गाहे–बगाहे प्रयोग करते थे तथा उसी लहजे में अपनी कथा का गद्य–भाग प्रस्तुत करते थे। वह गेरुये वस्त्र धारण करते थे। लुंगी और कुरती उनकी प्रिय पोशाक थी। वह स्वयं हारमोनियम बजाते थे। उनके साथ वाद्य बजानेवाली संगत पार्टी भी रहती थी।

सूरदास रामायणी को भरत चरित्र की कथा प्रिय थी। वह भावुक कथावाचक थे। कभी–कभी उनकी कथा में श्रोता अपने आँसू नहीं रोक पाते थे। उनकी कथा सुनने हज़ारों श्रोता एकत्रित होते थे। उस समय तक बाज़ार में कैसिट उपलब्ध होने लगे थे। सूरदास रामायणी के प्रवचनों के कैसिट्स की रिकॉर्ड बिक्री हुई। घर–घर उनके कैसिट्स सुने जाते थे। वह जब दोहे और चौपाइयाँ उच्च स्वर में गाते थे, तब कथा को साकार करनेवाला वातावरण बन जाता था। यद्यपि वह कथा में तात्विक विवेचना करते थे, जिनसे कथा प्रसंग को एक नयी अर्थ दीप्ति प्राप्त हो जाती थी। वह प्रवाहमय कथा करते थे। बीच–बीच में अपने श्रोताओं को भी विशेषणों से सम्बोधित करते थे। प्रवचन के बीच–बीच में वह 'ॲय' जैसी ध्वनि भी निकालते थे। उनकी कथा, श्रोता मन्त्रमुग्ध होकर सुनते थे। उनके प्रवचनों को कराने को उस समय होड़ लगी रहती थी।

रामकथा व्यास–परम्परा में जो भी प्रज्ञाचक्षु व्यास हुए हैं उनमें **स्वामी रामभद्राचार्य** का स्थान सर्वोपरि है। चित्रकूट में अपना आश्रम बनानेवाले स्वामी रामभद्राचार्य ने इसी जगह दिव्यांग विश्वविद्यालय की स्थापना भी कर दी है। इस विश्वविद्यालय में दिव्यांगों को शिक्षित–प्रशिक्षित किया जाता है। रामभद्राचार्य जी बहुआयामी व्यक्तित्व हैं। वह अनेक क्षेत्रों में महत्त्वपूर्ण कार्य कर रहे हैं। प्रवचन, संगीत, शिक्षा, साहित्य आदि अनेक क्षेत्रों में उनकी प्रतिभा ने नये–नये मानदण्ड स्थापित किये हैं। इन सबके केन्द्र में उनका प्रवचन करनेवाला व्यक्तित्व अत्याधुनिक लोकप्रिय है। ऐसा इसलिए कि उन्हें लाखों लोग बड़े चाव से सुनते हैं। वह रामचरितमानस और श्रीमद्भागवत के अच्छे प्रवचनकार हैं।

स्वामी रामभद्राचार्य का मूलनाम गिरधर मिश्र है। उत्तर प्रदेश के जौनपुर ज़िले में सन्दीखुर्द नामक गाँव में 14 जनवरी 1950 ई. में इनका जन्म हुआ। सरयूपारीण ब्राह्मण परिवार में जन्म लेनेवाले रामभद्राचार्य के पिताजी का नाम राजदेव मिश्र और माताजी का नाम सचि देवी था। उनकी बड़ी चाची मीराबाई कृष्ण की भक्त थी, इसलिए इनका नाम गिरधर रख दिया था। उनके गुरु ने उनको चौपाई रटाई थी, **''यह चरित जो गावहिं हरिपद पावहिं ते न परहिं भवकूपा''** इस छन्द के बल पर वे एक कुएँ में गिरकर भी बच गये थे। उनकी मौखिक शिक्षा उनके दादा जी के संरक्षण में हुई। रामभद्राचार्य ने 7 वर्ष की अवस्था में सम्पूर्ण रामचरितमानस कण्ठस्थ कर ली थी। वह रामचरितमानस पर अपने प्रवचन करते हुए देशाटन करते रहे हैं। वह बहुत अच्छे गायक हैं। उनकी कथा तात्विक विवेचन वाली होती है। वह संस्कृत साहित्य के निष्णात विद्वान हैं, अतः शाब्दिक विवेचन में वह अत्यन्त कुशल हैं। वह रामचरितमानस के एक–एक शब्द की गहरी मीमांसा करते हैं।

कथा के लिए वह जहाँ वेद–पुराण आदि को आधार बनाते हैं, वहीं वह लोक प्रसंगों को भी अपने प्रवचनों में स्थान देते हैं। लोकगीतों के पुट से उनके प्रवचन अधिक सरस और अधिक ग्राह्य हो जाते हैं। वह कथा के सरस व्याख्याकार तोः हैं ही उनका विस्तृत अध्ययन कथा को विस्तार देने में सक्षम होता है। रामभद्राचार्य जी हमारे युग की मूर्धन्य विभूतियों में से हैं।

विभिन्न अंचलों में इस तरह के अन्य सूरदास कथाकार कथावाचक अपनी वाणी से जन–रंजन भी करते है और समाज में भक्ति भावना का प्रसार भी करते हैं। दिव्यांगों का यह अवदान यह साबित करता है कि उन्हें अवसर मिले तो वह अपने को प्रतिपादित करने में कोई कोर–कसर नहीं लगाते।

अनेक क्षेत्रों में उनकी प्रतिभा ने नये–नये मानदण्ड स्थापित किये हैं। इन सबके केन्द्र में उनका प्रवचन करनेवाला व्यक्तित्व अत्यधिक लोकप्रिय है। वह रामचरितमान्स और श्रीमद्भागवत के अच्छे प्रवचनकार हैं। उनके सभी रूप प्रभावशाली हैं और लोक उपकार की भावना से जुड़े हुए हैं।

रामभद्राचार्य जी ने अपनी दो माह की अवस्था में ही अपने दोनों नेत्र खो दिये थे। 24 मार्च 1950 को उनकी आँखें ट्रिकोमा नामक बीमारी से ग्रस्त हुईं। गाँव में इस बीमारी का कोई सही इलाज नहीं था। गाँव की एक महिला ने देशी दवा की, जिसके परिणामस्वरूप आँख ठीक नहीं हुईं और उनमें निरन्तर दृष्टिहीनता आती गयी। बाद में उन्हें लखनऊ, सीतापुर, मुम्बई आदि स्थानों के प्रसिद्ध नेत्र चिकित्सालयों में भर्ती किया गया लेकिन उनकी नेत्रज्योति वापस नहीं लौटी। नेत्रज्योति चली जाने की वजह से रामभद्राचार्य न तो पढ़ सकते थे, न लिख सकते थे। इन्हें ब्रेल लिपि का प्रशिक्षण भी प्राप्त नहीं हो पाया था। जब वह तीन वर्ष के थे तब गाँव में एक बन्दर का नाच दिखाने वाला मदारी आया। मदारी का बन्दर उसकी गिरफ़्त से छूट गया और उसने ऊधम मचाना शुरू कर दिया। बन्दर के डर से लड़के भागे। रामभद्राचार्य भी उसी भगदड़ में फँस गये और एक छोटे सूखे कुएँ में गिरने के साथ ही दादाजी के द्वारा सिखाये गये छन्द के इस पद को दुहराते रहे थे–**"यह चरित जो गावहिं हरिपद पावहिं ते न परहिं भव कूपा।"** इस पद का अर्थ है कि जो भगवान के चरित्र को उनके चरण पकड़कर गाता रहता है वह इस संसार रूपी कुआँ में नहीं गिरता है। कुएँ में गिरने की इस चमत्कारिक घटना के बाद रामभद्राचार्य जी इस पद को हर समय दुहराने लगे।

रामभद्राचार्य जी की शिक्षा उनके दादाजी के संरक्षण में हुई। उस समय उनके पिता मुम्बई में काम करते थे। प्रायः दोपहर के बाद उनके दादा उन्हें रामायण व महाभारत की कथा सुनाया करते थे। इसके साथ ही साथ भक्तिपरक ग्रन्थों का भी वह श्रवण अपने दादा के माध्यम से करते रहे। इन भक्तिपरक ग्रन्थों में से कुछ ये थे– 'विश्राम सागर', 'सुखसागर', 'प्रेमसागर' और 'ब्रजविलास'। इन ग्रन्थों के सुनने से बालक रामभद्राचार्य के मन पर उनकी विषयवस्तु का गहरा प्रभाव पड़ा। उनके भीतर भी कवित्व शक्ति जाग्रत हो गयी और उन्होंने अपनी तीन वर्ष की अवस्था में एक कविता रची जो इस प्रकार थी–

**मेरे गिरधारी जीके काहे लरी।**
**तुम तरुणी मेरी गिरधर बालक काहे भुजा पकरी।।**
**सुसुकि–सुसुकि मेरो गिरधर रोबत तू मुसुकात खरी।।**
**तू अहिरिन अतिशय झगराऊ बरबस आये खरी।।**
**गिरिधर कर गहि कहत जसोदा आँचर ओट करी।।**

तीन वर्ष में ऐसी कविता रच देना आश्चर्य की बात थी। इतनी वर्ष की उम्र में बच्चे बोलना ही सीख पाते हैं, लेकिन रामभद्राचार्य जी ने एक अनूठे प्रसंग को लेकर एक सुन्दर छन्द रूप दे दिया। यह छन्द उनकी रचनात्मक ऊर्जा का प्रतीक है। उनकी कवित्व शक्ति आगे चलकर और विकसित हुई और उन्होंने श्रेष्ठ रचनाओं की सृष्टि की।

रामभद्राचार्य जी ने अपनी 5 वर्ष की अवस्था में ही पन्द्रह दिनों की अवधि में गीता के 700 श्लोकों को कण्ठस्थ कर लिया था। ये श्लोक उन्होंने अपने पड़ोसी पण्डित मुरलीधर मिश्र के सहयोग से याद किये थे। 1955 की जन्माष्टमी को उन्होंने पूरी गीता मौखिक सुना कर सबको आश्चर्य में डाल दिया था। जब रामभद्राचार्य जी की उम्र 7 वर्ष की थी तब उन्होंने रामचरितमानस के सम्पूर्ण दोहा–चौपाई कण्ठस्थ कर लिए थे। इनकी संख्या 10,900 है। रामचरितमानस के इतने छन्दों को याद करने में उन्हें मात्र 60 दिन लगे थे। 1957 की रामनवमी को उन्होंने सम्पूर्ण रामायण मौखिक रूप से सुनायी थी। बाद में उन्होंने वेद, उपनिषद्, भागवत पुराण और तुलसीदास की सम्पूर्ण रचनाओं को कण्ठस्थ किया था। वह संस्कृत व्याकरण में भी पारंगत हुए। रामभद्राचार्य जी की अच्छी स्मरण शक्ति है। उनकी एकाग्रता का ही यह परिणाम है। यहाँ यह बात ध्यान देने योग्य है कि वह इन सबको किसी दूसरे से सुन–सुनकर याद करते रहे हैं। यह कठिन कार्य था किन्तु उनकी लगन ने इतने कठिन कार्य को भी कर दिखाया।

रामभद्राचार्य जी एक अध्यवसायी व्यक्तित्व हैं। वह 22 भाषाएँ बोल सकते हैं। वह आशु कवि हैं। वह संस्कृत, हिन्दी, अवधी, मैथिली आदि भाषाओं में रचनाएँ करते हैं। अभी तक उनकी 100 से ऊपर किताबें और 50 से ऊपर शोधपत्र प्रकाशित हो चुके हैं। इन पुस्तकों में कुछ पुस्तकें महाकाव्य के रूप में प्रस्तुत की गयी हैं। उन्होंने तुलसीदास जी की रामचरितमानस और हनुमान चालीसा जैसे ग्रन्थों पर अपनी नयी व्याख्याएँ प्रस्तुत की हैं। उन्होंने अष्टाध्यायी पर भी महत्त्वपूर्ण कार्य किया है। लेखक के रूप में वह हिन्दी व संस्कृत के महत्त्वपूर्ण लेखक माने जाते हैं। उनकी रचना दृष्टि शब्द के मर्म को पहचानने वाली है। संस्कृत व्याकरण में पारंगत होने के कारण वह शब्द की आन्तरिक शक्तियों से अच्छी तरह से परिचित हैं।

उनका उपनयन संस्कार 24 जून 1961 को हुआ था। उन्होंने इसी समय मन्त्र दीक्षा अयोध्या के पण्डित ईश्वरदास महाराज से ली। वह अपनी छोटी–सी ही अवस्था में अपने गाँव के पास के गाँव में पुरुषोत्तम महीना में कथा करते थे। यहीं से उन्होंने रामचरितमानस पर कथा कहना प्रारम्भ किया। एक बारात की तैयारी चल रही थी। उस बारात में इनके अन्धे होने के कारण इन्हें सम्मिलित नहीं किया गया। इस घटना से ये विचलित हो गये। उनके ऊपर इसका गहर प्रभाव पड़ा।

रामभद्राचार्य की दीक्षा औपचारिक रूप से नहीं हुई। उनके परिवारजन चाहते थे कि वह कथावाचक बनें। जबकि रामभद्राचार्य जी आगे बढ़ना चाहते थे। उनकी इसी इच्छा के कारण उन्हें बनारस भेजा गया। उन्होंने आदर्श गौरी शंकर संस्कृत कॉलेज से हिन्दी अंग्रेज़ी, गणित, ज्यॉग्राफी में अध्ययन किया था। इसी समय उन्होंने श्लोक रचना भी शुरू कर दो। सन् 1971 में अपने उच्च अध्ययन के लिए उन्होंने शास्त्री, आचार्य की उच्चतम उपाधियाँ गोल्ड मेडल प्राप्त करके उत्तीर्ण कीं। इसी संस्थान से उन्होंने पीएच.डी. एवं डी.लिट्. की भी उपाधियाँ प्राप्त कीं।

सन् 1976 में स्वामी करपात्री जी को उन्होंने रामचरितमानस सुनाया। करपात्री जी उनसे इतने प्रभावित हुए कि उन्होंने कह दिया कि अब आप शादी नहीं करना और ब्रह्मचर्य का जीवन ही व्यतीत करना। इसी समय रामचरनदास महाराज फलाहारी के वह शिष्य बन गये। अब वे गिरधर मिश्र से रामभद्र दास हो गये थे। इस तरह से विरक्त दीक्षा लेकर उन्होंने घर–गृहस्थी त्याग दी।

रामभद्राचार्य जी ने 1987 में चित्रकूट में तुलसी पीठ की स्थापना की। इस पीठ की स्थापना से उन्होंने कई बौद्धिक कार्यक्रम संचालित किये हैं। तुलसी पीठ पर उन्हें काशी की विद्वत् परिषद् ने 24 जून 1988 को जगद्गुरु रामभद्राचार्य स्वामी के रूप में विभूषित किया। स्वामी रामभद्राचार्य जी ने चित्रकूट में ही विकलांग विश्वविद्यालय की स्थापना की। इस विश्वविद्यालय की स्थापना 21 सितम्बर 2001 को चित्रकूट में हुई। इस विश्वविद्यालय में विकलांगों के लिए स्नातक व स्नातकोत्तर स्तर पर संस्कृत, हिन्दी, अंग्रेज़ी, समाजशास्त्र, मनोविज्ञान, संगीत, ड्राइंग व पेंटिंग फाइन आर्ट्स व शिक्षा, इतिहास, संस्कृति व पुरातत्त्व विभाग, कम्प्यूटर एवं सूचना विज्ञान विधि और अर्थशास्त्र आदि विषयों में छात्र उपाधि प्राप्त कर सकते हैं। इस विश्वविद्यालय में वह चिकित्सा व आयुर्वेद विषय भी खोलना चाह रहे हैं। उन्होंने जगद्गुरु रामभद्राचार्य विकलांग सेवा संघ नामक संस्थान को भी प्रारम्भ किया है। यह संस्थान सतना (म.प्र.) में स्थित है। इस संस्थान में सभी तरह के विकलांगों की सहायता की जाती है। यह संस्थान सभी तरह के विकलांगों का सभी तरह से सहयोग करता है।

स्वामी रामभद्राचार्य जी के ये कार्य मानवीय सेवा के आदर्श मानदण्ड स्थापित करते हैं। इन्होंने अपनी प्रतिभा का मानव सेवा के लिए उपयोग किया। विशेष रूप से स्वयं अपने जीवन में विकलांगता के अनुभव से उपजी करुणा से वह विकलांगों की सेवा के कार्यो के लिए प्रेरणास्रोत बने।

# बघेलखण्ड की विदुषी व्यास-परम्परा : डॉ. ज्ञानवती अवस्थी

**प्रभुदयाल मिश्र**

श्रीमती ज्ञानवती अवस्थी की 'भारतीय संस्कृति और रामचरितमानस' कृति मानस की अपूर्व रचना द्वारा भारतीय परम्परा की रक्षा और शृंखला के निर्माण कार्य का रेखांकन करती है। लेखिका विदुषी साधिका है। प्रवचन पारायण है। मानस के विभिन्न पक्षों पर उनका शोध, संश्लेषण और विचारपूर्ण अनुशीलन है।

उनकी उक्त पुस्तक में 31 विभिन्न विषयपरक आलेख हैं। इनमें अनेक विषय मानस के उन सूक्ष्म विश्लेषणों से सम्बन्धित हैं जिनके सम्बन्ध में मानस प्रेमी प्रायः चर्चा करते हैं और उनमें निगूढ़ रहस्य को जानने की चेष्टा करते रहते हैं। उदाहरण 'मानस के याचक', 'साहिब और शीलनिधान', 'तुलसी की नारी भावना', 'कथा राम की गूढ़', 'सेतुबन्ध क्यों', परम सुन्दरी नारि ललामा' आदि। इसके अतिरिक्त इसमें कुछ ऐसे अभिनव प्रसंग जैसे 'सीता अग्रज प्रेममूर्ति', 'श्री लक्ष्मीनिधिजी', 'सिद्धि कुअंरिजी', 'वैष्णव मुसलमान भक्त' आदि भी हैं। चूँकि लेखिका रसाचार्य श्री रामहर्षणदास महाराज की शिष्या हैं। अतः माधुरी भक्ति के ऐसे प्रसंग स्वभावतः इसमें समा गये हैं।

आलेखों में स्वभावतः उत्कट भक्ति, भावोन्मेष और अडिग आस्था का आवेग है। भरत का राम को यह कहना कि प्रभु, आप साक्षात् परमात्मा जिसे रात–दिन माँ कहते हैं उसके (कैकेयी) मन में यह कामना शेष है कि मैं हाड़–मांस का पुतला उसे माँ कहूँ तब उसे सन्तोष होगा तो इससे बड़ा अभाग्य क्या होगा? (पृ. 58) और अग्नि की ज्वाला देखकर वानर हाहाकार करने लगे और देवगण के आँसू गिरने लगे। इनमें सबसे अधिक गम्भीर विषाद में डूबे हैं हनुमान। वे कहते हैं कि जिसका सदाचरण त्रैलोक्य में विख्यात है, जिन पर श्रीराम सदा विश्वास करते थे, जिनकी विषम स्थिति को मैंने स्वयं अशोक वाटिका में अपनी आँखों से देखा तथा प्रभु को सुनाया, उन सीता को सामान्य स्त्री मानकर देव अग्नि में डाल रहे हैं? (पृ.64)

विगत कुछ दिन पूर्व डॉ. अवस्थी का मानस भवन भोपाल में माता सीता के चरित्र को लेकर त्रिदिवसीय मनोरम व्याख्यान हुआ। इस अवसर पर वाल्मीकि रामायण के युद्धकाण्ड के इस श्लोक को मैंने उनके विचार विश्लेषण के लिए सामने रखा, क्योंकि इसे लेकर पश्चिमी पौर्वात्य विशेषज्ञ गोल्डमेन/पोलक आदि इससे पूरी रामायण और स्वयं सीता को स्त्री निन्दक प्रतिपादित करते हैं–

**पृथकस्त्रीणां प्रचारेणजातिं त्वंपरिशंकसे**
**परित्याजनां शंका तु यदि तेहं परीक्षित।**

(वाल्मीकि रामायण 6/116/7)

सीता जी राम के द्वारा यहाँ अग्निपरीक्षा के लिए परिचालित किये जाने हेतु राम के उलाहना दे रही हैं। इस श्लोक का गीता प्रेस गोरखपुर द्वारा अनुवाद निम्न प्रकार से किय गया है–

'नीच श्रेणी की स्त्रियों का आचरण देखकर यदि आप समूची स्त्री जाति पर सन्देह करते हैं तो यह उचित नहीं है। यदि आपने मुझे अच्छी तरह परख लिया हो तो अपने इस सन्देह को मन से निकाल दीजिए।

इसका इन विदेशी विद्वानों ने यह अर्थ किया है, 'तुम कुछ नीच स्त्रियों को लेकर सभी स्त्रियों के प्रति सन्देह करते हो, यदि वास्तव में तुम मुझे समझे होते तो अपने सन्देह को छोड़ देते।'

इस विवाद पर ज्ञानवती जो का मत बहुत स्पष्ट था। उनका कहना था कि पश्चिम के विचारकों की दृष्टि जहाँ सीमित और संकुचित है वहीं वे राम और सीता जैसे महान चरित्रों के समाकलन की क्षमता सम्पन्न नहीं है। वास्तव में 'शंका' और 'सन्देह' पृथक् अर्थ रखते हैं। संस्कृत में शंका शब्द आया है जिसका निश्चित समाधान होता है किन्तु सन्देह जडीभूत होता है। हम भारतीय राम अथवा सीता में परस्पर 'सन्देह' की परिकल्पना भी नहीं कर सकते।

डॉ. ज्ञानवती जी रामकथाकारों की उस भाव और भक्ति प्राधान्य भूमिका का प्रतिनिधित्व करती हैं जिसमें भगवान की माधुरी भक्ति की परिपूर्णता है। इनकी कथा में राम के जनकपुर प्रवास की अनेकानेक ऐसी झलकियाँ सुलभ रहती हैं जिनमें राम की ससुराल के परिहास और प्रसाद की विनम्र सुवास और आभा रसिक भक्त जनों के स्वानुभव हेतु प्रचुरता में विद्यमान रहती है।

# उषा रामायणी

**सम्पत्ति कुमार सिंह**

प्राचीनकाल से लेकर आज तक चित्रकूट को अनेक देवी–देवताओं, साधु–संन्यासियों ने अपनी तपोभूमि–स्थल बनाया है।

भगवान राम से लेकर अनेक लोकप्रिय साधु–सन्तों का चित्रकूट से बहुत गहरा नाता जुड़ा रहा है।

चित्रकूट देश की पवित्र और पूजनीय भूमि है। यह तपोभूमि है। संस्कार, संस्कृति निर्माण स्थली है। ज्ञान की पवित्र गंगा यहीं से प्रकाशमान होती है।

चित्रकूट आराध्य देवी–देवताओं की तपोस्थली है। सुकून और शान्ति की पड़ाव सलिला है। मन, कर्म, वचन से सेवा आराधना करने की शक्ति–स्थली है।

चित्रकूट की इसी पावन और पवित्र धरती पर मात्र 13 वर्ष की उम्र में दीदी उषा रामायणी ने अपने गुरु से ज्ञान लिया और आध्यात्मिक जीवन दर्शन का सन्देश लेकर देश–दुनिया को संस्कृति, संस्कार से रू–ब–रू करवाने एवं चहुँ विश्व में भक्ति और ज्ञान की अलख जगाने का संकल्प लेकर निकल गयीं। उन्होंने रामकथा के माध्यम से देश–दुनिया में जन–जन को आध्यात्मिक ज्ञान दिया।

संस्कृति, नैतिक मूल्यों और इन्सानियत का सन्देश जन–जन तक पहुँचाया। आज दीदी उषा रामायणी के मुख से रामकथा का आध्यात्मिक ज्ञान लोगों के कानों में गूँज रहा है। आज दीदी उषा रामायणी के मुख से रामकथा सुनने से अनगिनत लोग सुखी और सम्पन्न होकर सार्थक जीवन जीने की दिशा में आगे बढ़ रहे हैं।

उषा रामायणी का जन्म 01 जून 1984 को ग्राम गोखौर, पो. बड़वारा, ज़िला पन्ना में हुआ। आपके पिता का नाम रामभगत विश्वकर्मा और माँ का नाम स्व. श्रीमती मुलायम बाई था। आपके प्रेरणास्रोत आपके शिक्षक श्री रुद्रसिंह यादव और डॉ. सुरेश पराग हैं।

प्रभु की कृपा से अपनी अमृतमयी, धीर, गम्भीर, वाणी माधुर्य द्वारा भक्ति रसाभिलाषी चातकों को जनसाधारण एवं बौद्धिकों को मानस का दिव्य रसपान कराकर रसासिक्त करते हुए प्रतिपल निज व्यक्तित्व व चरित्र में ब्रह्म राम को अपने उर में बसाते हुए मर्मस्पर्शी मानस की भाव भागीरथी बहाकर जन मानस को अनुप्राणित कर रही हैं उषा रामायणी जी। आपके पितामह श्री जंगी प्रसाद विश्वकर्मा, पिताश्री राम भगत (कल्लू) विश्वकर्मा, माता स्व. मुलायम बाई भी राम भक्त एवं धार्मिक विचारों के प्रति समर्पित रहे। जन्म से ही उषा रामायणी की बुद्धि प्रखर थी। शिक्षा–दीक्षा ग्राम गोखौर में हुई, स्वभाव से अत्यन्त संकोची एवं शान्त

प्रकृति की थीं। अपने उम्र के बच्चों से अधिक गम्भीरता थी। प्रारम्भ से ही पृष्ठभूमि के रूप में पितामह, माता–पिता के धार्मिक विचारों, संस्कारों का प्रभाव आप पर पड़ा साथ ही शिक्षक श्री रुद्र सिंह यादव एवं साहित्यकार रचनाकर्मी डॉ. सुरेश पराग का भी मार्गदर्शन मिलने से कथा में एक नया प्रवाह हो चला। अपने प्रवचन से रामकथा का पीयूष समाज में वितरण करा रही हैं। जन–जन के तप्त एवं शुष्क मानस में नव शक्ति का सिंचन कर रही हैं। श्रद्धा भक्ति की निर्मल मन्दाकिनी प्रवाहित करते हुए महान लोक कल्याणकारी कार्य सम्पन्न कर रही हैं।

भक्ति योग आश्रम जानकीकुण्ड चित्रकूट के मानस मर्मज्ञ श्री श्री 108 श्री सुखनन्दन शरण जी महाराज जहाँ समूचे परिवार के सद्‌गुरु हैं, वहीं उनकी कृपा और विवेक का जो वरदान उषा रामायणी को मिला है इसमें प्रभु श्रीराम जी की कृपादृष्टि प्रत्यक्ष अनुभव की जा सकती है। लगभग 5–6 वर्ष के अन्तराल में उषा रामायणी बिहार, झारखण्ड, उत्तर प्रदेश, मध्य प्रदेश, छत्तीसगढ़, उड़ीसा, हरियाणा, प्रान्तों के कई गाँव नगरों में रामकथा प्रवाहित कर चुकी हैं। वर्तमान में कर रही हैं।

आपको नारद मोह की कथा सर्वाधिक पसन्द है। इसमें काम को दुर्निवार तो बताया ही गया है किन्तु गोस्वामी जी ने इसे अवतार प्रयोजन की तरह लिया है। ''**नारद श्राप दीन्ह एक वारा। कल्प एक लगी तेहि अवतारा।**'' नारद पर काम ने अनेक प्रयोग किये कि उनकी समाधि भंग हो जाये किन्तु ''**काम कला कछु मुनिह ना व्यापी**'' नारद काम विजय कथा सुनाने शंकर के पास पहुँचे। शंकर ने नारद को परामर्श दिया–

''**जनि हरहिं सुनायेक कबहूँ**'' अपनी ये कथा विष्णु को मत सुनाना। फिर भी नारद ने विष्णु को अपनी काम विजय की कथा सुना ही दी। फिर एक अपूर्व नगर में अपूर्व कुमारिका के दर्शन ''**विश्वमोहिनी तासु कुमारी**'' नारद का वैराग्य ज्ञान तो समाप्त हुआ ही वे प्रबल काम से परिचालित हो उठे। उनकी लज्जा का अपहरण हो गया। उन्हें माया ने मूढ़ बना दिया– ''**माया विवस भये मुनि मूढ़ा**'' नारद को हरि का मुख मिला वे प्रसन्न थे कि राजकुमारी उन्हीं का वरण करेगी, किन्तु ऐसा हुआ नहीं उल्टे नारद की जग हँसाई हुई, वे क्रोधित हुए और विष्णु को शाप दे दिया। यह प्रसंग अनेक भावों का समवाय है। इसमें व्यास का अपने प्रवचन के लिए प्रचुर भावोद्‌वेलन है। उषा रामायणी जी इस प्रसंग को गूढ़ तत्त्व विवेचनी शैली में प्रस्तुत करती हैं। वह मूल कथा को आधार बनाकर कथाओं की अन्तःकथा के साथ अपने प्रवचन को रसमय बनाती हैं। वह दृष्टान्त शैली का उपयोग भी करती हैं। वह संगीतमयी कथा करने में भी सिद्धहस्त हैं। वह आजकल चित्रकूट में रहती हैं।

# मालवा क्षेत्र की व्यास-परम्परा

**किरण उपाध्याय**

मालवा अपनी सरस समृद्धि के लिए विख्यात है। कहावत है– **''डग–डग रोटी पग–पग नीर। मालव माटी गहन गम्भीर।''** मालवा की मिट्टी में अन्न–जल की प्रचुरता के कारण जीवन की सुखद यात्रा इतिहास की पगडण्डियों पर चलती रही है। यहाँ प्रकृति मुक्तहस्त से अपने वरदान लुटा रही है। शाम–ए–अवध, सुबह–ए–बनारस तथा शब–ए–मालवा में मालवा की रात्रियों की शोभा का ही चित्रण है। यहाँ राजा भोज से लेकर विक्रमादित्य की चरित्र चर्चाएँ इतिहास के महत्त्वपूर्ण प्रसंग हैं। महारानी अहल्याबाई की धर्मप्रियता को कैसे भुलाया जा सकता है। उज्जयिनी के कविकुल गुरु कालिदास तो विश्व कवि हैं ही। उनके द्वारा रचित 'रघुवंशम्' श्रीराम की श्रीवंश वल्लरी की सुगन्ध से महमहा रहा है। यह वही उज्जयिनी है, जहाँ भगवान कृष्ण संदीपनी आश्रम में शिक्षा ग्रहण करने आये थे। जहाँ सुदामा जैसे मित्र उन्हें मिले थे। यह महाकवियों, आचार्यों, और कथा–कीर्तनकारों की भूमि है।

वैष्णव, शैव और शाक्त मान्यताओं का मिलन केन्द्र यह क्षेत्र रहा है। तन्त्र, मन्त्र और ज्योतिष में इस क्षेत्र की प्रसिद्धि रही है। यहाँ के संदीपनी आश्रम में पुष्टि मार्ग के प्रवर्तक वल्लभाचार्य की तिहत्तरवीं बैठक है, जहाँ उन्होंने भागवत का पाठ किया था, और भागवत की व्याख्या करके अपनी वाणी से इस क्षेत्र को कृतार्थ किया था, यह कथा सृजन और कथा–कथन का अद्‌भुत क्षेत्र रहा है। वृहत्कथा से लेकर बेताल पच्चीसी तक की कथाएँ यहाँ प्राप्त होती हैं।

साहसांक विक्रमादित्य की सभा में सदैव विद्वानों के प्रवचन और काव्य–पाठ होते रहते थे। इनके दरबार में विशेष सम्मानित रत्न थे–धन्वन्तरि, क्षपणक, अमरसिंह, शंकु, वेतालभट्ट घटकर्पक, कालिदास, वाराहमिहिर और वररुचि। यहाँ के मुंज, भोज आदि राजाओं के दरबार में विद्वत् सभाएँ होती रहती थीं।

यह क्षेत्र विद्वानों का आदर करनेवाला रहा है। यहाँ पण्डित सूर्यनारायण व्यास जैसे दैवज्ञ और विद्वान हुए हैं। कविवर शिवंमगल सिंह सुमन, यहाँ की विभूति रहे हैं। यहाँ आचार्य राममूर्ति त्रिपाठी, आचार्य विश्वनाथ प्रसाद मिश्र जैसे मर्मज्ञ विद्वानों का निवास रहा है। आचार्य राममूर्ति त्रिपाठी जी को रामकथा मर्मज्ञ श्री मुरारी बापू अपने गृहक्षेत्र–महुवा में आयोजित वार्षिकोत्सव में प्रतिवर्ष प्रवचन करने बुलाते।

उज्जयिनी में क्षिप्रा तट पर होनेवाले कुम्भस्थ की अपनी महिमा है। कुम्भस्थ में यहाँ देश–देशान्तर के साधु–संन्यासी, ऋषि, मुनि और गृहस्थ एकत्रित होते हैं। अनेक विद्वान

अपने प्रवचन करने यहाँ पहुँचते हैं। सतत प्रवचन शृंखलाएँ यहाँ व्याख्यान करने आते हैं। सिंहस्थ की इस प्रभावशाली परम्परा का प्रभाव यहाँ के नवोन्मेषी कथा–व्यासों पर भी पड़ती है।

यहाँ निरन्तर विद्या के उत्सव सम्पन्न होते रहते हैं। बसन्त पंचमी को पारम्परिक सरस्वती पूजा सम्पन्न होती है। इस दिन विद्वत्संगोष्ठी भी होती है। धार नगरी में राजा भोज उत्सव होता है। ओंकारेश्वर तीर्थ में सतत रूप से विभिन्न आश्रमों में रामचरितमानस के सम्मेलन होते रहते हैं। इन्दौर में भी सत्संग कार्यक्रम सदैव चलते रहते हैं। रामकथा वाचक व्यासों का आवागमन इस क्षेत्र में होता ही रहता है। महेश्वर आदि तीर्थों में इस तरह का सत्संग सुलभ होता रहता है।

## श्री भगवान बापू

मधुर मुस्कान एवं सहज व्यक्तित्व के धनी श्री भगवान बापू जी का जन्म भोपाल संभाग के सिहोर ज़िले के एक छोटे–से गाँव 'मगर खेड़ा' में शरद पूर्णिमा को प्रातः वेला में हुआ था। आपके दादा श्री खुंशीदयाल ने प्रेम से आपको भगवान स्वरूप नाम दिया। आपके पिता का नाम श्री प्रभुदयाल जी एवं माता का नाम श्रीमती धापू देवी जी है।

आपने अपनी पाँचवीं तक की पढ़ाई गाँव में ही की। ज़िला स्तर पर एक सार्वजनिक समिति द्वारा आयोजित रामायण प्रतियोगिता में आपने उसी समय प्रथम स्थान प्राप्त किया था। आप अपने गाँव से तीन किलोमीटर दूर पूर्वमाध्यमिक विद्यालय में अध्ययन हेतु पाँचवीं कक्षा उत्तीर्ण करने के बाद जाने लगे। रास्ते में पड़ने–वाली नदी के किनारे एक शिव मन्दिर था। इसमें एक जटाजूटधारी साधु रहते थे, वे कभी किसी गाँव नहीं जाते थे। उनके आग्रह पर उन्हें 'रामचरितमानस' नित्य प्रति स्कूल आते–जाते सुनाने लगे। यह क्रम आठवीं कक्षा तक चला। फिर एक दिन अचानक बाबा जी कहीं चले गये। उनके दर्शन कभी नहीं हुए। ऐसा लगा जैसे स्वयं भोलेनाथ कथा सुनने आये थे।

चूँकि बाल्यकाल से ही आपका स्वभाव अध्यात्म की साधना की ओर अग्रसर था। उनके इस स्वभाव को देखकर उनका विवाह 17 वर्ष की उम्र में ही कर दिया। आप फिर भी घर–गृहस्थी में नहीं रम पाये। बिना किसी को बताये आप एक दिन घर से निकल गये। आप साधुओं की जमात में विचरणशील हो गये। अचानक आपके श्वसुर ने आपको पहचान लिया और वह वापस आपको घर ले आये। लौटकर आपने हाईस्कूल की परीक्षा उत्तीर्ण की।

इसके उपरान्त आप उज्जयिनी में आ गये। सन् 1983 से 1987 तक का जीवन आपने संघर्षों के बीच गुज़ारा। किन्तु आपके जीवन में बदलाव तब आया जब आपने अपने गुरु स्वामी शान्ति स्वरूपानन्द महाराज का सान्निध्य प्राप्त किया। आपने अपने गुरु जी से ही रामकथा की शिक्षा ग्रहण की।

आपने गंगा के तटवासी अनन्तश्री विभूषित स्वामी परमानन्द जी महाराज से दीक्षा मन्त्र लिया। पुनः राष्ट्रहित में और समाज हित में गृहस्थाश्रम को श्रेष्ठ मानते हुए आपने गुरु स्वामी परमानन्द के आदेश से रामकथा करना प्रारम्भ किया। पहली कथा आपने उज्जयिनी

में भूतभावन महाकालेश्वर जी को सन् 1999 में सुनाई। तब से निरन्तर कथा कहने का सिलसिला चल रहा है।

भारत के अनेक स्थलों में कथा सुनाते हुए नेपाल और भूटान में भी आपने अपनी कथा प्रस्तुत की है। लगभग 400 कथाओं का कार्यक्रम आप कर चुके हैं। आपकी कथा नौ दिवसीय होती है। बापू जी की कथा संगीत प्रधान होती है। वह स्वयं बहुत अच्छे गायक हैं। अपनी मधुर स्वरलहरी से वह श्रोताओं को अपना वशवर्ती बना लेते हैं। आपके साथ गायक मण्डली भी रहती है। आप राम जन्म से लेकर रावणवध एवं रामराज्य तक के प्रसंगों को बहुत ही रोचक ढंग से प्रस्तुत करते हैं। आपकी कथा भावप्रधान है। आपके आदर्श चरित्र भरत, लक्ष्मण, केवट आदि हैं। आप राम और सीता की अन्तर्व्याप्ति तो हर जगह मानते हैं। आप अपनी कथा के माध्यम से अनेक सामाजिक सन्देश भी देते रहते हैं। आप राष्ट्रप्रेम, गोमाता की सेवा, पर्यावरण शुद्धि के साथ–साथ कन्या भ्रूण हत्या निषेध, दहेज उन्मूलन आदि पर भी अपनी कथा में समझायश देते रहते हैं।

आपने उज्जयिनी में 'परम शान्ति सेवा आश्रम' की स्थापना की है। इस आश्रम में गरीब और निराश्रित बच्चों को शिक्षा प्रदान की जाती है। आप पाँच वर्षों तक 'अखिल भारतीय गोरक्षा महाअभियान समिति के प्रान्तीय महामन्त्री भी रहे हैं, इसके साथ ही अखिल भारतीय सन्त समिति के घटक दल धर्म समाज के प्रान्तीय संयोजक भी हैं।

देश के अनेक अंचलों में भगवान बापू जी के शिष्य हैं। बापू अपने शिष्यों के प्रति सदैव आत्मीय बने रहते हैं, उनके व्यक्तित्व का ही आकर्षण है कि वह अपनी रामकथा कहते हुए भगवान राम के प्रति अगाध श्रद्धा का वातावरण निर्मित कर देते हैं। उनके गाये गीतों को लोग अक्सर गुनगुनाते रहते हैं।

## पं. कमल किशोर नागर

पं. कमल किशोर नागर के पिता का नाम श्री रामस्वरूप नागर और माता का नाम श्रीमती रामप्यारी बाई है। आपका जन्म ग्राम सेमली धाम, ज़िला शाजापुर में कृष्ण जन्माष्टमी की आधी रात्रि में हुआ था। आपके दादा श्री जगन्नाथ जी भगवद् भक्त थे। पिताजी प्रसिद्ध भागवतकार थे। वे अपने अंचल में कथा के रूप में विख्यात थे। इस तरह की वंश परम्परा में पं. नागर का जन्म हुआ अतः यह सुज्ञात तथ्य है कि पं. नागर को जन्म से ही कथा के संस्कार प्राप्त हुए थे। जब नागर जी सातवीं–आठवीं कक्षा में पढ़ रहे थे, तभी आपके पिता जी का स्वर्गवास हो गया था। चौदह–पन्द्रह वर्ष की अवस्था में पितृविहीन बालक पं. नागर ने अपने भीतर आत्म–विश्वास जाग्रत किया। वह पिता के पदचिह्नों पर चलकर प्रवचन देने लगे।

आप मुख्यतः श्रीमद्भागवत के कथा–व्यास हैं, किन्तु रामचरितमानस पर भी आप व्याख्यान प्रस्तुत करते हैं, तथा भागवत की कथा में भी मानस का आलम्बन लेते हैं। आपके गुरु और प्रेरणास्रोत आपके पिताजी ही रहे हैं। आप संगीतमय कथाएँ करते हैं। पण्डित नागर स्वयं पद रचते हैं, और उन्हें स्वयं गाते भी हैं। आपका कण्ठ मधुर है। संगीत के संगतकार भी आप साथ में रखते हैं। आप भावुक होकर कथा करते हैं, किन्तु कथा के

तत्त्व चिन्तन का निरूपण भी करते चलते हैं। पण्डित जी अपने समकालीन समाज चिन्तन से सम्बन्धित चिन्तन भी अपने प्रवचनों में अभिव्यक्त करते हैं। आप प्रवचनों के दौरान कभी–कभी मीठी मालवी बोली का भी प्रयोग करते हैं। मालवी के लोकगीतों को भी आप अपने प्रवचनों का हिस्सा बनाते हैं।

आपने अपना आश्रम हाटकेश्वर धाम सेमली में बनाया है। यहाँ प्रतिवर्ष गुरुपूर्णिमा और दिसम्बर में हाटकेश्वर जयन्ती का आयोजन होता है। इन अवसरों पर कथा–वार्ताओं का आयोजन तो होता ही है। हज़ारों भक्तगण और शिष्यगण एकत्रित होकर इस भक्तिमय आयोजन का आनन्द लेते हैं। पण्डित जी निस्पृह व्यक्तित्व वाले विद्वान हैं। वह लोक प्रसिद्धि से दूर भागते हैं। वह सामाजिक उत्थान में रुचि लेते हैं। उन्होंने सैकड़ों गौशालाओं का निर्माण कराया है। वह हज़ारों कन्याओं का विवाह अपने कथा आयोजनों में करा चुके हैं। अब तक आपकी हज़ारों कथाएँ सम्पन्न हो चुकी हैं। लाखों श्रोता आपकी कथा सुनकर पुण्य लाभ ले चुके हैं। आपके प्रवचनों पर आधारित पुस्तकों का भी प्रकाशन हुआ है। आपकी कथाएँ राजस्थान, हरियाणा, पंजाब, उत्तर प्रदेश, मध्य प्रदेश, महाराष्ट्र आदि में सम्पन्न हो चुकी हैं। पण्डित जी भारतीय संस्कृति के प्रतीक पुरुष हैं।

## पं. श्यामस्वरूप मनावत

पं. श्यामस्वरूप जी का जन्म ग्राम हड़लाय कला, ज़िला शाजापुर में हुआ। आपके पिता का नाम पं. श्री भगवान स्वरूप और माता का नाम श्रीमती अवंतिका देवी है। आपके दादा जी श्री दुर्गाप्रसाद मनावत विख्यात भागवताचार्य थे। पं. श्यामस्वरूप को धार्मिक संस्कार और वाग्मिता अपनी वंश परम्परा से ही प्राप्त हुई है। कथा कहने की प्रेरणा भी उन्हें अपने पूर्वजों के पुण्य से प्राप्त हुई। आप अयोध्या की सर्वेश्वरी माता श्री किशोरी जी के कृपा पात्र शिष्य हैं। आपने परम विद्वान पं. लीलाधर जी शर्मा 'बन्धु' के आश्रम में रहकर शास्त्रों का स्वाध्याय किया।

चिन्तक, विचारक, साहित्यकार एवं शिक्षाविद् पं. श्याम जी प्राचार्य के पद से सेवानिवृत्त होकर हरिकथा के माध्यम से सामाजिक जागरण में संलग्न हो गये। आपके देश–देशान्तर में चतुर्दिक प्रवचन होते हैं। विशेष रूप से तीर्थ क्षेत्रों में आपने अनेक कथाएँ की हैं। मानस सम्मेलन एवं तीर्थों में तथा अन्य स्थलों पर होनेवाले सन्त सम्मेलनों में भी आपके राष्ट्र स्तरीय मानस प्रवचन आयोजित होते हैं। आपने विद्या भारती के माध्यम से वनवासी क्षेत्रों में भी कथाओं के माध्यम से जन जागृति की है। आपको 'मानस मर्मज्ञ' की उपाधि से विभूषित किया गया है।

पौराणिक प्रसंगों की वर्तमान सन्दर्भ में व्याख्या करने में आप वाक् सिद्ध हैं। आपकी विशिष्ट शैली, मौलिक चिन्तन और ओजस्वी वाणी श्रोताओं को मन्त्रमुग्ध करने में समर्थ है। रामचरितमानस, श्रीमद्भागवत, श्रीशिवपुराण, श्रीभागवत गीता आदि पर आपके प्रवचन होते हैं। आप अपनी रामकथाओं में अनेक पौराणिक आख्यानों के माध्यम से और अनेक दृष्टान्तों से कथा को सम्प्रेषणीय बनाते हैं। आप लोक–भाषा की शक्तियों से भी परिचित हैं इसलिए उन शक्तियों का भी प्रयोग अपने प्रवचनों में करते हैं।

आपकी कथा–शैली तात्विक विवेचन प्रधान है, किन्तु वे बीच–बीच में अनेक सरस प्रसंगों के माध्यम से इसे सुग्राह्य बनाते चलते हैं। आपकी अभी तक शताधिक कथाएँ सम्पन्न हो चुकी हैं। आप अपना स्थायी निवास अपने ग्राम हड़लाय कला को बनाये हुए हैं। आपका अध्ययन, शुजालपुर में हुआ है। आप अधिकतर संचरणशील रहते हैं।

## सन्त सुश्री वर्षा नागर

सन्त सुश्री वर्षा का जन्म ग्राम भन्दावन में रक्षाबन्धन के पावन पर्व पर आठ अगस्त को हुआ। आपके माता–पिता शासकीय विद्यालय में शिक्षक हैं। आपके दादाजी अपने क्षेत्र के प्रख्यात भागवताचार्य रहे हैं। इस रूप में वर्षा जी को वंश–परम्परा के रूप में कथा कहने के संस्कार प्राप्त हैं। आपके द्वारा कथा करने की प्रारम्भिक घटना भी इस ओर संकेत करती है। आपकी कुलदेवी के पावन–स्थल पर ग्राम कलाली में आपके दादाजी की कथा चल रही थी। सुश्री वर्षा अपने पिताजी के साथ पहुँचीं। कथा सुनकर उनके बाल मन में भी कथा कहने की एकाएक इच्छा जागी। तभी से आपकी कथा का अविरल प्रवाह चल रहा है। आपके मुख्य निवास–स्थल के पास ही माँ बगलामुखी का प्रसिद्ध स्थान है। माँ की विशेष कृपा आप पर बरसती रहती है। आप कथा करने में इतनी व्यस्त हो गयीं कि आप हाई स्कूल तक शिक्षा ग्रहण कर पायीं। किन्तु आपका ज्ञान किसी औपचारिक शिक्षा का मोहताज नहीं था। आप विदुषी सन्त–साध्वी हैं।

आपको महामण्डलेश्वर अवधेशानन्द गिरि महाराज जी का पूर्ण आशीर्वाद प्राप्त है। आपकी कथाएँ विभिन्न तीर्थस्थलों में आयोजित होती रहती हैं। इस क्रम में अभी तक शुकताल, नैमिषारण्य, द्वारिका, हरिद्वार, रामेश्वरम्, जगन्नाथपुरी, माँ कामाख्या, काठमाण्डू (नेपाल), बद्रीधाम आदि में आयोजित हो चुकी हैं। इन कथाओं में तीर्थयात्रियों की भीड़ जुटती रहती है। प्रायः प्रत्येक वर्ष आप किसी–न–किसी प्रसिद्ध तीर्थ क्षेत्र में कथा करने का क्रम बनाये हुए हैं। भारतवर्ष के प्रायः सभी प्रान्तों में कथा कर चुकी हैं। सिंगापुर और थाईलैंड की विदेशी भूमि पर भी आपकी वाणी गूँज चुकी है। अब तक आप पाँच सौ से अधिक कथाएँ कर चुकी हैं।

आपकी कथा में रामचरितमानस के सभी प्रसंग अपनी सरसता में तो अभिव्यक्त होते ही हैं। अन्य पुराण प्रसंगों को भी आप यथा प्रसंग प्रस्तुत करती हैं। आप स्वयं गाकर कथा को रसमय बना देती हैं। आपकी शैली श्रोताओं को प्रभावित करनेवाली है। कथा प्रसंगों के अलावा आप प्रकृति संरक्षण, गाय, बालिका, गंगा बचाओ, नशामुक्ति दहेज विरोध एवं ऐसे कई सामाजिक मुद्दे हैं जिन पर आप अपने प्रवचनों में शिक्षाप्रद सन्देश भी देती हैं।

सन्त सुश्री वर्षा जी अपनी मनोहारी शैली में जब कथा प्रवचन करती है तब श्रोता–दर्शक झूम उठते हैं। आप भावमयी कथा करती हैं जिसमें संगीत की भी महत्त्वपूर्ण भूमिका रहती है।

## डॉ. देवकरण शर्मा 'देव'

डॉ. देव के पिता का नाम स्व. श्री जानकी लाल शर्मा पटेल तथा माता का नाम श्रीमती गंगा बाई था। आपका जन्म ग्राम बिछड़ौद, ज़िला उज्जैन में 13 अप्रैल 1948, गणगौर तीज

को हुआ था। आप उच्च शिक्षित हैं। आपने एम.काम., एल.एल.बी., एम.ए. (हिन्दी), एम.ए. (समाजशास्त्र) किया है। आप म.प्र. उच्च शिक्षा विभाग में प्रोफ़ेसर रहे हैं। आप शोधकर्ताओं के सहायक के रूप में मार्गदर्शक भी रहे हैं।

स्वैच्छिक सेवानिवृत्ति के बाद आप सामाजिक जागृति के कार्य में संलग्न हो गये। आप वैज्ञानिक दृष्टि चेतना सम्पन्न हैं और अपने परम्परागत ज्ञान को इससे समन्वित करके देखते हैं। आपने अनेक पुस्तकों का लेखन एवं कई पत्रिकाओं का सम्पादन किया है। पुस्तकों में 'निबन्ध सर्वस्व', वैवाहिक मंगल गीतों का 'मंगल कलश', 'वैदिक सनातन हिन्दू विवाह के विविध सोपान', 'त्रिकाल सन्ध्या', 'सरल पूजा पद्धति' आदि आपकी कुछ विशिष्ट पुस्तकें हैं। 'नागदह सन्देश', 'प्रेरणा पथ', 'ब्रह्मतेज', 'साधना पथ', 'संकल्प', 'अग्निहोत्रम' आदि पत्रिकाओं का सम्पादन किया है। अनेक पत्र–पत्रिकाओं में लेख, शोध–निबन्ध, कहानी, पत्रों आदि का प्रकाशन।

आप रामचरितमानस पर आधारित कथाएँ भी करते हैं। अभी तक व्यासपीठ से अनेक कथाएँ प्रस्तुत कर चुके हैं। कथा में आप तत्त्व–विवेचन पर विशेष ध्यान देते हैं। आप अपनी कथा को सामाजिक एवं सांस्कृतिक पक्षों से जोड़कर प्रस्तुत करते हैं। लोक को भी वह अपनी कथा में विस्मृत नहीं करते हैं। आपकी कथा–शैली प्रभावशाली है। चरित्रों के विश्लेषण में उनके अनेक पक्षों की आप सतर्क व्याख्या करते हैं। आपकी कथा को तत्त्व विश्लेषणी कथा कहा जा सकता है।

आप अनेक परमार्थिक सेवा संगठनों से जुड़े हुए हैं। श्री जानकी लाल पटेल स्मृति परमार्थिक ट्रस्ट, बिछड़ौद (उज्जैन) के आप संस्थापक अध्यक्ष हैं। आप भारत संस्कृत परिषद् के अखिल भारतीय उपाध्यक्ष, सिंहस्थ–92 के विश्व संस्कृत सम्मेलन के कोषाध्यक्ष रहे हैं। आप अनेक पुरस्कारों से विभूषित हैं।

**आपका पता है–**

*गंगोत्री, 12 सुभाषनगर, उज्जैन (म.प्र.)*

# नर्मदा क्षेत्र की व्यास-परम्परा

**कृष्णगोपाल मिश्र**

पुण्य सलिला नर्मदा का तट तपश्चर्या के लिए सर्वाधिक उपयुक्त कहा गया है। **'रेवा तटे तपं कुर्यात्, मरठी जाह्नवी तटे।'** –इस उक्ति से भी यही ध्वनित होता है। अतः नर्मदा के तट तप की परम्परा अत्यन्त प्राचीन है। नर्मदा तट के निर्जन वनों में एकान्त साधना करने वाले असंख्य तपस्वी साधु मिलते हैं तो इसके तटवर्ती नगरों में शास्त्रों–पुराणों एवं अन्य धर्मग्रन्थों पर प्रवचन करते हुए लोक कल्याण का पथ अन्वेषित करनेवाले साधुओं–व्यासों की परम्परा भी सतत प्रवहमान रही है। इस सन्दर्भ में 'नर्मदापुरम्' (आधुनिक होशंगाबाद) विशेष रूप से उल्लेखनीय है क्योंकि इस पुराण प्रसिद्ध नगर में व्यासों के प्रवचन की परम्परा अत्यन्त प्राचीन है और देश के विभिन्न भागों से आनेवाले विद्वान व्यास अपने प्रवचनों से यहाँ के धर्मानुरागी जन को प्रबोधित करते रहे हैं तो दूसरी ओर नर्मदापुरम् के व्यासों ने देश के दूरस्थ क्षेत्रों में जाकर ज्ञानगंगा बहाई है। अतः व्यास–परम्परा के अनुशीलन की दृष्टि से नर्मदापुरम् निश्चित रूप से प्राचीन महत्त्वपूर्ण नगर है।

नर्मदापुरम् की व्यास–परम्परा का इतिहास अभी तक अलिखित एवं अप्राप्त है। लिखित प्रमाणों के अभाव में यहाँ के व्यासों की प्राचीन परम्परा का ऐतिहासिक निरूपण असम्भव नहीं तो दुष्कर अवश्य है। तथापि स्थानीय मान्यताओं और जनश्रुतियों के साक्ष्य से इस सन्दर्भ में संक्षिप्त विवेचन की प्रस्तुति सम्भव है। स्थानीय मान्यताओं के अनुसार मार्कण्डेय ऋषि यहाँ के सर्वप्रथम व्यास हैं। इस मान्यता का आधार नर्मदा की उत्पत्ति के साथ महर्षि मार्कण्डेय के उल्लेख की पौराणिक–साक्षी है। 'स्कन्द पुराण' के रेवाखण्ड में वर्णन है कि ज्येष्ठ पाण्डव युधिष्ठिर ने मार्कण्डेय ऋषि से नर्मदा की उत्पत्ति के विषय में प्रश्न किये। उनकी विविध जिज्ञासाओं का समाधान करते हुए सर्वप्रथम मार्कण्डेय ऋषि ने उन्हें नर्मदा के महत्त्व से अवगत कराया।

**इयं माहेश्वरी गंगा महेश्वरतनूद्भावा।**
**प्रोक्ता दक्षिण गडतगेतिभारतस्य युधिष्ठिर।।**
**जाह्नवी वैष्णवी गंगा ब्राह्मी गंगा सरस्वती।**
**इयं माहेश्वरी गंगा रेवा नास्त्यत्र संशयः।।**
**यथा हि पुरुषे देवस्त्रैमूर्तमुपाश्रितः।**
**ब्रह्मा विष्णु महेशाख्यं स भेदस्तत्र वै यथा।।**
**यथा सरित्त्रये पार्थ ! भेद्र मनसि मा कृथा।**

**त्रिभिः सारस्वतं पुण्यंसत्पाहेन तु यामुनम्।।**
**सद्यः पुनाति गांगेय दर्शनादेव नर्मदा।**
**गंगा कनखले पुण्या, कुरुक्षेत्रे सरस्वती।**
**ग्रामे वा यदि वारण्ये, पुण्या सर्वत्र नर्मदा।।**
**समुद्राः सरितः सर्वाः कल्पे–कल्पेक्षयंगताः।**
**सप्त कल्पक्षये क्षीणे न मृता तेन नर्मदा।।**
**रेवायां स्नानदानादि जपहोमार्चनादिकम्।**
**यः कुर्यान्मनुजः श्रेष्ठः सोश्वमेधफलं लभेत्।।**
**स्मरणाज्जन्मजं पापं दर्शमेन त्रिजन्मजम्।**
**स्नानाज्जन्मसहस्रख्यं हन्ति रेवा कलो युगे।।**

*स्कन्द पुराण (रेवाखण्ड) से नर्मदा*
*कल्पवल्ली में पृ. 15–16 पर उद्धृत*

'स्कन्द पुराण' के रेवा खण्ड में प्राप्त उपयुक्त कथा–प्रसंग से स्पष्ट होता है कि इस क्षेत्र में महर्षि मार्कण्डेय आदि व्यास हैं और वनवासी राजा 'युधिष्ठिर' आदि श्रोता हैं किन्तु यह कथा–प्रसंग रेवातट पर किस स्थान पर कहा–सुना गया, यह अस्पष्ट है। निष्कर्षतः महर्षि मार्कण्डेय को इस पुण्य क्षेत्र का प्रथम व्यास मान्य किया जाना युक्तियुक्त है।

पुराण काल के अनन्तर बौद्ध कालीन भारत में भगवान बुद्ध के इस क्षेत्र में आने का उल्लेख मिलता है। गुप्तकाल के महान गणितज्ञ महर्षि कपिल आदि दार्शनिकों के कथा–प्रसंग इस क्षेत्र से सन्बद्ध हैं। सन्त दार्शनिक जगद्गुरु शंकराचार्य ने भी नर्मदा तट पर ज्ञानचर्चा की। मध्यकाल में कबीर और गुरु नानक देव भी इस क्षेत्र में रहे। स्थानीय सन्तों में सिंगाजी, रामजी आदि के नाम महत्त्वपूर्ण हैं। इन सबने अपने ज्ञान–अनुभव जनित प्रवचनों–उपदेशों से इस क्षेत्र की जनता को लाभान्वित किया किन्तु व्यासगादी से श्रीमद्भागवत, 'रामायण' आदि धर्मग्रन्थ स्वीकृति न होने के कारण ये महान सन्त–दार्शनिक व्यास–परम्परा में उल्लेखनीय नहीं हैं। तथापि इस परम्परा की पुष्ट आधार शिक्षा के रूप में इनका महत्त्व असन्दिग्ध है।

## ओंकारानन्द गिरि महाराज

नर्मदापुरम् की व्यास–परम्परा में प्रमाणित विवरण स्वामी ओंकारानन्द गिरि के उल्लेख से प्राप्त होता है। स्वामी ओंकारानन्द गिरि दसनामी साधु थे और नर्मदापुरम् के सुप्रसिद्ध सेठानी घाट के पूर्वी भाग में स्थित सत्संग भवन की दूसरी मंज़िल पर निवास करते थे। स्वामी ओंकारानन्द गिरि का जन्म संवत् 1974 विक्रमी (सन् 1917 ईसवी) में आश्विन कृष्ण एकादशी को हुआ। बुन्देलखण्ड के टीकमगढ़ ज़िले का ग्राम 'बड़ा लिधौरा' उनकी जन्मभूमि थी। संन्यास जीवन के पूर्व वे बैजनाथ नाम से जाने जाते थे। स्वामी जी की जन्म–स्थली लिधौरा टीकमगढ़ राज्य की तत्कालीन राजधानी ओरछा से मात्र चालीस किमी. उत्तर–पश्चिम में स्थित है। उस समय गाँव में विद्यालय नहीं था। इसलिए बालक बैजनाथ ने हरिदास वैष्णव के निवास पर जाकर प्राथमिक शिक्षा प्राप्त की। बाद में परिवार के साथ

जबलपुर स्थानान्तर होने पर मढ़ाताल स्थित संस्कृत विद्यालय में 'लघु सिद्धान्त–कौमुदी' आदि ग्रन्थों का अध्ययन किया। बिठूर (ब्रह्मावर्त) अनेक स्थानों पर अध्ययन करते हुए उहोंने संस्कृत विद्यालय के पाठ्यक्रमों के अनुसार 'सर्वदर्शनशास्त्री' एवं 'वेदान्त शास्त्री' की पढ़ाई पूर्ण की। इतिहास, पुराण, धर्म, दर्शन (अद्वैत दर्शन) एवं साहित्य के मर्मज्ञ व्याख्याता के रूप में स्वामी जी को विशेष प्रसिद्धि मिली।

स्वामी ओंकारानन्द गिरि ने निरंजन पीठाधीश्वर निवृत्त महामण्डलेश्वर श्री स्वामी नृसिंह गिरि से झूसी में अट्ठावन वर्ष की अवस्था में सन् 1975 ईसवी में संन्यास ग्रहण करके 'गिरि' उपनाम धारण किया। इस प्रकार स्वामी ओंकारानन्द दसनामी साधुओं में सम्मिलित हुए किन्तु उनकी अलग पहचान रही वे कण्ठ (विशुद्धि चक्र) एवं सिर (सहस्रार चक्र) पर रुद्राक्ष धारण करते थे। आदिगुरु शंकराचार्य के प्रथम शिष्य पादानन्द स्वामी जी ने सिर पर रुद्राक्ष धारण किया।

विद्वत् संन्यास की स्थिति में स्वामी जी ने सन् 1961 में नर्मदा प्रदक्षिणा पूर्ण की थी। प्रदक्षिणा के समय उनके प्रयत्नों से नर्मदा तट पर नेमावर में पंचनाम मन्दिर तथा तपोवन का निर्माण किया गया। प्रदक्षिणा पूर्ण करके होशंगाबाद में सेठानी घाट पर स्थित शंकर मन्दिर में रहते हुए उन्होंने स्वाध्याय और श्रीमद्भागवत मानस आदि पर कथा कहना प्रारम्भ किया। स्वामी जी की प्रवचन शैली अत्यन्त प्रभावपूर्ण थी। नगर सामान्य जन के अतिरिक्त गण्यमान्य नागरिक भी नियमित रूप से कथा सुनने आते थे। वर्ष 1966 ई. में सेठानी घाट पर सत्संग भवन का निर्माण कार्य सम्पन होने के अनन्तर स्वामी ओंकारानन्द गिरि स्थायी रूप से नर्मदापुरम् में बस गये। यहीं उन्होंने ज्ञानसत्र प्रकाशन न्यास का गठन और 'श्री नर्मदा प्रदक्षिणा', 'शंकर चरितामृत', 'शंकर वचनामृत', 'गोविन्द गुण कीर्तन', 'गोपीगीत' 'भक्त भक्ति भगवान' आदि धार्मिक पुस्तकें प्रकाशित करायीं। अनगिनत बार 'श्रीमद्शंकरभागवत कथा' एवं 'नर्मदापुराण' का वाचन, स्वाध्याय एवं प्रवचन करते हुए स्वामी जी सन् 1997 में ब्रह्मलीन हुए।

## सन्त हरिराम जी

नर्मदापुरम् की व्यास–परम्परा में सन्त हरिराम का नाम अत्यन्त आदर से लिया जाता है। हरिराम जी का जन्म संवत् 1957 विक्रम (सन् 1900 ई.) में श्रावण माह की कृष्ण पक्ष की सप्तमी को सूर्यास्त के समय होशंगाबाद ज़िले के कहारिया गाँव में नवजात शिशु (हरिराम) का जन्म मूल नक्षत्र में हुआ था और वह पहले छह दिन तक निराहार रहा। सातवें दिन उसने स्तनपान किया। माता–पिता ने बालक का नाम जगन्नाथ प्रसाद रखा। इनका अध्ययन खण्डवा में पूर्ण हुआ। इनके पिता पण्डित हीरालाल परसाई शिवभक्त थे और पौरोहित्य कर्म कर परिवार का पालन करते थे। पिता ने उनका विवाह सोहागपुर निवासी श्री बालाराम जी दीवान की कन्या से किया किन्तु युवा जगन्नाथ शीघ्र ही गृहस्थ जीवन को त्याग कर विरक्त हो गये। हरिराम संकीर्तन के कारण इनका नाम भी जगन्नाथ के स्थान पर हरिराम हो गया।

गृहस्थ जीवन का परित्याग करने के अनन्तर सन्त हरिराम की जीवनधारा पूर्ण रूप से भक्ति की ओर प्रवाहित हो उठी। इनका सारा समय भगवदाराधना में व्यतीत होने लगा।

वह टाट के वस्त्र धारण करते थे और टाट ही ओढ़ते–बिछाते थे। चौबीस घण्टे में एक बार अभिमन्त्रित बिल्व पत्र इनका भोजन था। नाम–संकीर्तन के अतिरिक्त ये मौन ही रहते थे।

सन्त हरिराम सन् 1934 ईसवी में होशंगाबाद पधारे। होशंगाबाद में स्थित 'श्रीजी' के मन्दिर में एक कमरे में उनका निवास था। नर्मदा जी के प्रति उनके मन में अपार श्रद्धा थी। वह नर्मदा जल का ही सेवन करते थे। तीर्थयात्रा के अवसर पर तीर्थजल, गंगाजल आदि ग्रहण करते थे। 'रामचरितमानस' हरिराम महाराज का प्राणप्रिय ग्रन्थ था, वह उन्हें कण्ठस्थ था। एक बार एक मास के अखण्ड नाम–संकीर्तन के अनन्तर उन्होंने 'श्रीरामचरितमानस' पर अद्भुत प्रवचन किया। वह सारी रात बोलते रहे और उपस्थित जनसमूह मन्त्रमुग्ध होकर रात भर सुनता रहा। ऐसी प्रवचन–कला अन्यत्र दुर्लभ है।

मानस प्रवचनकार सन्त हरिराम ने 24 जनवरी सन् 1958 ईसवी को तदनुसार शुक्रवार माघ शुक्ल चतुर्थी संवत् 2014 विक्रम को नर्मदापुरम् में ही देह त्याग किया। उनकी स्मृति में 'श्रीहरिराम संकीर्तन' अखण्ड ज्योति के साथ आज भी अनवरत चल रहा है। 'श्रीरामचरितमानस' के प्रबुद्ध प्रवचनकार एवं संकीर्तन निष्ठ सन्त के रूप में नगर में उनकी प्रतिष्ठा आज भी अक्षुण्ण है।

## पं. गुरुदयाल प्रसाद दुबे

मानस एवं 'श्रीमद्भागवत' के प्रवचनकारों में स्वर्गीय गुरुदयाल प्रसाद दुबे नर्मदापुरम् में प्रख्यात नाम है। स्वर्गीय गुरुदयाल जी दुबे का जन्म होशंगाबाद ज़िले के निकटवर्ती ज़िले सीहोर की बुदनी तहसील में 'बायाँ' ग्राम में 10 मार्च 1910 ई. को हुआ था। बायाँ होशंगाबाद के निकट है और अपने ज़िला मुख्यालय सीहोर से बहुत दूर है। अतः स्वर्गीय दुबे की ख्याति होशंगाबाद के कथावाचक के रूप में ही अधिक रही। उनके पिता का नाम गेंदालाल दुबे एवं माता का नाम छायादेवी था। परिवार में धार्मिक अनुष्ठान निरन्तर चलते रहते थे। अतः गुरुदयाल प्रसाद दुबे के व्यक्तित्व का विकास धर्मप्रेमी व्यक्तित्व के रूप में हुआ और कथा–पुराण सुनते–सुनते वह भी कथावाचक का काम करने लगे। स्वर्गीय दुबे जी हिन्दी, अंग्रेज़ी, उर्दू और संस्कृत भाषाओं के ज्ञाता थे। स्कूल शिक्षा विभाग में कार्य करते हुए वह प्रधान अध्यापक के पद से सेवानिवृत्त हुए। स्वतन्त्रता संग्राम आन्दोलन में भी दुबे जी ने भाग लिया। कथा–वाचन वह स्वान्तः सुखाय करते थे और प्राप्त दान–दक्षिणा को धर्मार्थ कार्यों में व्यय कर देते थे। 03 दिसम्बर 1985 ई. को वह दिवंगत हुए। होशंगाबाद और आस पास के क्षेत्र में कथावाचक के रूप में वह अविस्मरणीय हैं।

## पं. हरगोविन्द पाठक

होशंगाबाद के 'नाँदनेर' ग्राम के निवासी स्वर्गीय हरगोविन्द पाठक 'भागवताचार्य' के रूप में विख्यात हैं। पाठक जी का जन्म 01 जनवरी 1916 ईसवी को नाँदनेर में पण्डित नाथूराम पाठक के यहाँ हुआ। उनके पिता का नाम नाथूराम एवं माता का नाम देवकी बाई था। हरगोविन्द जी की शिक्षा बनारस में हुई और उन्होंने काशी विद्यापीठ से आचार्य की

उपाधि प्राप्त की। श्रीमद्‌भागवत के दशम स्कन्ध की कथा वह भाव–विभोर होकर कहते थे। 27 दिसम्बर 1999 को उन्होंने अपने पैतृक गाँव नाँदनेर में शरीर–त्याग किया। आपने अनेक कार्यक्रम प्रस्तुत किये। आप भागवत और मानस के अधीत विद्वान थे।

## पं. मोहनलाल त्रिपाठी

कथा पण्डित मोहनलाल त्रिपाठी का जन्म होशंगाबाद में 01 जुलाई 1923 ई. को हुआ। उनके पिता का नाम पण्डित गेंदालाल त्रिपाठी और माता का नाम पूर्णिमा देवी था। मोहनलाल त्रिपाठी ने आर्य गुरुकुल होशंगाबाद में आचार्य तक शिक्षा प्राप्त की। वह प्रख्यात सन्त करपात्री जी महाराज के प्रिय शिष्य थे और उन्हीं की प्रेरणा से व्यास कार्य में प्रवृत्त हुए थे। नियमित नर्मदा स्नान एवं नर्मदा पूजन उनकी दिनचर्या का अभिन्न अंग था और नर्मदा तट पर कथा–वाचन को प्राथमिकता देते थे। जगदीश मन्दिर के पास उनका स्थायी आवास रहा। 21 अगस्त 1981 को पण्डित मोहनलाल त्रिपाठी इस असार संसार से विदा हो गये किन्तु सजल कथाकार के रूप में उनकी कीर्ति कौमुदी नर्मदापुर के धार्मिक सांस्कृतिक वातावरण को सतत आलोकित कर रही है।

## सन्त लक्ष्मणदास महन्त

नर्मदापुरम् के विद्यमान कथावाचक व्यासों में सन्त लक्ष्मणदास अत्यन्त प्रतिष्ठित नाम हैं। नर्मदापुर होशंगाबाद उनकी कर्मस्थली है और सन् 1954 से वह अनवरत नर्मदा तट पर साधनारत हैं। सन्त श्री लक्ष्मणदास जी का जन्म 27 दिसम्बर 1936 को जौनपुर, उ.प्र. में हुआ। वह अपने माता–पिता का नाम नहीं बताते हैं। महन्त जी का तर्क है कि जब संसार त्याग कर सन्त जीवन स्वयं अंगीकार किया है तब इन सांसारिक रिश्तों–नातों के बन्धनों का निर्वाह अनावश्यक है। वह अपने दीक्षा गुरु का नाम सन्त श्रीशत्रुघ्नदास जी बताते हैं। सम्पूर्णानन्द संस्कृत विश्वविद्यालय वाराणसी से उन्होंने शास्त्री की उपाधि प्राप्त की और वर्ष 1967 ईसवी में वहीं से 'दर्शन' में आचार्य की उपाधि अर्जित की। रामानुज के वेदान्त दर्शन पर महन्त जी को विशेषज्ञता प्राप्त है। अध्ययनकाल में तीन स्वर्ण पदक पानेवाले महन्त जी श्रीमद्‌भागवत के विद्वान व्याख्याकार हैं। उनकी व्याख्यान शैली अत्यन्त प्रभावपूर्ण और उच्चारण स्पष्ट होते हैं। श्रीमद्‌भागवत में भक्ति–विषयक प्रसंगों की चर्चा वह सविस्तार करते हैं। इन्दौर, नागपुर, अमरावती, बैतूल, उज्जैन, सिवनी, मालवा, निमाड़ आदि सुदूरवर्ती क्षेत्रों तक आपने 'श्रीमद्‌भागवत' की कथा पर प्रवचन किये हैं। विगत चालीस बियालीस वर्ष से होशंगाबाद के प्रसिद्ध सेठानी घाट पर हनुमान मन्दिर में सेवा–अर्चना करते हुए नर्मदा की पूजा सेवा में व्यस्त हैं। आजीवन ब्रह्मचर्य का पालन करते हुए सन्त के रूप में महन्त जी ने जीवन को सार्थक किया है।

## पं. प्रभुदयाल रामायणी

'रामचरितमानस' को अपने जीवन का सर्वस्व समझने वाले निर्लोभ, निस्पृह और निरभिमानी प्रवचनकार श्री प्रभुदयाल जी रामायणी होशंगाबाद ज़िले के प्रख्यात विद्वान हैं।

रामायणी जी का जन्म होशंगाबाद ज़िले के सिवनी मालवा तहसील में शिवपुर ग्राम में 01 सितम्बर 1946 ईसवी को हुआ। यादव परिवार में जन्म लेनेवाले श्री रामायणी कर्म से किसी सात्विक नैष्ठिक ब्राह्मण से कम नहीं हैं। उनके पिता का नाम दातार सिंह यादव एवं माता का नाम सुन्दर बाई था। रामायणी ने सागर विश्वविद्यालय से बीएस.सी. और एम.ए. (भूगोल) की उपाधियाँ प्राप्त कीं। वह शिक्षा विभाग में सेवारत रहते हुए प्रधानाध्यापक के पद से सेवा निवृत्त हुए। सागर के प्रख्यात सन्त स्वामी विट्ठल देव जी की प्रेरणा से वह प्रवचनकार की ओर उन्मुख हुए। कवि, लेखक, शिक्षक एवं रामकथा वाचक के रूप में प्रख्यात श्री रामायणी जी की 'दादाचरित सुधा' और 'शिवचरित मानस' कृतियाँ भी प्रकाशित हुई हैं। यह महान कृति लगभग पूरी तरह आपको कण्ठस्थ है। प्रवचन करते हुए रामायणी जी की भक्ति भावना की सहजता, सात्विकता और प्रवाहमयता विशेष रूप में प्रतिष्ठा देती हैं।

## पं. प्रभुदयाल परसाई

स्वर्गीय पण्डित प्रभुदयाल परसाई होशंगाबाद के प्रवचनकारों में एक प्रतिष्ठित नाम है। पण्डित प्रभुदयाल का जन्म ग्राम पो. जहाजपुर, ज़िला सीहोर में हुआ किन्तु उनके जीवनकाल का अधिकतम समय नर्मदा तट पर होशंगाबाद में ही व्यतीत हुआ। शास्त्री की उपाधि से मण्डित पण्डित प्रभुदयाल जी की शिक्षा बनारस में सम्पन्न हुई। वह संस्कृत, हिन्दी, अंग्रेज़ी, उर्दू और फ़ारसी भाषाओं के जानकार थे। सात्विक वृत्तियों के धनी परसाई जी की विवेचन शैली अद्भुत थी। श्रीमद्भागवत, रामायण आदि ग्रन्थों पर प्रवचन करते हुए वह श्रोताओं को मन्त्रमुग्ध कर लेते थे। उनका निधन 22 फ़रवरी 1989 को हुआ किन्तु होशंगाबाद की जनता में उनके प्रशंसक सहज सुलभ हैं।

प्रख्यात कथावाचक पण्डित प्रभुदयाल परसाई के पुत्र पण्डित नरेश परसाई ने कुलधर्म के रूप में कथावाचक का कार्य स्वीकार किया है। स्वर्गीय पण्डित प्रभुदयाल परसाई एवं सुशीलादेवी के यहाँ नरेश परसाई का जन्म 15 जून 1957 को हुआ। बी.ए. तक शिक्षा प्राप्त श्री नरेश परसाई 'श्रीमद्भागवत मानस' और 'श्रीमद्भागवत गीता' का प्रवचन करते हैं। नागपुर, सूरत, बैतूल आदि अनेक स्थानों पर पण्डित नरेश परसाई प्रवचन करके प्रशंसा प्राप्त कर चुके हैं।

इस प्रकार पुराण प्रख्यात नर्मदापुरम् (वर्तमान होशंगाबाद) में कथाकार व्यासों की समृद्ध परम्परा मिलती है। आत्मश्लाघा से दूर भगवन्निष्ठ कथावाचकों ने अपने सम्बन्ध में कभी कुछ नहीं लिखा अतः उन पर प्राप्त महत्त्वपूर्ण विवरण प्रायः विलुप्त हैं। तथापि नगरवासियों की स्मृति में संरक्षित तथ्यों–विवरणों के अनुसन्धान एवं संकलन से इस दिशा में महत्त्वपूर्ण कार्य सम्भव है। स्वतन्त्र भारत में विकसित तथाकथित आधुनिक जीवनशैली ने भारत के जनजीवन में ईश्वरी शक्ति के प्रति अनास्था, अविश्वास और अश्रद्धा का जो आत्मघाती वातावरण निर्मित किया है उसके प्रतिपक्ष में सक्रिय व्यास–परम्परा के प्रबुद्ध प्रवचनकारों का सामाजिक प्रदेय निश्चय ही उपादेय और अनुशीलनीय है। अतः इस दिशा में अधिकाधिक प्रयत्न अपेक्षित है।

# पं. शिव विनायक उपाध्याय

नर्मदा तीर पर मानस व्यास–परम्परा के कुछ और भी केन्द्र रहे हैं उनमें से मध्य प्रदेश में जबलपुर के पं. शिव विनायक उपाध्याय प्रख्यात रामायण प्रवचनकार थे। वहीं सराफा में कुचैनी मन्दिर में उनका निवास था। वह हनुमान भक्त थे। उन्हीं के यहाँ हनुमान जयन्ती के ठीक सातवें दिन 01 नवम्बर 1924 में जिस पुत्र रत्न की प्राप्ति हुई उससे उन्होंने रामभक्त हनुमान के नाम पर रामकिंकर नाम दिया। आपके पूर्वज ग्राम के निवासी थे। इस बालक ने आत्मकथा लिखी। हिन्दी की शिक्षा के बाद पिताजी ने मुझसे पूछा कि तुमने संस्कृत का चुनाव किया। अंग्रेज़ी मेरे लिए कठिन है। यद्यपि यह बाल सुलभ धारणा थी। बहुत वर्षों बाद मेरा (तार्किक) प्रवचन सुनकर उच्च न्यायालय के न्यायाधीश (न्यायमूर्ति) गंगेश्वर प्रसाद जी ने पिताजी से कहा था–आपने अपने पुत्र को अंग्रेज़ी माध्यम से पढ़ाकर यदि विधिवेत्ता बनाया होता तो वह देश के विधिवेत्ताओं में से एक होता पर इसके कुछ वर्षों के बाद उन्होंने आपकी धारणा में निःसंकोच संशोधन करते हुए कहा था–कितनी हानि साहित्य और धर्म की हुई होती यदि आप वकील बनकर रह गये होते। वाराणसी जाकर उन्होंने संस्कृत और वैदिक पौराणिक साहित्य के साथ मानस प्रवचन की शिक्षा–दीक्षा ली।

सागर का एक संस्मरण है। पं. शिव विनायक जी की कथा का आयोजन भक्तों ने किया था। पण्डित जी अचानक अस्वस्थ हो गये। निराश आयोजकों ने कहा आप अपने पुत्र को ही मंच दीजिए ताकि हम लोगों को मुँह दिखाने लायक तो हो जायें। पण्डित जी बोले, जैसी आपकी इच्छा किन्तु यह सोलह–सत्रह साल का बालक क्या बोल पायेगा। पर मंच पर मंगलचरणी करते ही जो कथा धारा बही वह मन्त्रमुग्ध कर देने वाली 'ज्ञानीनामाग्र–गण्यम' सिद्ध हुई।

शीघ्र ही पिताजी ने अपनी सुखद भावना पत्र द्वारा अभिव्यक्त की, श्री तिवारी जी आपके आशीर्वाद से अब रामकिंकर अच्छा बोलने लगा है। तदनन्तर वृन्दावन में ब्रह्मलीन अखण्डानन्दजी सरस्वती महाराज पर पदमासिल्पसन्त उड़िया बाबाजी तथा भक्त शिरोमणि श्री हरि दादाजी महाराज का सान्निध्य एवं आशीर्वाद प्राप्त हुआ। तभी एक संयोग घटा। गंगा जी के पास हरिबाबा के संकल्प–सहयोग से नवनिर्मित बाँध पर सत्संग प्रवचन होने में वहाँ बुलन्दशहर के कलेक्टर उर्दू साहित्य के शोध प्रबन्ध के माध्यम से डॉक्टर उपाधिधारी रामबाबू सक्सेना आये और महाराज जी के प्रवचन से बहुत प्रभावित होकर उन्हें बुलन्दशहर आमन्त्रित कर ले गये। पहले तो वह हिन्दी में ऐसा कोई साहित्यिक ग्रन्थ ही नहीं मानते थे, जिसकी तुलना वह उर्दू साहित्य से कर सकें। पर श्री रामकिंकर जी को सुनकर उनकी धारणा बदल गयी। वह तुलसी ही नहीं किंकर जी के भी भक्त हो गये। मानस के माध्यम से प्रतीकात्मक व्याख्या का सांगोपांग रूप श्रोता समाज को मौलिक लगने लगा। उसके माध्यम से सागर जैसी विराटता बिन्दु जैसी छोटी इकाई में समाहित होकर मिलाने लगती है। वह तुलनात्मक शिल्प विधान के प्रयोक्ता डॉ. विश्वास द्वारा उनके प्रवचन शिल्प लेख में माने गये हैं जिसमें वह मानस के प्रसंगों की पुष्टि में समग्र तुलसीकृत साहित्य से अभीष्ट सामग्री चयन करते हैं जिससे और रोचकता बढ़ती है।

कथा–प्रवचन के दौरान प्रभावित हुए पुरातत्त्ववेत्ता साहित्यकार श्री वासुदेव शरण

अग्रवाल की अनुशंसा पर काशी हिन्दू विश्वविद्यालय के कुलपति श्री देवीशंकर झा ने आपकी विलक्षण प्रतिभा से आपको विजिटिंग प्रोफ़ेसर के नाते वहाँ व्याख्यान देने को आमन्त्रित कराया। पद्‌मश्री कन्हैयालाल मिश्र प्रभाकर ने आपको विश्वविद्यालय का आधुनिक कुलपति कहा है। 'मानस प्रवचन' हेतु आपने कई विदेश यात्राएँ कीं जिनमें उर्दू बहुल देश थाईलैंड की बैंकाक–यात्रा उल्लेखनीय है। उनकी साहित्यिक अभिव्यक्ति ने भाव से जुड़कर भाषा की खाई पाट टी। वहाँ के भारतीय अभिभूत हुए।

1983 में 'विश्व साहित्य संस्थान' की स्थापना हुई। श्री लल्लन प्रसाद व्यास के विशेष अनुरोध पर उन्होंने इस संस्थान द्वारा आयोजित 'विश्व रामायण सम्मेलन' के अध्यक्ष पद को स्वीकार किया। 27 नवम्बर 1984 को प्रारम्भ इस अन्तरराष्ट्रीय सम्मेलन ने अयोध्या से लेकर रामेश्वरम तक की यात्रा गोष्ठियों के रूप में सम्पन्न की। 20 दिसम्बर 1988 को दिल्ली के विज्ञान भवन में पुनः आपने चतुर्थ अन्तरराष्ट्रीय रामायणी सम्मेलन में भी अध्यक्षता की, जिसका उद्‌घाटन तत्कालीन राष्ट्रपति महामहिम रामास्वामी वेंकटरमन ने किया। भारत सरकार ने आपको 'पद्मश्री' की उपाधि से अलंकृत किया। दमोह (म.प्र.) में मुझे आपका आशीर्वाद प्राप्त हुआ और भोपाल आयोजन में पहुँचकर मैंने उन्हें तुलसी जीवनवृत्त पर लिखा अपना महाकाव्य 'विरागी अनुरागी' भेंट किया। जिस पर उन्होंने प्रसन्नता व्यक्त की। 9 अगस्त 2002 श्रावण शुक्ल तृतीया संवत् 2058 को यह भक्ति–ज्योति महाज्योति में अयोध्या में विलीन हो गयी जहाँ उनकी समाधि पर निरन्तर ज्योति प्रज्वलित होती है, जिसके दर्शन मैंने किये और वहीं उनकी मानसपुत्री पूज्य दीदीमाँ मन्दाकिनी 'रामकिंकर' का आशीर्वाद भी लिया। उस मानस ज्योति को निरन्तर विकीर्ण करनेवाले 'रामायणीम ट्रस्ट' युग तुलसी पं. रामकिंकर उपाध्याय परिक्रमा मार्ग जानकी धाम, श्रीधाम अयोध्या में वहाँ प्रति वर्ष 01 नवम्बर को श्री रामकिंकर जयन्ती समारोह आयोजित होता है।

किंकर जी महाराज की इकलौती पुत्री प्रमिला जी थीं। किन्तु मानसपुत्री मन्दाकिनी जी ने रामकथा–गंगा को देश भर में प्रवहमान रखा है। यह गुरु विश्वास की कथा है जो मुम्बई के एक सुसंस्कृत परिवार में घटित हुई। एक प्रतिभाशाली, विलक्षण बुद्धि सम्पन्न शैक्षणिक जीवन से समुज्ज्वल कथा है। माइक्रो–बायलॉजी में एम.एस.सी. परीक्षा प्रथम श्रेणी में आपने स्वर्णपदक जीतकर प्राप्त की।

भारत सरकार ने आपकी शीर्षक साधना का सम्मान करते हुए आपका चयन परमाणु विभाग के प्रतिभापूर्ण प्रोजेक्ट पर कार्य करने के लिए किया और इस दुष्कर कार्य हेतु आपको फैलोशिप प्रदान की। मुम्बई में एक बार पूज्य दीदी को महाराज रामकिंकर जी का प्रवचन सुनने का सुयोग प्राप्त हुआ जिसमें विवेकपूर्ण व्याख्या ने मन्दाकिनी जी को भाव विभोर कर उनकी जीवन धारा ही बदल दी और एक भावी श्रेष्ठ वैज्ञानिक विज्ञान को छोड़ भक्ति पथ पर अग्रसर होने का संकल्प लिया। परिवार भी उनके इस अध्यात्म पथ साधना में सहायक बना और दीदी की अनुसन्धान दिशा बदल गयी। उन्होंने महाराज जी की सेवा में रहते हुए उनके साहित्य का गहन अध्ययन किया और श्रीमद्‌भागवत तथा श्रीरामचरितमानस के तुलनात्मक विवेचन पर आधारित महाराज श्री के अद्‌भुत ग्रन्थ 'शीलसिन्धु राघव–माधुर्यमूर्ति माधव' का गुरु की आज्ञा से सुसम्पादन किया। गुरुजी ने आपको अपने जीवनकाल में श्री 'रामायण आश्रम'

अयोध्या का अध्यक्ष पद देकर स्नेहपूर्वक सम्मानित किया। हिन्दी, अंग्रेज़ी, गुजराती और मराठी आपके धाराप्रवाह भाव–भक्ति और बुद्धि विवेक पूर्ण प्रवचनों में आज वे श्रद्धापूर्वक साक्षात महाराज जी की कथा के अवतार रूप में प्रतिष्ठित रामायण आश्रम के साथ उसके ट्रस्ट और जानकी जीवन मन्दिर ट्रस्ट का भी अध्यक्ष नियुक्त कर महाराजश्री ने आपको मानस के प्रचार–प्रसार हेतु अपना उत्तराधिकारी घोषित किया। 'वर्ल्ड रिलीजन कॉन्फ्रेंस' वार्सोलोना की धर्म सभा में आपने भी विवेकानन्द की तरह भारत का प्रतिनिधित्व किया। भक्तों और प्रबुद्धों को आपकी प्रवचन शैली में महाराजश्री के दर्शन होते हैं। अयोध्या में आपके पुण्य दर्शन चरण स्पर्श से मुझे उनकी भेंट 'पंचामृत' ग्रन्थ प्राप्ति का सौभाग्य मिला।

मानस की व्यास–परम्परा में महिला प्रवाचकों में जो अगला अग्रगण्य नाम है वह है महाराज जी की मुँहबोली बहन डॉ. श्रीमती ज्ञानवती अवस्थी (बाँदा रोड, रीवा) का। उनके पूज्य पिता भी जबलपुर निवासी स्व. दीनानाथ जी तिवारी और महाराजश्री के पूज्य पिताजी पं. शिव विनायक उपाध्याय जी जबलपुर में आत्मीय मित्र थे। अपने संस्मरणों में वह लिखती हैं, उपाध्याय जी अपने प्रवचन–प्रवास में किंकर जी का अभिभावक दायित्व मित्रवत तिवारी जी को सौंप जाया करते थे चूँकि उनकी माताश्री का बचपन में ही देहावसान हो गया था। हनुमत सेवा कृपा से ही उपाध्याय जी को हनुमत का आशीर्वाद मिला था। तभी उन्होंने बालक का नाम 'रामकिंकर' रखा।

ज्ञानवती जी के बड़े भाई ब्रह्मदत्त तिवारी, तहसीलदार, सागर के कथनानुसार उपाध्याय जी की अस्वस्थता से आयोजक 16–17 वर्ष के युवक पुत्र किंकर जी को ही श्रोताओं को 'मुँह दिखानेलायक बने रहने के लिए ले गये पर उन्होंने ऐसा गम्भीर कथावाचन किया कि 'ज्ञानीनामाग्रगण्यम' सिद्ध हुआ। 1987 में उपाध्याय जी ने ज्ञानवती जी के पिता को लिखा, 'तिवारी जी, आपके आशीर्वाद।' 1991–92 में किंकर जी के प्रवचन हेतु रीवा पधारने पर उन्होंने वह पत्र धरोहर के रूप में माँग लिया। ज्ञानवती जी ने 1991 में हितकारिणी कन्या विद्यालय जबलपुर में शिक्षिका के रूप में भी कार्य किया जिसके प्रांगण में किंकर जी का प्रवचन हुआ। पिताजी ज्ञानवती जी से किंकर जी को 'भैयाजी' सम्बोधित करने को कहते पर वे श्रद्धावश 'पूज्य पण्डित जी' कहना न छोड़ पायीं। उनके प्रवचन सुन–सुनकर उनके सहारे उन्होंने एम.ए. (हिन्दी) में प्रथम श्रेणी प्राप्त की। वह भी प्रवचन में उसी शैली को अपनाती हैं जिसमें वह मानस की कथा को आज के जीवन से जोड़ते हैं। तुलसी को जनमन में जीवन्त कर दिया।

उन्हीं की तरह वह जीवन की गूढ़ समस्याओं का समाधान मानस के माध्यम से देती हैं। मानस को अपनी चित्तवृत्तियों के परिष्कार का ग्रन्थ मानती हैं और प्रतीकों के माध्यम से मानव प्रवृत्तियों से जोड़ती हैं। जून 2000 में जब ज्ञानवती जी की कथा हरिद्वार में चल रही थी, पता चला कि देहरादून में महाराजश्री की कथा भी चल रही है। वह वहाँ पहुँची, उन्होंने उनका आत्मीय स्वागत किया। क़रीब 25 वर्ष के अन्तराल के बाद वह रीवा पधारे और सहज निवेदन पर ज्ञानवती जी के घर पर अपनी छोटी बहिन से उन्होंने दक्षिणा स्वीकार नहीं की। उनकी व्यास–परम्परा ज्ञानवती जी में ही नहीं उनके एक और अनन्य भक्त शिष्य बरेली के उमाशंकर शर्मा में भी उल्लेखनीय है। (सन्दर्भ : तुलसी मानस भारती अमृत महोत्सव विशेषांक अगस्त 1999 एवं रामकिंकर स्मृति विशेषांक जनवरी 2003 है।)

व्यास पीठ श्रृंखला की महत्त्वपूर्ण कड़ियों में मुंगेली (बिलासपुर, छत्तीसगढ़) के पं. रामभरोसे शुक्ल अच्छे प्रवचनकार थे तभी उनके सुपुत्र पं. गोरेलाल शुक्ल में भी वे ही सद्‌गुण आये। अंग्रेज़ी में एम.ए. और आई.ए.एस कर उच्च पदों पर रहनेवाले गोरेलाल जी अच्छे चिन्तक, प्रशासक, शिक्षक और रामानुरागी रहे। तुलसी मानस भारती के सम्पादकीय आपकी सम्पादन कला, भाषा सौष्ठव और शैली वैशिष्ट्य के उदाहरण हैं। रामचरितमानस चतुश्शताब्दी समारोह तथा तुलसी मानस प्रतिष्ठान के सफल संचालन में आपकी महत्त्वपूर्ण भूमिका रही है। मानस भवन आपकी कल्पना का कीर्ति कलश है।

स्वामी राजेश्वरानन्द सरस्वती वर्तमान में रामचरितमानस के प्रवचनकारों में शीर्षस्थ हैं। भगवान राम और संकटमोचन हनुमान जी के प्रति अनन्य श्रद्धा और भक्ति से आपने मानस का तत्वस्पर्शी अध्ययन किया है। अच्छे प्रवचनकार के साथ आप उत्कृष्ट भक्ति कवि भी हैं। सरस चित्ताकर्षक शैली के साथ रामकथा का संगीत भी आपको विरासत में मिला है तभी सुधी–श्रोताओं के प्रिय हैं।

*प्रस्तुति : डॉ. रमेश चन्द्र खरे*

## दिव्यानन्द सरस्वती

स्वामी दिव्यानन्द तीर्थ जैसे श्रेष्ठ रामकथा वाचक का जन्म नागालैंड (असम) में एक सात्विक ब्राह्मण परिवार में हुआ। मूलतः आप बुलन्दशहर (उ.प्र.) के निवासी हैं। आपकी शिक्षा–दीक्षा पश्चिम बंगाल के पूर्णिया तथा ओडीसा के भुवनेश्वर के सैनिक स्कूल में हुई। गोहाटी (असम) विश्वविद्यालय से आपने अंग्रेज़ी में स्नातकोत्तर उपाधि प्राप्त की पर धार्मिक प्रवृत्ति के कारण सन् 1980 में गृह त्याग कर चित्रकूट में संन्यास ग्रहण किया। 1988 में शास्त्रों के गहन अध्येता तथा विशिष्ट प्रतिभा के कारण प्रयाग में आपका शंकराचार्य के रूप में अभिषेक किया गया। आपने 22 देशों में धर्म प्रचारार्थ भ्रमण किया। जापान में आयोजित विश्व बौद्ध सम्मेलन के आप मुख्य अतिथि थे। अमेरिका में विश्व धर्म सम्मेलन में भी आप भारत का प्रतिनिधित्व कर चुके हैं। 1986 से आप मानपुर पीठ के जगद्‌गुरु शंकराचार्य के रूप में विभूषित हैं। रामकथा का गहन तत्त्व आपका प्रिय विषय है।

## डॉ. रामाधार शर्मा

डॉ. रामाधार शर्मा 'हनुमत चरित्र का विकास' विषय पर हमीदिया महाविद्यालय भोपाल से पीएच.डी. प्राप्त करने वाले भक्ति साहित्य के अनन्य विद्वान हैं। आपने वाराणसी से संस्कृत में उच्च अध्ययन के बाद 'विद्यावाचस्पति' की उपाधि अर्जित की। आपका जन्म मध्य प्रदेश के रायसेन ज़िला के ग्राम बीकलपुर में हुआ। वैदिक साहित्य तथा ज्योतिष का ज्ञान आपने अपने पूज्य पितामह से प्राप्त किया। अठारहों पुराणों पर प्रवचन, वैदिक अनुष्ठान एवं यज्ञ में आचार्यत्व के साथ शताधिक मानस सम्मेलनों का आयोजन, मार्गदर्शन तथा रामचरितमानस के मनोहारी विश्ववाणी विवेचन द्वारा मर्म उद्‌घाटन से आप अखिल भारतीय ख्याति अर्जित

कर चुके हैं। विश्व वेद सम्मेलन में भी आप मध्य प्रदेश का प्रतिनिधित्व कर चुके हैं। रामचरितमानस के प्रचार–प्रसार में आप निरन्तर समर्पित हैं। इस समर्पण में एक अन्यतम नाम है भोपाल के ही विष्णुपाल सिंह परिहार का। एम.ए., एम.एससी. (रसायन), बी.एड., एल.एल.बी. की उपाधि प्राप्त परिहार जी मूलतः विज्ञान शिक्षक हैं पर हनुमत समर्पण में विराम कथाप्रवाचक गृहस्थ संन्यासी हैं। 2 नवम्बर 1951 में मझगाँव बम्होर हमीरपुर (उ.प्र.) में श्री बृषकेतु सिंह परिहार के घर जन्मे बालक को रामचरितमानस से भी लगन रही है। अपने परदादा स्व. नारायणी सिंह परिहार को ही उन्होंने अपना वास्तविक गुरु माना। हिन्दी प्रेमी श्री राममनोहर लोहिया जी की प्रेरणा से चित्रकूट में आयोजित 32वें मानस सम्मेलन ने आपकी दिशा बदल दी। सन् 1970–71 से 22 दिसम्बर से 1 जनवरी तक 11 दिन का मानस सम्मेलन आप अपने भोपाल निवास राजेन्द्र नगर के तुलसीवन में प्रति वर्ष करते आ रहे हैं जिसमें रामायणी मेला, सुन्दरकाण्ड प्रतियोगिता आदि विद्यार्थियों के लिए आकर्षण भी रहते हैं। आपका उद्देश्य है लोग मानस की महत्ता को समझकर अपने जीवन में उतारें। इस सम्मेलन में कई मानस प्रवाचक आते हैं। आपने मैसूर (कर्नाटक) में भी जाकर मानस प्रवचन कर प्रतिष्ठा अर्जित की।

स्थानीय स्तर पर कई व्यास कड़ियों ने इस रामकथा श्रृंखला को अविच्छिन्न किया। इनमें श्री ब्रजेश महाराज (दीनदयाल नगर), डॉ. श्यामदास (नरसिंह मन्दिर, गोरखपुर, जबलपुर), भागवत एवं रामकथा वाचक, हरिशंकर परसाई पीठ सागर (विश्वविद्यालय) के निर्देशक, डॉ. श्यामसुन्दर दुबे (हटा, दमोह), हज़ारों की संख्या में रामकृतियाँ भक्त श्रोताओं को अपनी प्रबुद्ध और रसमय वाणी से आकर्षित करते हुए धर्म और समाज सेवारत हैं।

## अगरिया वाले पण्डित जी स्व. श्री विष्णुदत्त शुक्ल

अगरिया वाले पण्डित जी के नाम से प्रसिद्ध, स्व. श्री विष्णुदत्त शुक्ल जी का जन्म ग्राम अगरिया (जैसीनगर), ज़िला सागर (म.प्र.) में हुआ था। आपके पिता का नाम स्व. श्री हरिशंकर गर्ग व्यास जी था। वे अपने समय के श्रेष्ठ वक्ता थे।

रामकथा वाचक पं. नीलमणि दीक्षित जी पण्डित जी के व्यक्तित्व के विषय में लिखते हैं, ''गौर वर्ण, ऊँची, भरी–पूरी पुष्ट देह, शरीर पर शुभ्र परिधान, प्रेमजल से भरे–भरे विशाल नेत्र। पहली बार जब दर्शन हुए मन प्रसन्न हो गया। बरबस ही चरणों पर सिर रख दिया।'' एक प्रभावी व्यक्तित्व था पण्डित जी का।

पण्डित जी की कथा–शैली की चर्चा करते हुए पूर्व सचिव प्रो. भागचन्द जैन भागेन्दु स्पष्ट करते हैं, ''श्रद्धेय अगरियावाले पण्डित जी की कथा–शैली में विश्लेषित प्रवचनों को सुनने के लिए हज़ारों श्रोता पूर्वतः अपना स्थान आरक्षित करा लेते थे। और मन्त्रमुग्ध की भाँति रोचक शैली में भारतीय अस्मिता, राष्ट्र बोध, आत्म कल्याण और सदाचार प्रवण जीवन–शैली का मर्म सुनकर भाव–विभोर होते थे।

पण्डित जी की साधना के विषय में प्रसिद्ध समाज सेवी सन्तोष भारती बताते हैं, "दुर्गा सप्तशती का पाठ, त्रिकाल सन्ध्या 'हरे राम हरे कृष्ण' संकीर्तन प्रतिदिन की चर्चा में शामिल था" प्रसिद्ध साहित्यकार डॉ. रघुनन्दन चिले लिखते हैं, ''प्रवचन के प्रारम्भ में हारमोनियम,

तबला के साथ करताल बजाते हुए विभिन्न राग–रागनियों में वन्दना एवं भजन श्रोताओं को भाव–विभोर कर देते थे। रायसेन ज़िले के अधिकांश गाँवों में पदयात्रा करते हुए कई वर्षों तक उन्होंने बिना किसी मंच के खड़े–खड़े ही हरिकीर्तन एवं प्रवचन कर रामकथा भक्ति का प्रचार–प्रसार किया तथा सनातन धर्म की ध्वजा फहरायी।''

उनके जीवन का अधिकांश समय नर्मदा किनारे ही बीता। बौरास घाट, उदयपुर, साईखेड़, गाड़रबारा, नरसिंहपुर, जबलपुर निवासी उनके शिष्यगण आज भी उनका स्मरण कर भावविह्वल हो जाते हैं। पण्डित जी ने बारह साल का मौन व्रत धारण किया था। वह बिना सिले कपड़े पहनते थे। उनकी साधना का प्रतिफलन उनकी वाग्वैखरी से प्रवाहित हुआ।

पण्डित जी की प्रवचनकर्ता के रूप में अपार प्रसिद्धि थी। वह सहज सम्प्रेषणीय व्यक्तित्व से मण्डित थे। वह क्षेत्रीय सीमाओं का अतिक्रमण करनेवाले सन्त वक्ता थे। उनका स्वर्णारोहण 21 अगस्त 2004 को हुआ था।

## पं. रघुनाथ प्रसाद रामायणी 'मानस शरण'

पं. मानस शरण का जन्म 9 दिसम्बर 1946 को नरसिंहपुर ज़िले की करेली तहसील में हुआ था। करेली के मुर्गाखेड़ा गाँव से आपने प्राथमिक शिक्षा तथा करेली से हायर सेकेण्डरी की शिक्षा ली। आपके दीक्षा गुरु पं. सिद्धनाथ मिश्र मानस शास्त्री, मानस मन्दिर, हाथरस (उ.प्र.) थे।

मानस पर प्रवचनों का प्रारम्भ आपने सन् 1972 से किया। अब तक देश–विदेश में आप अनेक कथाएँ कर चुके हैं। भारत के सभी हिन्दी प्रदेशों में कथाएँ हुई हैं। बैंकॉक, मलेशिया, कुआलालम्पुर, सिंगापुर, दक्षिण पूर्व एशिया, यूनाइटेड किंगडम, लन्दन, हॉलैंड, जर्मनी, पेरिस आदि देशों में आपकी कथाएँ हुई हैं। एक प्रकार से पं. मानस शरण जी ने विश्वभ्रमण करते हुए मानस की कथाओं का विश्वव्यापी प्रचार–प्रसार किया है।

पं. मानस शरण जी की कथा सात्विक चिन्तन प्रधान होती है। आप मानस के गूढ दार्शनिक सिद्धान्तों की व्याख्या करने में निपुण हैं। 'व्यापक एक ब्रह्म अविनासी' की व्याख्या करते हुए आप स्पष्ट करते हैं, "सतत चेतन की राशि ब्रह्म जब सभी में समान रूप से सर्वत्र व्याप्त है, सभी के हृदयों में निरन्तर विद्यमान है फिर इस जगत में जीव दुखी क्यों हैं? कभी भी जिसका अभाव नहीं होता, उस आनन्द की राशि ब्रह्म का सम्बन्ध निरन्तर जीव से है। सार्वकालिक सार्वदेशीय वह ब्रह्म सर्वत्र समान रूप से व्यापक होते हुए भी जब तक प्रकट नहीं होता तब तक उससे लाभ नहीं हो सकता है। जैसे हममें ज्ञान है किन्तु जब तक वाणी के माध्यम से मुख के द्वारा प्रकट नहीं होगा, तब तक इस ज्ञान और ऐसे ज्ञानी का क्या लाभ?" पण्डित जी के प्रवचन उच्च बौद्धिक किस्म के होते हैं। आप मानस के चरित्रों की भी दार्शनिक व्याख्याएँ करते हैं। आपकी शैली परमार्जित है। आप मानस को समझने की नयी दृष्टि देते हैं।

**आपका पता है–**

*अन्तरराष्ट्रीय मानस प्रवक्ता, करेली (म.प्र.)*

# पं. घनश्यामदास 'मृदुल' महाराज

पं. मृदुल महाराज के पिता का नाम पं. श्री जुगलदास गोस्वामी महाराज था। आपका जन्म ग्राम विछोदना, ज़िला दतिया में 1 जनवरी 1937 को हुआ था। आपके दीक्षा गुरु अनन्त श्री विभूषित महेश्वरानन्द सरस्वती जगद्‌गुरु काशी पीठाधीश्वर थे। आपके प्रेरक श्री विनीत जी महाराज अयोध्या दादा श्रीठन–ठन पाल जी महाराज जमुनिया (जबलपुर) एवं श्री ब्रह्मचारी जी महाराज जालौन रहे हैं।

आपकी शिक्षा एम.ए. संगीत प्रभाकर तक की है। आपका कार्यक्षेत्र जबलपुर, दमोह, नगरसिंहपुर, होशंगाबाद, भोपाल आदि नर्मदा क्षेत्र में स्थित नगरों, क़स्बों में रहा है। आप कवि भी हैं। इसलिए आपके रचे गये कवित्त–सवैया, दोहा तथा गीत आदि का प्रयोग आप अपनी कथा में करते हैं। आप मधुर स्वर के गायक भी हैं। शास्त्रीय संगीत एवं सुगम संगीतबद्ध रचनाओं के साथ आप लोकगीतों की लय पर भी अपने गीतों को प्रस्तुत करते हैं। आपकी कथा संगीतमय होती है।

पं. मृदुल महाराज भरत के चरित्र से प्रभावित हैं। वह भरत की वेदना के अप्रतिम प्रवाचक हैं। ननिहाल से लौटने के बाद भरत गुरु वशिष्ठ ने राजसिंहासन पर बैठने को कहा तो भरत ने विनम्रतापूर्वक कहा, **"चाहिए धर्मशील नरनाहू"** और **"मुझे भूख न बासर नींद न राती। यह कुयोग कर औषधि नाँही।"** भरत राम की चिन्ताओं से दुखी हैं। वे इस सोच में डूबे हैं कि सीता जी एक ही वस्त्र में कैसे चौदह बरस काटेंगी? सीता जी को तो अनसूया जी ने **"दिव्य वस्त्र भूषन पहनाये। जो नव मूल अमल सुहाये।"** और भी चिन्ताएँ भरत जी को हैं। **"राम लखन सिय बिन पग पनही। करि मुनि वेष फिरहिं वन वनही।" "यह दुख दाह दहत नित छाती। भूखन बासर नींद न राती।"** इस तरह पं. मृदुल जी भावमय कथा कहने में सिद्धहस्त हैं। वह रामचरितमानस की चौपाइयों को अनेक राग–रागिनियों में संगीत के माध्यम से प्रस्तुत करते हैं। आप बेहद लोकप्रिय मानस प्रवक्ता हैं।

आपने राष्ट्रीय रामायण मेला, भोपाल (म.प्र.) तथा देश के अनेक प्रान्तों में मानस सम्मेलनों की स्थापना की है। आकाशवाणी, दूरदर्शन के भी आप गायक कलाकार हैं। आपने मानस आकाशवाणी और दूरदर्शन से भी प्रस्तुत की है। आपने मानस धाम आश्रम की स्थापना की है।

**आपका पता है–**

*मानस धाम, सौरभ कालोनी, चाँदबड़, भोपाल (म.प्र.)*

# पं. भुवनेश गोस्वामी 'मानस व्यास'

पं. भुवनेश गोस्वामी का जन्म ग्राम विछोद ना (भांडेर), दतिया (म.प्र.) में 10 अप्रैल 1958 को हुआ। आपके पिता का नाम पं. घनश्यामदास मृदुल महाराज है। आपने हायर सेकेंडरी तक शिक्षा प्राप्त की है। साथ में 'संगीत प्रभाकर' परीक्षा भी आप उत्तीर्ण हैं। आपके दीक्षा गुरु अनन्त श्री विभूषित बाबा कल्याणदास जी महाराज (अमरकंटक) हैं। आपके कथा–प्रेरणा स्रोत आपके पिताजी हैं।

आप स्वयं कवि भी थे। अपनी कविताओं का प्रयोग आप अपने प्रवचनों में करते थे। आप रामकथा संगीतमय ही करते थे। शास्त्रीय संगीत, सुगम संगीत और लोक संगीत नें आप निपुण थे। कथा को मधुरतापूर्वक आगे बढ़ाने में आपको सिद्धि–सी प्राप्त थी। आपको मानस में 'हनुमत चरित्र' प्रिय लगता है। आप हनुमान को बुद्धिमतां वरिष्ठ मानते हैं–एक उनका गुण बताते हैं कि बुद्धि करुणा से ही पवित्र होती है। वह मानते हैं कि हनुमान जी को पता था कि सीता जी अशोक वाटिका में हैं, उन्हें तपस्विनी स्वयंप्रभा ने बताया था। **"जहाँ अशोक उपवनता आयी सीता बैठ सोच रत राही।"** तब हनुमान जी **"मन्दिर मदिर प्रीतिकर शोधा"** जैसी स्थिति में गतिशील रहे। दरअसल वह विभीषण के घर की खोज कर रहे थे। विभीषण को आश्वस्त करना भी हनुमान जी का एक उद्देश्य था। पं. भुवनेश गोस्वामी की कथा कौतूहल भी जगाती थी और मानस के मर्म का भी उद्घाटन करती चलती थी। वह कथा को सहज भाव से कहनेवाले कथा–वाचक थे।

पं. भुवनेश गोस्वामी रामायण मेले के महासचिव थे। उनकी कथा आकाशवाणी और दूरदर्शन से भी प्रसारित होती थी। साथ ही वह अपना गायन भी यहाँ से प्रस्तुत करते थे। वह संगीत की सुरलहरियों पर मानस की मधुर कथा कहनेवाले राष्ट्रीय कथाकार थे। आपका निर्वाण 1 जनवरी 2010 को हो गया है।

## पं. श्री अंजनी नन्दन शरण रामायणी

पं. श्री अंजनीनन्दन के पिता का नाम श्री शिवशंकर दास जी है। आपका जन्म ग्राम भरोखा, तहसील मोठ (झाँसी) में 20 दिसम्बर 1973 में हुआ। आपके दीक्षा गुरु डॉ. मानस विश्वास दतिया और प्रेरक स्वामी मानस मृदुल महाराज एवं श्री रामलखनदास जी वेदान्ती रहे हैं।

आप शास्त्रीय तथा सुगम संगीत गायन में निपुण हैं। आप रामकथा संगीत प्रधान ही करते हैं। आपने एम.ए. तक शिक्षा प्राप्त की है। आपकी कथा सुमधुर होती है। आपकी कथा अनेक स्थानों पर हो चुकी है।

आपको हनुमान जी का चरित्र प्रेरक लगता रहा है। आपका मानना है कि हनुमान जी अनेक विशेषताओं को धारण करनेवाले थे। हनुमान जी को समस्त सिद्धियाँ प्राप्त थीं। वह संयोजक थे। वह रक्षक थे। हनुमान जी में परहित साधन और लोकोपकार का भाव था। उनकी शक्ति विशाल थी। उन्होंने महाबलशाली कुम्भकर्ण को एक ही मुष्ठिक में विचलित कर दिया था।

पण्डित अंजनी जी अपनी कथा में विवरणात्मकता के साथ–साथ दृष्टान्त शैली का प्रयोग करते हैं। वह प्रसंगों की श्रृंखला बनाने में निपुण हैं। उनके रचे अनेक छन्द हैं जो पुस्तकाकार प्रकाशित हो रहे हैं।

**आपका पता है–**

*लीलाधर कॉलोनी, शिवमन्दिर के पीछे, भानपुरा, भोपाल (म.प्र.)*

# पं. मानस प्रफुल्ल महाराज

पं. मानस प्रफुल्ल महाराज का जन्म ग्राम भरोखा, मोठ (झाँसी) में 15 जनवरी 1938 में हुआ। आपके पिता का नाम स्व. श्री दयाल दासजी महाराज था। आपके दीक्षा गुरु श्री मानस मृदुल जी महाराज हैं, आपके कथा प्रेरक हैं–श्री मोनी बाबा जी और ब्रह्मचारी जी महाराज, आपकी शिक्षा इंटरमीडिएट तक है।

आपका कण्ठ अच्छा है। आप स्वयं पद, भजन, कविता, सवैया का गायन करते हैं। आपके साथ गायन मण्डली भी रहती है। संगीतमय रामकथा करके आप श्रोताओं के भीतर रस का संचार कर देते हैं। आप अष्ट सिद्धि नव निधि के दाता श्री राम भक्त हनुमान के भक्त हैं। हनुमच्चरित्र गायन में आपको आनन्द आता है। कई दिनों तक केवल आप हनुमान पर ही प्रवचन करते रहते हैं। हनुमान जी की लीलाओं का सविस्तार अनुकीर्तन करना ही आपकी हनुमान जी के प्रति भक्ति भावना है।

वह मानते हैं कि हनुमान जी का चरित्र मान का हनन करके निरभिमान दास्य भाव का अद्वितीय व उत्कृष्ट चरित्र है–**चारों जुग परताप तुम्हारा, है परसिद्ध जगत उजियारा**–जैसी योनि में जन्म लेकर अपने अनुकरणीय वानर आचरण एवं भावों के द्वारा श्री हनुमान जी महाराज ने जन–जन का परम कल्याण किया है।

श्रीहनुमत भक्त पण्डित प्रफुल्ल महाराज जब रामकथा कहते हैं तब श्रोता भावविभोर हो जाते हैं। वह अपनी कथा को भावना प्रधान बनाते हैं। सर्व साधारण जन उनकी कथा से लाभान्वित हो सकें पण्डित जी का यही प्रयत्न रहता है।

पण्डित जी छन्द–रचना में भी प्रवीण हैं। वह अपने छन्दों का स्वयं गायन भी करते हैं। उनके छन्द भक्ति रस से ओत–प्रोत रहते हैं। कथा के बीच–बीच में वह अपने छन्दों का गायन भी करते हैं। आपकी कथा पर गायिकी प्रधान व्यास–परम्परा का प्रभाव है।

**आपका पता है**–

*लीलाधर कॉलोनी, शिव मन्दिर के पीछे, भानपुरा, भोपाल (म.प्र.)*

# ब्रज क्षेत्र की व्यास-परम्परा

**डॉ. प्रणव शास्त्री**

हमारा भारतवर्ष अवतारों का देश है। हमारा भारतवर्ष देवताओं का देश है। यह गौ, गंगा और गायत्री का देश है। यह परम्पराओं का देश है। यह मानव–मूल्यों के संवर्धन और संरक्षण का देश है। यह दयालुता, उदारता और करुणा का देश है। यह माता, पिता और अतिथियों को देवतुल्य मानने का देश है। यह जननी और जन्मभूमि को स्वर्ग से भी बढ़कर मानने का देश है। यह पर–स्त्री को मातृवत् पूजने का देश है। आइए, इसी देश को पावनता प्रदान करनेवाले दो प्रमुख अवतारों का स्मरण करें। भगवान राम और कृष्ण के रूप में हमें दो प्रमुख देवताओं की शुभ्र और पुण्य थाती प्राप्त हुई है। इनमें से एक आदर्श और मर्यादा की प्रतिमूर्ति हैं तो दूसरे चांचल्य और माधुर्य का साक्षात् अवतार। इनकी कथाएँ आदिकाल से मानव मात्र को हर्षित एवं तुष्ट करती रही हैं। वेद, उपनिषदों, श्रीवाल्मीकि रामायण, श्रीमद्भागवतमहापुराण की सारस्वत परम्परा में गोस्वामी तुलसीदास कृत रामचरितमानस का विशिष्ट स्थान है। मेरी राय में किसी सामान्य मनुष्य की किसी रचना कृति को आज तक वह सम्मान प्राप्त नहीं हुआ, जो तुलसीदास की रामचरितमानस को प्राप्त है। आज भी अधिकांश हिन्दू मतावलम्बियों के पूजाघर में रामचरितमानस लाल कपड़े में लपेटकर रखी जाती है, और इसे श्रीमद्भगवद्गीता, श्रीमद्भागवत, श्रीवाल्मीकि रामायण के सदृश ही पूजा जाता है।

श्री वेदव्यास, आदि कवि वाल्मीकि, देवर्षि नारद, श्री सूत जी, श्री शौनकादि ऋषियों की परम्परा ही आगे चलकर चैतन्य महाप्रभु, महाप्रभु वल्लभाचार्य, बिट्ठलनाथ, सूरदास, कबीरदास और तुलसीदास में परिणत हुई और परिवर्धित हुई। 19वीं सदी के पाँचवें दशक में इसमें कुछ नाम और जुड़े। 1950 के आसपास श्री प्रभुदत्त ब्रह्मचारी, श्री करपात्री जी महाराज, स्वामी अखण्डानन्द सरस्वती जी महाराज, श्री उड़िया बाबा जी महाराज, श्री रामचन्द्र डोंगरे जी महाराज, श्री हनुमान प्रसाद पोद्दार जी, श्री रामसुखदास जी महाराज, प्रभृति विद्वानों के नाम व्यास–परम्परा के सुदृढ़ स्तम्भ हैं।

इस व्यास–परम्परा को पूरे भारत सहित चित्रकूट, अयोध्या, नैमिषारण्य एवं वृन्दावन में पर्याप्त पोषण मिला। तीन–चार दशक पूर्व गुजरात का नाम भी राष्ट्रसन्त पूज्य श्री मोरारी बापू, पूज्य श्री रमेश भाई ओझा, श्री किरीट भाई के कारण सम्माननीय हुआ। बीसवीं सदी के आते–आते टी. वी. चैनलों ने इस कथा के पुण्य कार्य को विस्तार भी प्रदान किया और व्यापकता भी। इलेक्ट्रॉनिक मीडिया के बढ़ते प्रभाव ने इन व्यासों को स्टार का दर्जा प्रदान किया।

आरम्भ में यह चैनल संस्कार और आस्था का जयघोष भले ही करते रहे हों पर आज बाज़ारवाद और ग्लोबलाइजेशन के प्रभाव से यह भी अछूते नहीं रह सके हैं।

वृन्दावन और पूरे ब्रजमण्डल में आज श्रीमद्भागवत और रामकथा के लगभग 2000 व्यास पूरे विश्व में इस शब्द–प्रसाद को वितरित कर पुण्यार्जन एवं धनार्जन कर रहे हैं। श्री हरिबल्लभ शास्त्री, श्री ब्रजकिशोर गौतम, श्री पुरुषोत्तम गोस्वामी, श्रीवत्स गोस्वामी, आचार्य मृदुलकृष्ण गोस्वामी, श्री गौरवकृष्ण गोस्वामी, पं. श्रीनाथ शास्त्री, डॉ. मनोजमोहन शास्त्री, श्री श्यामसुन्दर जी संगीताचार्य, आचार्य श्री दीनदयालु पाण्डेय, श्री कृपालु जी महाराज, श्री गुरु शरणानन्द जी महाराज, साध्वी ऋतम्भरा जी, श्री नृसिंह बल्लभ गोस्वामी, पं. रवि बनर्जी, आचार्य महावीरप्रसाद शास्त्री, आचार्य हरिचरणबल्लभ गोस्वामी, सन्त विजय कौशल जी, श्री कृष्णचन्द्र शास्त्री ठाकुर जी, शान्तिदूत श्री देवकीनन्दन ठाकुर जी सहित शताधिक व्यासों ने तृप्त किया है।

वर्तमान परिदृश्य में डॉ. श्यामसुन्दर पाराशर, डॉ. सुरेश शास्त्री, पं. अशोक शास्त्री, मृदुलकान्त शास्त्री, पं. संजीवकृष्ण ठाकुर जी, सन्त विजय कौशल जी, डॉ. अनिल शास्त्री, पं. पूर्णचन्द्र उपाध्याय, पं. रामविलास शास्त्री, श्री पीयूष जी महाराज, सन्त गिरिधर गोपाल, स्वामी गिरीशानन्द जी महाराज, पं. गोपीचन्द्र शास्त्री, पं. अवधेश शास्त्री, पं. ओमप्रकाश शास्त्री, पं. अनुरागकृष्ण पाठक, बालशुक गोपेश जी, पं. रविशंकर बघेले, पं. रामनिहार शास्त्री, पं. बालावेंकटेश शास्त्री, पं. शिव भगवान, पं. रमाकान्त त्रिपाठी, आचार्य अच्युतलाल भट्ट जी, आचार्य वासुदेवकृष्ण चतुर्वेदी, मलूक पीठाधीश्वर आचार्य राजेन्द्र दास जी महाराज, स्वामी श्रवणानन्द जी सहित शताधिक व्यास देश–देशान्तर में भगवन्नाम की धूम मचा रहे हैं।

## डॉ. सुरेश शास्त्री

डॉ. सुरेश अवस्थी के पिताश्री का नाम श्री लक्ष्मीनारायण मिश्र है। श्रीमती कलावती उनकी माता का नाम है। उनकी पत्नी श्रीमती अनीता मिश्र हैं। आपका जन्म 5 जुलाई 1966 को छोटी कोंथर पोरसा (मुरैना) म.प्र. में हुआ था। सन् 1980 से डॉ. सुरेश अवस्थी वृन्दावन में निवास कर रहे हैं। आपकी शिक्षा एम.ए., पीएच.डी. तक है। आपने अपनी कथा का आरम्भ 1990 ई. से किया था। अब तक 400 से अधिक कथाएँ आप कर चुके हैं। आपके गुरु श्री गर्वीली शरण जी महाराज हैं। आपने अपना आदर्श श्री विशन चन्द्र सेठ को माना है।

डॉ. अवस्थी की कथाओं का आयोजन साउथ अफ्रीका में भी हुआ है। भास्कर भक्ति (राज) टी. वी. चैनल से भी कथा का प्रसारण हुआ है। देश–विदेश में कथा करनेवाले पण्डित अवस्थी गायन में प्रवीण हैं। उनकी कथा संगीतमयी होती है। वह प्रभावी पदों का गायन करते हैं। आपकी कथा सरस प्रवाहमयी होती है।

पण्डित जी को रामचरितमानस में सर्वाधिक भरत ने प्रभावित किया है। भरत का जीवन आज के समय में एक आदर्श निर्मित करनेवाला है। भरत–सा भाई अब दुर्लभ है। भरत को तुलसी ने अपने युग में प्रतिरोध की तरह गढ़ा था। जब भाइयों–भाइयों में राजसिंहासन पाने के लिए दारुण विरोध चल रहा था। भाई ही भाई का गला काट रहा था, तब भरत ने सत्ता

को अस्वीकार कर दिया। राम को उन्होंने सर्वोपरि माना। इसलिए कहा गया है, **"भए न हैं न होंहिगे कबहूँ भुवन भरत से भाई।"** पण्डित जब भरत–चरित्र पर प्रवचन करते हैं, तब वह भरत की निश्छलता, भरत की साधुता की चर्चा अवश्य करते हैं। भरत में रंच मात्र भी कहीं भी धर्म से विचलन नहीं है। यद्यपि वह कहते हैं कि **"आरत काह न करई कुकरमु। भाँगहुँ भीरव त्याग निज धरमु"** तो वहाँ वे वैयक्तिक धर्म से बड़ा सामाजिक धर्म मानते हैं।

वह भरत मिलाप की कथा भक्ति भाव में डूबकर कहते हैं। उनकी इस कथा–प्रसंग में आँखें डबडबा आती हैं। श्रोता भी भाव–विह्वल हो जाते हैं। वह भरत मिलाप की कथा पर मुग्ध हैं। पण्डित जी इस प्रसंग को गाते हुए भरत की सहजता को प्रस्तुत करते हैं।

डॉ. सुरेश अवस्थी ने अपना आश्रम भी बनाया है। वृन्दावन धाम में रमणरेती नें उन्होंने अपना आश्रम वनविहार आश्रम के नाम से बनाया है। आश्रम में सदैव ही पठन–पाठन, पूजन–अर्चन चलता है।

**आपका पता है–**

*वन विहार आश्रम, रमणरेती, वृन्दावन (उ.प्र.)*

## डॉ. अनिल शास्त्री

चित्रकूट की पावन धरा पर जन्म लेनेवाले पं. अनिल जी के पिता का नाम स्व. प. श्री उमा शंकर एवं माता का नाम श्रीमती शान्ति देवी था। श्रीमती निधि अवस्थी आपकी सहधर्मिणी हैं। पण्डित जी का जन्म 2 जुलाई 1977 को हुआ था। आपके गुरु का नाम श्री श्री 1008 राजेन्द्रदास जी है। आपकी शिक्षा–दीक्षा अतर्रा–वृन्दावन में हुई। आप उच्च शिक्षित हैं। एम.ए. आचार्य, पीएच.डी. की उपाधियों से आप विभूषित हैं।

आपने कथा का प्रारम्भ 20 अप्रैल 2004 से किया है, और अब तक 150 से ऊपर स्थानों में आपकी कथाएँ सम्पन्न हो चुकी हैं। आप मानते हैं कि "विनामहत्पादा रजोभिषेकम्" गुरु चरणाश्रय बिना भक्ति सफल नहीं है। आप अपनी कथाओं के लिए श्री रामकिंकर जी महाराज को प्रेरणास्रोत मानते हैं। श्री रामकिंकर जी की कथा–शैली और उनकी विवेचनपरक पद्धति से आप प्रभावित हैं। आपको स्वामी रामभद्राचार्य द्वारा प्रशस्तिपत्र प्राप्त है। पण्डित जी की यह विशेषता है कि वह 'रामचरितमानस' पर आधारित प्रवचन तो करते ही हैं किन्तु वह 'वाल्मीकीय रामायण' का भी आश्रय लेते चलते हैं। इस तरह से रामकथा के दो महत्त्वपूर्ण ग्रन्थों के अनुशीलनकर्ता के रूप में पण्डित जी की ख्याति फैली हुई है।

आपको भरत चरित्र की कथा कहने में आत्मतोष होता है। आप भरत के चरित्र से सर्वाधिक प्रभावित हैं। अनेक व्यास भरत चरित्र को केन्द्र बनाकर कथा कहते हैं। किन्तु सबकी शैली और वर्णन अपने ही तरह का होता है। तुलसीदास ने भरत को मनोयोग से गढ़ा है। भरत विनयशील और बुद्धिमान हैं। इसीलिए गोस्वामी जी को कहना पड़ा कि **"भरत महामहिमा जल राशी। मुनिमति ठाढ़ि तीर अबला सी।"** भरत के व्यक्तित्व की थाह लेना सम्भव नहीं है। पण्डित जी भरत की मूर्ति के ही उपासक हैं। भरत के बहाने ही वह राम की आराधना करते हैं।

डॉ. अनिल शास्त्री ने वृन्दावन धाम में अपना आश्रम बनाया है। इस आश्रम का नाम है–श्री द्वारिकेश्वर आश्रम। यह आश्रम मानस–चर्चा से परिपूर्ण रहता है। अनेक विद्वज्जनों का सत्संग इस आश्रम में होता रहता है।

**पण्डित जी का पता है–**

*डॉ. अनिल शास्त्री, श्री द्वारिकेश्वर आश्रम, ज्ञानबाग, मोतीमील, वृन्दावन (उ.प्र.)*

## आचार्य श्यामसुन्दर गोस्वामी

आचार्य श्यामसुन्दर गोस्वामी का रहवास वृन्दावन में है। वृन्दावन में ही आचार्य जी का जन्म हुआ है, और वृन्दावन में ही शिक्षा–दीक्षा हुई है। आपके पिता का नाम श्री गोकुल चन्द्र गोस्वामी और माता का नाम श्रीमती शकुन्तला देवी है। श्रीमती राधिका गोस्वामी आपकी धर्मपत्नी हैं। आचार्य जी गुरु महाराज श्रीमद् वल्लभराय जी, वासुदेवानन्द जी हैं। आपका जन्म 1 मई 1980 को हुआ था। आपने आचार्य तक की शिक्षा ग्रहण की है। बाद में संगीत विशारद की उपाधि भी आपने अर्जित की है।

आपने कथा 1995 ई. से प्रारम्भ की है। अब तक 250 से अधिक कथाएँ, विभिन्न स्थानों पर आयोजित हो चुकी हैं। आपकी कथा–कथन परम्परा श्री निर्मल नारायण जी महाराज के आदर्श पर आधारित है। आपके प्रेरणास्रोत श्री निर्मल जी महाराज हैं। पण्डित जी श्रीमद्भागवत कथा को भी उतनी ही सहजता से कहते हैं जितनी वह श्री रामचरितमानस पर केन्द्रित कथा को कहते हैं। इन दोनों कथाओं का वह परस्पर आलम्बन भी लेते हैं। पण्डित जी स्वयं पदों–श्लोकों छन्दों का गायन करते हैं। उनकी कथा संगीतमय होती है। श्रोता संगीत–सागर में डूबकर भक्ति के मोतियों की जगमगाहट से निखर उठता है।

पण्डित जी को रामकथा के अन्तर्गत राम–विवाह प्रसंग पर बोलना रुचिकर लगता है। वह राम–विवाह को अपनी संगीत साधना से साकार कर देते हैं। पण्डित जी को लक्ष्मण का चरित्र प्रिय है। लक्ष्मण की सेवा भावना और लक्ष्मण की एकनिष्ठता से वह प्रभावित हैं। वह मानते हैं कि गोस्वामी तुलसी ने जो लिखा है **"रघुवर कीरत विमल पताका। दण्ड समान भएऊ यश साका।"** लक्ष्मण का सम्पूर्ण चरित्र इस अर्द्धाली में व्यक्त हो रहा है। लक्ष्मण रामकथा के महत्त्वपूर्ण पात्र हैं। वह राम जी के साथ वन–यात्रा को सबकुछ छोड़कर उद्यत हो जाते हैं, यह उनकी त्याग–भावना है।

पण्डित जी मानते हैं कि भागवत मरना सिखाती है और मानस जीना सिखाती है। आचार्य जी को 'परम भागवत' उपाधि से विभूषित किया गया है। आचार्य जी के कार्यक्रमों का प्रसारण 'श्रद्धा' और 'साधना' चैनल पर होता रहता है। वह 'भागवतामृत' नाम की एक पत्रिका का प्रकाशन भी करते हैं।

**पण्डित जी का पता है–**

*दावानल कुण्ड, वृन्दावन (उ.प्र.)*

# आचार्य संजीवकृष्ण ठाकुर जी

आचार्य संजीवकृष्ण ठाकुर जी का जन्म 23 फ़रवरी 1989 को, पैगाँव, छाता मथुरा में हुआ था। उनके पिता का नाम श्री सत्यभान शर्मा और माता का नाम श्रीमती राधा देवी है। आचार्य जी की सहधर्मिणी श्रीमती पूजा शर्मा हैं। आचार्य जी गुरु महाराज कोसीकलाँ निवासी श्री मूलचन्द शास्त्री जी हैं। आचार्य जी का वृन्दावन वास सन् 1996 ई. से है।

आचार्य जी की शिक्षा–दीक्षा वृन्दावन में ही हुई है। वह आचार्य की उपाधि से अलंकृत हैं। उन्होंने 1998 ई. से कथा कहना प्रारम्भ की है। और अब तक उनकी दो सौ से अधिक कथाएँ हो चुकी हैं। आप अन्तरराष्ट्रीय कथावाचक के रूप में सिंगापुर, मलयेशिया और थाईलैंड में अपनी कथाएँ कर चुके हैं। आपकी कथाओं का प्रसारण 'आस्था' और 'संस्कार' चैनलों से भी होता है।

आप मूलतः श्रीमद्भागवत की कथा करते हैं, किन्तु आप 'रामचरितमानस' में भी निष्णात हैं। 'मानस' पर आपका पूरा अधिकार है। 'मानस' को सरस ढंग से आचार्य जी प्रस्तुत करते हैं। वह कथा में पौराणिक प्रसंगों को भी महत्त्व देते हैं। उनके स्वयं का कण्ठ सुरीला है। इसलिए पद आदि का गायन वह स्वयं करते हैं, यद्यपि उनके साथ उनकी संगीत मण्डली भी चलती है।

पण्डित जी के प्रवचनों पर केन्द्रित 'भगवत चिन्तन', और 'पिया की प्यास' पुस्तकें भी प्रकाशित हैं। ये पुस्तकें व्यास–परम्परा के आचार्यों को उपयोगी हैं। आपके मार्गदर्शन और संरक्षण में 'कृष्ण दर्शन' नाम से एक पत्रिका भी प्रकाशित होती है। आचार्य जी का आश्रम 'राधामाधव धाम' नाम से प्रसिद्ध है।

आचार्य जी को 'भरत' का चरित्र सर्वाधिक प्रभावित करता है। वह भरत चरित्र को मानस की आत्मा जैसा मानते हैं। 'अयोध्याकाण्ड' में भरत के चरित्र को गोस्वामी जी ने जिस तरह विचार और भावना का मिलन स्थल बनाया है, वह अद्भुत है।

आचार्य संजीवकृष्ण ठाकुर जी अपने प्रवचनों के लिए सुप्रसिद्ध मानस प्रवक्ता सन्त श्री मोरारी बापू को प्रेरणास्रोत मानते हैं। वह मोरारी बापू के पदचिह्नों पर अपनी प्रवचन यात्रा सम्पन्न कर रहे हैं। एक श्रेष्ठ प्रेरणास्रोत के अनुगामी होने के गौरव से आचार्य जी मण्डित हैं। उनका ध्येय वाक्य है : 'पहले नैतिक मूल्यों का पालन करें, फिर धार्मिक कहलायें'। इस रूप में आचार्य जी समाज में मानस के माध्यम से नैतिक मूल्यों की स्थापना का प्रयास करते हैं, जो आज ज़रूरी भी हैं।

**आपका पता है–**

*'राधामाधव धाम', निकट श्यामकुटी, परिक्रमा मार्ग, वृन्दावन (उ.प्र.)*

# पं. पूर्णचन्द्र उपाध्याय

पं. पूर्णचन्द्र उपाध्याय का जन्म 19 फ़रवरी 1972 को पेल्खू, छाता (मथुरा) उ.प्र. में हुआ। आपके पिता का नाम पं. मोहन लाल उपाध्याय और माता का नाम श्रीमती रमा देवी है। श्रीमती हेमलता शर्मा आपकी सहधर्मिणी हैं। आपके गुरु का नाम शुकदेव दास जी

महाराज है। पं. पूर्णचन्द्र उपाध्याय की कथा–कहन के आदर्श कथावाचक श्री कमलेश जी महाराज हैं।

पं. पूर्णचन्द्र उपाध्याय की शैली तत्त्वार्थ विवेचनी है। वह बौद्धिक और भावुक दृष्टि सम्पन्न कथा व्यास हैं। वह मानस के प्रसंगों में अन्तर्निहित गूढ़ार्थों का अन्वेषण करनेवाले कथा व्यास हैं। आपने अपनी कथा का प्रारम्भ सन् 1982 से किया। अब तक 150 से अधिक कथाएँ कर चुके हैं। आपकी शिक्षा शास्त्री की उपाधि तक हुई है। शिक्षा का केन्द्र वृन्दावन ही रहा है।

आप अपने व्याख्यान के लिए रामचरितमानस को ही आधार बनाते हैं। रामचरितमानस के सभी प्रसंग आपको रुचिकर लगते हैं, किन्तु जो गहन चिन्तन युक्त स्थल अयोध्याकाण्ड में हैं, वह पण्डित जी को प्रिय हैं। मानवीय भावनाओं के उद्वेलन का अच्छा अवसर अयोध्याकाण्ड में मिलता है। साथ ही ज्ञान–वैराग्य और भक्ति का संगम ही जैसे अयोध्याकाण्ड में हुआ है। अयोध्याकाण्ड मानस के अन्तर्द्वन्द्वों की पराकाष्ठा वाला काण्ड है। इस काण्ड में चरित्रों के मध्य भरत चरित्र एक विभूति जैसा है। पण्डित जी को भरत का चरित्र अतिशय प्रिय है। भरत की रहन, भरत की समझन, और भरत के क्रियाकलाप जिस आदर्श की रचना करते हैं–वह आदर्श दुर्लभ है। भरत तो अपने नाम के अनुसार ही संसार में प्रेम के पोषक हैं। संसार का जो भरण–पोषण करे वह भरत है। इस रूप में प्रेम ही संसार का भरण–पोषण करता है। भरत की भूमिका मानस में विशिष्ट भूमिका है। पण्डित इसी भूमिका पर बलिहारी हैं।

पं. उपाध्याय का व्यक्तित्व सहज–सरल और प्रभावशाली है। वह अपनी कथाओं में वर्तमान की विसंगतियों को उजागर भी करते हैं, और उनका समाधान भी देते हैं।

**आपका पता है–**

*म. नं. 64, सेक्टर 01, कैलाश नगर, वृन्दावन (उ.प्र.)*

## पं. अशोक शास्त्री

पं. अशोक शास्त्री का जन्म छावर, करौली (राजस्थान) में 8 अप्रैल 1970 को हुआ। उनका वृन्दावन–वास सन् 1985 से है। उनकी सम्पूर्ण शिक्षा–दीक्षा वृन्दावन में ही हुई है। वह शास्त्री हैं। उन्होंने श्री श्री 1008 श्री शुकदेव दास जी महाराज से दीक्षा मन्त्र लिया है। आपके पिता का नाम पं. श्री कन्हैयालाल मिश्र और माता का नाम स्व. श्रीमती राजकुमारी देवी है। आपकी सहधर्मिणी का नाम श्रीमती गोपी शास्त्री है।

आपने अपनी कथा का आरम्भ सन् 1992 से किया। अब तक 250 से ऊपर स्थानों में आप कथा कर चुके हैं। आप संगीत सहित कथा करते हैं। शास्त्रीय रागों में निबद्ध पदों का आप गायन करते हैं। संगीत मण्डली साथ में लेकर चलते हैं। कथा के प्रेरणास्रोत के रूप में आपने श्री राजवंशी द्विवेदी और स्वामी करपात्री जी को स्वीकार किया है, आपकी कथा सरस और तात्विक होती है। प्रायः सरस प्रसंग से आप कथा को लोकप्रिय बनाने में सिद्धहस्त हैं।

आपको भरत–मिलाप प्रसंग पसन्द है। आप इस प्रसंग को डूबकर कहते हैं। भरत–मिलाप में वीर रस, रौद्र रस, करुण रस और भक्ति रस का समावेश है। भरत को आते देखकर लक्ष्मण

का क्रोध वीर रस की सृष्टि करता है। लक्ष्मण के ''**रदपर फरकत नयन रिसौंहें**'' से रौद्र रस का प्रारम्भ होता है। जब वह कहते हैं कि "**जो शत शंकर करें सहाई। हतौं भरत रण राम दुहाई।**'' तो रस अपनी उत्कृष्ट अवस्था में पहुँचता है। किन्तु जब राम कहते हैं कि ''**भरतहि होहि न राजमद विधि हरिहर पद पायी। कबहुँकि काँजी सीकरन्ह छीर सिन्धु बिनसाई।**'' तब शान्त रस का प्रवेश हो जाता है। जब भरत राम से मिलते हैं तब करुण रस मानो सशरीर उपस्थित हो जाता है। "**भरत राम की मिलन लखि बिसरे सबहि अपान।**" एक अद्भुत दृश्य कायम हो जाता है। पण्डित जी की शैली सबको बाँधने बाली है।

पण्डित जी को कई सन्तों से प्रशस्ति–पत्र प्राप्त हुए हैं। आपके प्रवचनों के कैसेट्स बने हैं। आप 'भजन भागीरथी' नामक पत्रिका का प्रकाशन करते हैं। आस्था चैनल पर आपकी कुछ कथाओं का लाइव प्रसारण भी हुआ है। आप स्कॉटलैंड और लन्दन में कथा कर चुके हैं। पण्डित जी मानते हैं कि संगीत के लिए शास्त्रीय ज्ञान होना नितान्त ज़रूरी है।

**पण्डित जी का पता है–**

*134, चैतन्य विहार, फेस–1, वृन्दावन (उ.प्र.)*

## आचार्य मृदुलकान्त शास्त्री

आचार्य मृदुलकान्त शास्त्री के पिताश्री का नाम पं. विष्णुकान्त शास्त्री एवं माता का नाम श्रीमती लक्ष्मी शर्मा है। सहधर्मिणी का नाम श्रीमती नेहा शर्मा है। आपका जन्म वृन्दावन में 27 जनवरी 1978 में हुआ था। आपका निवास वृन्दावन में जन्म से ही है। आपके दीक्षा गुरु श्री श्री जी महाराज हैं।

आपकी शिक्षा वृन्दावन में ही हुई है। आपने एम.ए.,एम.कॉम. तक शिक्षा प्राप्त की है। आपकी पहली कथा सन् 1978 में आयोजित हुई थी। तब से अब तक 300 स्थानों पर कथाएँ सम्पन्न हो चुकी हैं। आप अपनी कथा के लिए रामचरितमानस को ही आधार बनाते हैं। आपके आदर्श स्वामी विवेकानन्द हैं।

रामचरितमानस के मनोहर प्रसंगों में आचार्य जी को केवट संवाद प्रसंग रुचिकर लगता है। इस पर वह भाव विह्वल होकर बोलते हैं। केवट का चरित्र भी गोस्वामी जी ने बड़े मन से सिरजा है। गंगा को पार करने के लिए राम नाव माँगते हैं तो केवट चतुराई से राम जी को मना करता है। पाँव को पखारने का बार–बार अनुरोध करता है। उसका तर्क है कि आपके पाँवों में जो रज है, उसका स्पर्श कर पत्थर भी स्त्रियाँ बन जाती है, फिर मेरी नाव तो लकड़ी की है। यह चली जायेगी तो मेरा रोज़गार बैठ जायेगा। यह हास्य और व्यंग्य का पुट था, जो राम वनगमन के शोकमय वातावरण के बीच एक प्रसन्नता का अवकाश देता है। केवट की सहजता और सरलता में भी पारलौकिक समृद्धि छिपी हुई है। एक पूरी परम्परा केवट के माध्यम से प्रकट होती है। संस्कृति का एक सनातन भाव केवट है जो श्रीराम के चरण पखारकर नाव नें बैठाता है और गंगा को पार कराता है। उसने अपने पितरों को भी पार लगा दिया। "**पितर पारकर प्रभुहिं फिर नाव गयेऊ ले पार।**" पण्डित जी इस प्रसंग में निहित मर्म को मार्मिक ढंग से विश्लेषित करते हैं।

अभी तक पण्डित जी को 'बालशुक', 'भागवत चंचरीक' आदि सम्मान प्राप्त हो चुके हैं। पण्डित जी पर एक लघु शोध प्रबन्ध भी रचा गया है। आपके प्रवचन आस्था, संस्कार, सनातन टी.वी. पर प्रसारित होते हैं। आपकी कथाएँ लन्दन, स्कॉटलैंड, ब्राजील आदि जगहों पर हो चुकी हैं। आपका एक भजन संग्रह भी प्रकाशित है।

**आपका पता है–**

*नरोत्तम सदन, पत्थरपुरा, वृन्दावन (उ.प्र.)*

## पं. महावीर प्रसाद शास्त्री

पं. महावीर प्रसाद शास्त्री का जन्म विश्वामित्र पुरी बेसवाँ में हुआ था। आपके पिता का नाम पं. श्री बाँकेलाल एवं माता का नाम श्रीमती लीला देवी है। आपकी पत्नी का नाम श्रीमती द्रौपदी देवी है। आपके गुरु पं. राधा गोपाल शास्त्री थे। आपका स्वर्गारोहण 3 जनवरी 2007 में हो गया।

आपकी शिक्षा–दीक्षा वाराणसी और अलीगढ़ में हुई थी। आपने एम. ए. साहित्य रत्न की उपाधियाँ अर्जित की थीं। आपने अपनी कथाओं का आरम्भ सन् 1953 से किया था। अपने जीवनकाल में आपने लगभग 1000 कथाएँ की थीं। आपके आदर्श स्वामी करपात्री जी थे।

आप भरत चरित्र पर ख़ूब रस लेकर बोलते थे। आपकी शैली रामकथा की परम्परित शैली थी। विवरणात्मकता के साथ–साथ आप दृष्टान्तों का सहारा लेकर अपनी कथा को विकसित करते थे। भरत के चरित्र के महनीय पक्षों को प्रस्तुत करनेवाले पण्डित शास्त्री जी भरत के समर्पण को प्रमुख गुण मानते थे। वह बताते थे कि भरत ने अपने आपको राम के भक्त रूप में तो प्रस्तुत किया ही वह अपने को त्याग की कसौटी पर कसते रहे हैं। यह त्याग ही उन्हें महान बनाता है। पण्डित जी उर्मिला को भी एक श्रेष्ठ चरित्र मानते थे। उर्मिला का त्याग मानस के सभी पात्रों पर भारी पड़ जाता है। उर्मिला के चरित्र को केन्द्र मानकर हिन्दी के आधुनिक कवियों में राष्ट्रकवि मैथिलीशरण गुप्त और बालकृष्ण शर्मा नवीन ने महाकाव्य रचे हैं।

शास्त्री जी श्री करपात्री जी से प्रभावित रहे थे। उनकी कथाओं में हज़ारों श्रोता एकत्रित होते थें। वह मानस के बुज़ुर्ग प्रवक्ताओं में से थे। वह अनुभव सम्पन्न और अध्ययनशील व्यक्तित्व थे। रमणरेती (वृन्दावन) में निवास करते थे।

रामकथा व्यास–परम्परा को ऐसे ही विद्वानों ने आगे बढ़ाया है। पण्डित जी का जन्म 1919 ई. में हुआ था। एक लम्बा समय पण्डित जी ने राम की सेवा में गुज़ारा था। उनका जीवन–दर्शन सात्विकता प्रधान था। ऐसे महत्पुरुषों का स्मरण अवश्य किया जाना चाहिए।

## पं. अवधेश शास्त्री

पं. अवधेश शास्त्री का जन्म 12 जून 1968 को निवास सिहोरा (म.प्र.) में हुआ था। आप सन् 1988 से वृन्दावन धाम में निवास कर रहे हैं। आपके पिता का नाम श्री द्वारिकाप्रसाद दुबे, माता का नाम जमुनादेवी दुबे तथा सहधर्मिणी का नाम श्रीमती सीमा दुबे है। आपके दीक्षा गुरु स्वामी निश्चलानन्द सरस्वती जी हैं।

आप शास्त्री उपाधि से विभूषित हैं। आपने सन् 1997 से कथा कहना प्रारम्भ किया। अब तक आपकी 60 से ऊपर कथाएँ हो चुकी हैं। आपके कथा–कथन के प्रेरणा स्रोत पं. राजवंशी द्विवेदी जी हैं। आप अपनी कथा के लिए केवल रामचरितमानस का आधार लेते हैं। आप पदों का गायन भी करते हैं। आपकी कथा उत्तर भारत के अनेक क्षेत्रों में लोकप्रिय है। आप अपनी सहज शैली में ही कथा का प्रस्तुतीकरण करते हैं। यह कथा सर्वसंवेद्य होती है। हज़ारों की संख्या में श्रोतागण आपकी कथा–श्रवण हेतु आते हैं।

'रामचरितमानस' के आप सभी प्रसंग रोचक ढंग से प्रस्तुत करते हैं, किन्तु 'राम–भरत–मिलाप' और 'केवट प्रसंग' आपको विशेष प्रिय हैं। ये दोनों प्रसंग मानो मानस के दो भावना छोर हैं। केवट के माध्यम से राम का स्नेह भाव सामान्य जनों के लिए प्रस्तुत हुआ है। श्रीराम का व्यक्तित्व किस तरह से केवट जैसे जनों को अपने बाहुपाश में बाँध लेता है–यह सत्य इस प्रसंग से उजागर होता हैं। वंचित जन पर कृपा करके श्रीराम लोक रक्षक बने हैं। केवट के व्यवहार से लक्ष्मण क्षुब्ध हो उठते हैं जबकि श्रीराम के मन में केवट के प्रति अपरिमित प्रेम है। प्रेम के साकार स्वरूप भरत हैं। प्रेम का त्याग पक्ष जितना भरत चरित्र में प्रबल है उतना अन्य चरित्रों में नहीं हैं। यहाँ का समर्पण अद्वितीय है। भरत और केवट दो अलग–अलग छोर हैं, जिन्होंने राम की कृपा को अपने उत्कट भाव में पाया है। मानसकार गोस्वामी जी ने दोनों चरित्रों को लोक मर्यादाओं से पोषित किया है। पं. अवधेश जी इन चरित्रों में रमकर जब कथा कहते हैं, तब श्रोता वर्ग को भावनाएँ उद्वेलित हो उठती हैं।

पण्डित जी के अभी 25 कैसेट्स उपलब्ध हैं। इन कैसेट्स में उनके द्वारा विभिन्न स्थानो पर किये कथा–प्रसंग हैं।

**आपका पता है–**

*निकट–सोहम् आश्रम, परिक्रमा मार्ग, वृन्दावन (उ.प्र.)*

## डॉ. श्यामसुन्दर पाराशर

डॉ. श्यामसुन्दर पाराशर का जन्म भितखार (ग्वालियर) में 8 जुलाई 1967 को हुआ। आपके पिता का नाम पं. श्री भगवत लाल पाराशर, माता का नाम श्रीमती विमला देवी और पत्नी का नाम श्रीमती हेमलता पाराशर है। आपके गुरु स्वामी रामहर्षण दास जी महाराज हैं। रामकथा के प्रेरणास्रोत स्व. श्री करपात्री जी महाराज और श्री विशनचन्द्र सेठ हैं।

डॉ. पाराशर जुलाई 1979 से वृन्दावन में निवास कर रहे हैं। उनकी शिक्षा वृन्दावन धाम में ही हुई है। वह शास्त्री एवं एम.ए., पीएच.डी. की उपाधियों से विभूषित हैं।

आपकी प्रथम कथा 25 अप्रैल 1979 में हुई। तब से आप देश–विदेश में अभी तक 700 से अधिक कथाएँ कर चुके हैं।

आप मानस पर प्रेरणादायी कथा करते हैं। समाज के सभी वर्गों को सम्बोधित करने की क्षमता आपके भीतर है। विद्वान से विद्वान और सामान्य से सामान्य श्रोता को आप अपने प्रवचन से प्रभावित कर लेते हैं। पण्डित जी में गायन की अच्छी निपुणता है। अतः आपकी कथा का प्रवाह श्रोताओं को भावनाओं में बहाता चलता है। आप भरत–चरित्र पर बोलते हुए भरत के व्यक्तित्व का वह पक्ष अपने प्रवचन में रखते हैं, जिसमें भरत की राम के प्रति अतिशय भक्ति है। भरत ने राम के कारण अपनी माँ को भी त्याग दिया **"तज्यौ विभीषण बन्धु भरत महतारी"।** नाते–नेह के सूत्र जब राम से जोड़ दिये जाते हैं, तब सारे सम्बन्ध किसी काम के नहीं रहते हैं किन्तु जिनके सम्बन्ध राम से होते हैं, वे तो सगे–सम्बन्धी बन जाते हैं। पं. पाराशर उन गिने–चुने कथावाचकों में से हैं, जो मानस की गहन व्याख्या भी करते हैं और उसके सरस प्रसंगों की भी प्रस्तुति करते हैं। वह भाषा के माहिर विद्वान हैं, इसलिए उनकी कथन–शैली विशेष आनन्द से भर देती है। उनका श्रीमद्भागवत पर भी समान अधिकार है।

पं. पाराशर रमेश भागवत दिवाकर आदि सम्मान से अलंकृत हैं। वह 'श्याम प्रेम सन्देश' पत्रिका का प्रकाशन करते हैं। उनके प्रवचन संस्कार, साधना और सनातन टी.वी. चैनल पर प्रसारित होते हैं। हॉलैंड, थाईलैंड और सूरीनाम में कथाएँ सम्पन्न हो चुकी हैं।

**आपका पता है–**

*श्याम प्रेस संस्थान 334, फेस–1, चैतन्य विहार, वृन्दावन (उ.प्र.)*

## डॉ. मनोज मोहन शास्त्री

डॉ. मनोज मोहन शास्त्री का जन्म वृन्दावन धाम में दि. 30 जुलाई 1967 को हुआ। आपके पिता का नाम पं. आचार्य श्रीनाथ शास्त्री, माता का नाम श्रीमती जानकी देवी है। आपकी पत्नी का नाम श्रीमती प्रिया है। आपके गुरु हैं श्री गुरुशरणानन्द जी महाराज। आप स्वामी अखण्डानन्द महाराज से प्रभावित होकर कथा में अग्रसर हुए। स्वामी जी ही आपके प्रेरणास्रोत हैं।

शास्त्री जी की शिक्षा वृन्दावन धाम में ही सम्पन्न हुई है। उच्च शिक्षित व्यास हैं। आपने एम.ए, पीएचडी. तक शिक्षा प्राप्त की है। आपकी पहली कथा सन् 1986 में हुई थी। तब से लेकर आज तक चार सौ से ऊपर कथाएँ हो चुकी हैं। आप सतत रूप से कथा–वाचन कर रहे हैं। रामचरितमानस आपका प्रमुख आधार ग्रन्थ है। यद्यपि आप अन्यान्य ग्रन्थों का सहारा भी कथा को रोचक बनाने के लिए लेते हैं।

पण्डित मनोज़ मोहन संगीतबद्ध कथा करते हैं। अतः कथा में सरसता बनी रहती है। आप चिन्तनशील वक्ता हैं इसलिए कथा–प्रसंगों के अन्तःसूत्रों को जोड़ने के लिए समान गुण–धर्म वाले कथा–प्रसंगों की भी चर्चा कर लेते हैं। एक तरह से व्यास–शैली के समस्त गुण पण्डित जी में हैं।

आपको अपनी कथा के समस्त प्रसंगों में केवट प्रसंग सर्वाधिक प्रिय है। ये संवाद 'राम राज' की केन्द्रीय संसूचना हैं। यद्यपि उस समय तक राम राजा नहीं थे। किन्तु यह झलक

इस प्रसंग में प्राप्त होने लगी थी कि राजपुत्रों का सामान्य जनों के तोष हेतु क्या व्यवहार होना चाहिए। राम ने केवट को अपने व्यवहार से अपना बना लिया। गोस्वामी जी को अपनी काव्य–कला प्रदर्शित करने का यह प्रसंग अच्छा अवसर देता है। लक्ष्मण का क्षणिक क्रोध 'वीररस' को जगाता है। केवट की सहज अभिव्यक्तियाँ हास्य–व्यंग्य के अवसर निर्मित करती हैं। वहीं राम की करुणा अपना प्रभाव छोड़ती है। गंगा की प्रसन्नता, सीता माता की दया आदि का अवसरानुकूल प्रदर्शन काव्य–कला की गरिमा के अनुकूल है।

पण्डित जी को उर्मिला का चरित्र प्रभावित करता है। यद्यपि मानस में उर्मिला के चरित्र को अधिक विस्तार नहीं मिल पाया है, किन्तु उर्मिला का त्याग है तो सराहनीय और वन्दनीय भी। पण्डित जी उर्मिला के चरित्र को आधुनिक दृष्टि देते हुए व्याख्यायित करते हैं।

पण्डित जी को 'बालव्यास' की उपाधि प्राप्त है। उनके कार्यक्रम आस्था और संस्कार चैनल से प्रसारित होते हैं। उनकी कथाएँ लन्दन और न्यूयॉर्क में भी हो चुकी हैं।

**आपका पता है–**

*गाँधी मार्ग, वृन्दावन (उ.प्र.)*

# उत्तर-पूर्व क्षेत्र की व्यास-परम्परा

**डॉ. रमेशचन्द्र खरे**

लोक रंजन और लोक मंगल के लिए रामकथा की वाचिक परम्परा का एक लम्बा इतिहास है। रामकथा के आदि वक्ता और आदर्श श्रोता तो भगवान शिव–पार्वती ही कहे गये हैं। 'मानस' में भी गोस्वामी तुलसीदास ने कहा है–

**रचि महेशनिज मानस राखा**
**पाह सुसमय सिवासन भाख।।**

इसमें अन्यत्र भी यथा–कथन है–

**बहुरि कृपा कहि उमहिं सुनावा।** (30/3)

और–

**जेहि विधिसंकर कहा बखानी।** (33/1)

वही प्रसाद उन्होंने अधिकारी सुपात्र राम भक्त कागभुशुण्डि जी को भी दिया है।

इस तरह 'मानस' में रामचरित रूपी मानसरोवर के चार घाट निरूपित किये गये हैं–

| **वक्ता–श्रोता** | | **संवाद स्थान** |
|---|---|---|
| 1. श्री शिव–पार्वती संवाद | – | 'परम रम्य गिरिवर कैलास' |
| 2. श्री कागभुशुण्डि–गरुड़जी | – | 'उत्तर दिसि सुन्दरगिरि नीला' |
| 3. श्री याज्ञवल्क्य–भरद्वाज | – | 'भरद्वाज मुनि बसहिं प्रयागा' |
| 4. श्री गोस्वामी तुलसी–सज्जन | – | 'सव विधिपुरी मनोहर जानी' |

'मानव पीयूष' के नवम संस्करण, भाग–1 में उन घाटों को चार नामों से अभिहित किया गया है। पहला है 'ज्ञान घाट', दूसरा 'उपासना (भक्ति) घाट', तीसरा है 'कर्म घाट' और चौथा 'विनय घाट'। तीसरे और चौथे घाट के बीच में भी एक व्यास–परम्परा की कड़ी मानी जा सकती है और वह है गोस्वामी जी के सद्गुरु नरहर्यानन्द जी और तुलसी के बीच।

**पुनि निजगुरु सन सुनी कथा सो सूकर खेत।**

नरहर्यानन्द जी को प्राप्त कथा का स्रोत अज्ञात है। आचार्य राममूर्ति त्रिपाठी के अनुसार इस रामकथा परम्परा के आदिवक्ता श्री शिवजी ही हैं जिसकी प्रतिष्ठा की पृष्ठभूमि में शैव–वैष्णव समन्वय की भावना कहीं–न–कहीं निहित है। (तुलसीमानस भारती 8/998–6)

लेकिन इसके पूर्व हम रामकथा प्रसाद के कुछ आदि स्रोतों पर भी विद्वानों के विचारों से अवगत हो लें। फादर कामिल बुल्के ने अपने शोधप्रबन्ध 'रामकथा का विकास' में वाल्मीकि के 'आदि रामायण' के विकास को समझने के लिए उसके प्रचार की रीति को ध्यान में

रखने को 'परमावश्यक' माना है। उसके कालखण्ड (सर्ग 4) तथा उत्तरकाण्ड में लिखा है कि वाल्मीकि ने अपने शिष्यों को रामायणी सिखलाकर उसे राजाओं, ऋषियों तथा साधारण को सुनाने का आदेश दिया–

**कृतज्ञ रामायणं काव्यं गायता परया मुदा ।। 4।।**
**ऋषिवाहेषु पुष्येषु ब्राह्मणवसयेषु च**
**रहयासु राजमार्गेषुपार्थिवानां गृहेषु च ।। 5।।**

(उत्तरकाण्ड 93)

इससे ज्ञात होता है कि रामायण मौखिक रूप से प्रचालित थी। कुश–लव (वाल्मीकि के शिष्य) सारे देश में उसे गाकर सुनाते थे। (पृ. 35) और इस प्रकार अपनी जीविका चलाते थे। वे काव्योपजीवी थे। रामायणी उनको कण्ठस्थ थी। रामायण का कोई ग्रन्थ प्रचलित नहीं था। और प्राचीन फलश्रुति, श्रवण फलश्रुति ही है।

**'श्रुत्वा रामायणंमिदं दीर्घमायुश्च विन्दति'** बाद में रामायण के पढ़ने तथा लिखने का उल्लेख भी मिलता है। कुश–लव रामायण को गाते–गाते अपने श्रोताओं की रुचि का भी ध्यान रखते होंगे। जिन गायकों में काव्य कौशल था, वे लोकप्रिय अंशों को बढ़ाते थे और इस तरह 'आदिरामायण' का कलेवर बढ़ने लगा।

(रामकथा, पृ. 109–110)

पुस्तक के अन्तिम 21 वें अध्याय में उपसंहार 'रामकथा की व्यापकता' के विषय में उल्लेख है–

"जिस दिन वाल्मीकि ने इस प्राचीन गाथा साहित्य को एक ही कथा–सूत्र में ग्रंथित कर 'आदि रामायण' की सृष्टि की थी, उसी दिन से रामकथा की दिग्विजय प्रारम्भ हुई। इस प्रकार उसकी लोकप्रियता दिनों दिन बढ़ती जा रही थी।" (पृ. 576)

वाल्मीकि कृत 'आदिरामायण' शताब्दियों तक वाचिक परम्परा से विकसित होती रही। उसका कोई प्रामाणिक लिखित रूप नहीं मिलता। (पृ. 590)

वैदिक साहित्य में भी रामकथा के पात्रों का उल्लेख तो मिलता है पर श्रृंखलाबद्ध परम्परा नहीं मिलती। उपनिषदों को वाल्मीकि से पूर्व का माना जाय तो रामकथा का सर्वप्रथम निबन्धन हमें तापनीय उपनिषद् में मिलता है। किन्तु वह भी स्पष्ट रूप में ही है। इस प्रकार रामकथा की गंगोत्री वाल्मीकि रामायण को ही मानना होगा। रामकथा की लोकप्रियता और व्यापकता सम्पूर्ण भारत के साथ तिब्बत–चीन–मध्यपूर्व से लेकर मलाया और इंडोनेशिया तक व्याप्त है। डॉ. सर जार्ज ग्रियर्सन ने रामचरितमानस की भारत में निखिल व्याप्ति को देखकर अचम्भित होकर लिखा है "केवल उत्तर भारत में जितना प्रचार तुलसी के मानस का है उतना यूरोप में बाइबिल का भी नहीं है। किसी ज़माने में तुलसी के बाद 'राधेश्याम रामायणी' का भी बहुत प्रचार था। उसकी संगीतात्मक प्रस्तुति लोक रंजक थी। तुलसी स्वयं भी 'मानस' का जगह–जगह व्यासपीठ से पारायण करते थे।''

उन्होंने पहले ही कह दिया था–

**रामकथा सुन्दर करतारी, संशय विहग उड़ावन हारी।**

यथा–श्रद्धा और भक्ति के दानों को चुगने के लिए आये सन्देह या अविश्वास के पक्षियों को उड़ाने के लिए रामकथा ताली ध्वनि के समान है। इसीलिए उसकी सांकेतिकता के पीछे आचार्य रामचन्द्र शुक्ल ने भी अपनी कृति 'तुलसीदास' में प्रारम्भ में ही कहा है– "घोर नैराश्य के समय हिन्दू जाति ने जिस भक्ति का आश्रय लिया उसी की शक्ति से उसकी रक्षा हुई। भक्ति कवियों के सच्चे उद्गार ने ही हमारी भाषा को प्रौढ़ता प्रदान की थी और मानव जीवन में सरसता आयी। दया से आर्द्र होता है, बुराई पर ग्लानि करता है, शिष्टता का अवलम्बन करता है और मानव जीवन के महत्त्व का अनुभव करता है।" (पृ. 4)

रामकथा, केवल कथा नहीं संकट में मुक्ति का एक भावात्मक अस्त्र, एक इच्छाशक्ति जागरण का प्रेरणास्रोत है जिसे समय–समय पर कथा–वाचनों की व्यास–परम्परा ने प्रकारान्तर से जन–जन तक प्रवाहित किया है।

**जागबलिक जो कथा सुहाई, भरद्वाज मुनिवरहिं सुनाई।**
**कहहिं सोइ संवाद बखानी, सुनहु सकल सज्जन सुखमानी।**

वाल्मीकि रामायण के बाद 'योगवाशिष्ठ रामायण से लेकर घट रामायण' तक 29 रामकथा कृतियाँ मिलती हैं। अन्य धर्मों तक में भी रामकथा ग्रन्थ रचे गये। जैसे– बौद्धों ने 'दशरथ जातक', जैसे कथात्मक ग्रन्थ रचे, जैनों में तीसरी शताब्दी में विमलसूरि ने प्राकृत में 'पउम चरित', लिखकर रामकथा को अपने साँचे में ढाला। संस्कृत साहित्य में तो कालिदास के रघुवंश से लेकर जयदेव के 'प्रसन्न राघवं' तक की परम्परा है। दक्षिण में भी तमिल में 'रंगनाथ रामायण', मलयालम में 'इरामरामायणं' गुजराती में 'गिरधरदास रामायण', बांग्ला में 'कृतिवास रामायण, उड़िया में 'सारलादास रामायण', मराठी में 'भावार्थ रामायण', असमिया में 'माधव कंदली रामायण', नेपाली में 'भानुकृत रामायण', पंजाबी में 'गोविन्द रामायण, भोजपुरी मैथली में 'रामचरित', राजस्थानी  में माधवदास कृत 'अध्यात्म रामायण', 'कश्मीरी रामायण–उर्दू में 'रामायण खुश्तर' की लम्बी परम्परा है जो जगह–जगह रामकथा की व्यापकता की परिचायक है।

हिन्दी साहित्य के इतिहास के हर काव्य में रामकथा प्रभूत में उपलब्ध है। वीरगाथा काल में पृथ्वीराज रासो में कविवर चन्दबरदाई ने दशन्तरार के अन्तर्गत 56 छन्दों में रामचरित विवरण दिया है। दूसरे भक्तिकाल में सर्वोपरि सन्त तुलसीदास के समकालीन आचार्य केशवदास (रामचन्द्रिका), नाभादास (भक्तमाल), स्वामी अग्रदास (रामध्यान मंजरी), प्राणीचन्द चौहान (रामायणी महानाटक), हृदयराम (हनुमन्नाटक), सेनापति (रामरसायन), मीराबाई (श्रीरामपरक पदावली), माधवदास (अध्यात्म रामायणमाल) आदि ने लोक में रामरसरंजन किया। किन्तु इसकी पूर्व भूमिका में निर्गुण ज्ञानाश्रयी धारा में सन्त नामदेव, कबीर, रैदास, मलूकदास, धरमदास, ईश्वरदास, माधवदास, अग्रदास आदि का रामरस प्रवाह भी महत्त्वपूर्ण है। तीसरे रीतिकाल में श्रृंगारिकता से परे जिन कवियों ने भक्तिमय सांस्कृतिक मूल्यों को नहीं बिसारा उनमें कुछ प्रमुख हैं–गुरुगोविन्द सिंह (गोविन्द रामायण), सुखदेव (दशरथ–राम), सहजराम (रघुवंश दीपक), पद्माकर (प्रबोध पचासा), बिहारी (रामरसायन), विश्वनाथ सिंह (आनन्द रामायण), नवल सिंह कायस्थ (रूपक रामायण), रीवा नरेश शिव सिंह (आनन्द रघुनन्दन)।

आधुनिक काल तो कविवर अयोध्या सिंह उपाध्याय 'हरिऔध', मैथिलीशरण गुप्त, सूर्यकान्त त्रिपाठी 'निराला', डॉ. बलदेव प्रसाद मिश्र, बालकृष्ण शर्मा 'नवीन', पं. रामकिंकर उपाध्याय आदि मूर्धन्य कवियों की राम–कृतियों से समुज्ज्वल है। मध्य आधुनिक काल में डॉ. रामकुमार वर्मा (उत्तरायण) और नरेश मेहता (संशय की एक रात), रामवृक्ष बेनीपुरी (सीता की माँ) के साथ आचार्य चतुरसेन शास्त्री (वयम् रक्षामः) और नरेन्द्र कोहली के रामकथा उपन्यासों (दीक्षा, अवसर, संघर्ष की ओर, युद्ध) आदि। गद्य भूमिका पर भी रामकथा के किरदारों को जन मानस में जीवन्त बनाया है। साक्षर लोक में लेखक और पाठक के बीच तो रामसेतु रहा पर निरक्षरों के साथ साक्षरों में भी बुद्धिसम्मत रामकथा व्याख्या हेतु व्यास प्रवचन परम्परा चल पड़ी।

श्री विश्वनाथ त्रिपाठी ने अयोध्या से ही प्रारम्भ माना और काशी में रचित मानस का तदनन्तर प्रचार केन्द्र वाराणसी को मानते हुए काशी में मानस व्यास–परम्परा पर विस्तृत लेख लिखा है। गोस्वामी तुलसीदास जी ने नाना पुराण निगमागम सम्मत 'रामचरितमानस' तो अपने गुरु से बार–बार रामकथा सुनकर रच दिया–

**तदपि कही गुरु बारहिबारा, समुझि परी कछु मति अनुसारा**
**और कल्प भेदहरि चरित सुहाए, भाँति अनेक मुनी सन गाये।**

पर उसमें बीच–बीच में कई क्षेपक भी जुड़ गये। लोक भाषा अवधी में वह लोकप्रिय होकर प्रसारित हुई। तुलसीदास जी के जीवन काल में कथा–वाचक व्यास समुदाय द्वारा इसके माध्यम से जनजीवन का सांस्कृतिक परिष्कार किया जाने लगा पर इन क्षेपकों के कारण वह मूल उद्देश्य गौण होता गया। तब मिर्जापुर निवासी मानस प्रवक्ता प्रसिद्ध रामायणी पं. रामगुलाम द्विवेदी द्वारा बीसवीं शताब्दी के प्रारम्भ में प्राचीन प्रति का संशोधन कर इसके शुद्ध पाठ पर ध्यान दिया गया। उनकी शिष्य परम्परा में प्रसिद्ध रामायणी हुए पं. चौथीराम, छक्कन लाल और वन्दन पाठक गोस्वामी जी से प्रारम्भ हुई कड़ी तक शृंखला इस प्रकार है–

**प्रथम तुलसी कहवो मानस गुरु सों लही**
**जिन दीन्हों बूँद रामदास को जनाय के**
**ताते ली रामदीन ज्योतिषी बटवाने भले**
**जन्म भर गयी सब सुख सर लाय के।**
**तातें लकत भाव भरि।**
**तातें मानदास अति सुख पाय कै।**
**पण्डित गुलाम राम तासों ली चौथराम**
**ताकों शिष्य कहै द्विज वन्दन बनाय कै।**

काशी नरेश महाराज श्री ईश्वरी नारायण सिंह का उत्साह और श्रद्धा, रामायणी के शुद्ध पाठों तथा टीकाओं के लिए कृतज्ञ है। उस स्वर्ण युग में सिद्ध पीठ काशी (वाराणसी) मानस–प्रचार की राजधानी थी। महाराज के दरबारियों में मानस के एक से एक विद्वान थे। इनमें नवरत्नों में भी देवतीर्थ काष्ठ जिह्वा स्वामी संस्कृत के मूर्धन्य विद्वान एवं मानस के अद्वितीय प्रवक्ता थे। 'मानस परिचर्चा' आपका प्रसिद्ध ग्रन्थ है जिसे स्वयं

महाराज ने मानस परिचर्चा परिशिष्ट लिखकर और उनके फुफेरे भाई श्री सीतारामीय हरिहर प्रसाद जी द्वारा 'मानस परिचर्चा परिशिष्ट प्रकाश' लिखकर पूर्णता दी गयी। काशी नरेश के दूसरे नवरत्न थे लाल छक्कनलाल मिर्जापुरवासी जो पं. रामगुलाम द्विवेदी के शिष्य थे। छक्कनलाल जी के विद्वान शिष्य पं. रामकुमार मिश्र ने रामकथा व्याख्या कर व्यास–परम्परा को चमत्कारिक बनाया। उनके अनुसार ''रामायण का अर्थ रामायणी से ही किया जा सकता है।, किष्किन्धा काण्ड पर आपकी टीका 'मानस तत्त्व प्रकाश' उल्लेखनीय है। उनके सुपुत्र पं. विजयानन्दन त्रिपाठी भी अच्छे प्रवाचक थे। उनकी 'मानस व्याकरण', 'शत पंच चौपाई', सम्पादित 'विजया' टीका प्रसिद्ध है।

रामायण का शुद्ध और क्षेपक रहित पाठ उपलब्ध करानेवालों में कथा–वाचक होते हुए भी श्री भागवत दास खत्री का महत्त्वपूर्ण संस्करण आज भी सर्वमान्य है। सर जॉर्ज ग्रियर्सन के मानस प्रकाशन से क्षेपकों की बहुलता का क्रमशः अन्त हो गया। उस ज़माने में रामकथा व्यास टिप्पणी पर महाराज द्वारा चार–पाँच सौ रुपये का पुरस्कार मिलता था। तब काशीराज ने सचित्र प्रति एक लाख साठ हज़ार रुपये में तैयार कराई थी। इसके हेतु सभी हिन्दू–मुस्लिम का सौहार्द सहयोग था। काशी में संकट मोचन के प्रांगण में तुलसी मन्दिर के महन्त के सान्निध्य में निरन्तर आयोजित सार्वभौम रामायणी सम्मेलन, चैत्र शुक्ल पूर्णिमा के दिन आज भी रामायण प्रेमी कथा–वाचकों के सम्मेलन के रूप में मनाया जाता है। इसने कई नये रामायण–व्यासों को आगे बढ़ाया। इसी सम्मेलन की देन है श्रीबिन्दु जी की व्यासपीठ। काशी के श्री राधागोविन्द मन्दिर चौक में गोस्वामी दामोदर लाल जी महाराज की अध्यक्षता में इनका प्रथम मानस प्रवचन स्मरणीय है। वे हफ्तों एक पंक्ति की व्याख्या करते थे। बीच–बीच में विनयपत्रिका, गीतावली आदि का प्रसंगात गायन लालित्यपूर्ण होता था। यहीं के अन्य प्रसिद्ध कथा–वाचक थे। श्री भूषण जी महाराज, श्री देवी प्रसाद जी, श्री चन्द्रिका व्यास, प्यारेलाल जी और पं. काशीनाथ जी व्यास। चौपाइयों का सरस पाठ और उनके गूढ़ प्रसंगों का सरल स्पष्टीकरण उनकी विशिष्टता थी। समकालीन कथा–वाचक 'बच्चू सूर रामायणी' की भी लोकप्रियता काफ़ी थी। कथा में ये श्रोताओं का शंका–समाधान भी करते थे। रामकथा में सर्वश्री मुकुन्दा साबजी देवी भगत और गौरीशंकर सेठ की प्रासंगिकता भी सर्वस्मरणीय है। 'साबजी' के शिष्य श्री भीम चंडी, श्री श्यामाचरण व्यास रामकथाक्रम में मुसलमान हरिजनों के शेरों तथा सूफ़ी कवियों के ईश्वरीय प्रेम गीतों का भी यथास्थान प्रयोग करते थे। आज की व्यास–परम्परा में महत्त्वपूर्ण नाम है श्री नारायणकान्त चतुर्वेदी का जिन्होंने पुरानी पीढ़ी के वरिष्ठ मानस वक्ताओं के कथनों का संकलन किया है। 'परशुराम संवाद' उसका उत्कृष्ट विवेचन है। श्री शिवशंकर जी पाठक, कविवर 'भज' जी तथा श्री जगदीश जी व्यास की प्रसिद्धि कथा व्यास से है। व्यास–शृंखला की लम्बी कड़ियों में जो नाम महत्त्वपूर्ण हैं वे हैं मानस राजहंस पं. विजयानन्द त्रिपाठी, उनके शिष्य श्री श्रीनाथ जी मिश्रा, श्री बाँकेराम मिश्र, श्री हरिहर पाण्डेय, श्री सन्ता छोटे जी, श्री रामनारायण जी एवं श्री देवकीनन्दन जी। इनको कैसे भूला जा सकता है, इनकी भक्ति भावपूर्ण पदावली के लालित्य एवं रसासिक्त मधुर स्वर लहरी में श्रोतावृन्द डूब जाते हैं।

पं. विजयानन्द जी के सुपुत्र पं. नित्यानन्द जी ने सम्मेलनों में न जाकर भी विशिष्ट संस्थाओं में अपने प्रवचनों से विद्वत्तापूर्ण पहचान बनायी है।

गोस्वामी जी के मान्य ग्रन्थाधार से हटकर आधुनिक युग के सम्मत व्याख्याकारों में नवयुवक कथा–वाचकों की समन्वित शैली के उल्लेखनीय नाम हैं रामनगर के श्री रामजी, श्री शंभुनाथ जी, सान्ताराम जी, बालव्यास श्री विद्याभास्कर त्रिपाठी व श्री विजयशंकर जी, श्री कृष्ण कुमार जी, श्री विजय लक्ष्मी जी, श्री राधाकान्त ओझा तथा श्री कृपाराम जी। इस व्यास–परम्परा के अग्रगण्य शिरोमणि पं. रामकिंकर जी उपाध्याय तो थे ही जिन्होंने न केवल सम्पूर्ण भारत में वरन् हिन्दी भाषाओं के बीच विदेशों तक में अपनी अभिनव शैली में हृदय और बुद्धि के तत्त्व के सम्यक् सन्तुलन से रामकथा कहन की कीर्ति पताका फहराई है। उपर्युक्त व्यास–परम्परा का केन्द्र–स्थल मुख्यतः काशी ही है। मानस चतुश्शती पर प्रकाशित स्मारिका में पं. विश्वनाथ त्रिपाठी के लेख में उपर्युक्त नामावली का उल्लेख है।

# अयोध्या के रामकथा व्यास : समकालीन परिदृश्य

डॉ. अम्बिका प्रसाद पाण्डेय

अयोध्या ही रामकथा का केन्द्र है, अयोध्या ही वह सौभाग्यशाली नगरी है, जहाँ भगवान श्रीराम ने इक्ष्वाकु वंश में जन्म लिया। अयोध्या ने श्रीराम के अनेक जीवन प्रसंगों को अपने नेत्रों से निहारा था। यहाँ की पावन सरयू नदी में श्रीराम के पावन स्पर्श की अभी भी स्फूर्ति जागती है–अभी भी वह श्रीराम की स्मृति से हिल्लोलित है। यहाँ के राजपथ, यहाँ की गलियाँ, यहाँ की बीथिकाएँ, यहाँ के बाग–बगीचे, यहाँ के कुंज सब में श्रीराम के स्मृति बिम्ब समाये हैं। यहीं के गुप्तार घाट ने अश्रु विगलित नेत्रों से राम का लीला संवरण देखा था।

अयोध्या ऐतिहासिक नगरी है। यहाँ बौद्ध और जैन धर्म ने भी अपनी छाप छोड़ी। यहाँ गोस्वामी तुलसीदास ने रामचरितमानस का लेखन प्रारम्भ किया था। **''नवमी भौमवार मधुमासा अवधपुरी यह चरित प्रकाश।।''** उस रामचरितमानस के लेखन की यहाँ से शुरुआत हुई, जिसने रामकथा व्यास–परम्परा का सूत्रपात किया। 'रामचरितमानस' पर प्रवचन करने वालों की एक विशाल शृंखला का यहाँ से उदय हुआ। अयोध्या रामकथा के व्यासों का एक श्रेष्ठ केन्द्र बन गया। ऐसा इसलिए हुआ कि यहाँ वह सब कुछ सुलभ था जो रामकथा को मुखरित करने में अपना आधार दे सकता था। रामकथा के रसिक श्री हनुमत लाल यहाँ थे। रामकथा में रमे–बसे सन्तों के आश्रम यहाँ थे। देश–विदेश से तीर्थयात्री यहाँ लगातार आते रहे– वे श्रोता बनकर रामकथा के सरस जल का प्रवाह लेकर विश्व के कोने–कोने में गये।

अयोध्या से ये तीर्थयात्री रामचरितमानस, हनुमान चालीसा जैसी पुस्तकें क्रय करके अपने–अपने घरों और गाँवों को ले गये। सन्तों द्वारा लिखे गये रचे–गये अनेक ग्रन्थ अयोध्या से देश के कोने–कोने में इस तरह से पहुँचने लगे। यहाँ के कतिपय आश्रमों से पत्र–पत्रिकाएँ प्रकाशित होती रही हैं। तीर्थयात्री उनके ग्राहक बनते रहे और ये पत्र–पत्रिकाएँ सुदूर इलाकों तक पहुँचती रहीं।

इस तरह सत्साहित्य और श्रीराम साहित्य के प्रचार–प्रसार ने एक नयी जागृति ला दी। इस रूप में देश के कोने–कोने में मानस व्यासों को अपने प्रवचनों के लिए सामग्री सुलभ होने लगी। अयोध्या ने न जाने कितने रामकथा–व्यास बनाये। अयोध्या में देश–विदेश से आकर न जाने कितने वाग्मीजन व्यास बनकर प्रतिष्ठित हुए।

अयोध्या में जो पहली संगीतबद्ध रामकथा अयोध्या के राजदरबार में हुई थी, वह तो लवकुश ने ही सुनायी थी। वाल्मीकि रामायण के लेखन से ही इस तरह की कथा का प्रवाह

चल पड़ा होगा। एक और परम्परा थी रामकथा की और वह परम्परा थी– लोक की परम्परा उस परम्परा में प्राकृत, अपभ्रंश और लोक बोलियों में रची गयी रामकथा आती है। यह परम्परा लोक हृदय में हिल्लोलित हो रही थी। यह रामकथा लोक में गायी जानेवाली कथा थी। तुलसी ने इन बोलियों में गायी जानेवाली रामकथा को भी सुना था। रामकथा कहने की भले ही उस समय कोई व्यास–परम्परा विकसित न हुई हो, किन्तु किसी–न–किसी तरह से कही–सुनी जानेवाली कथा से ही बाद की व्यास–परम्परा का स्वरूप निर्धारित हुआ होगा। संस्कृत में पहले ऐसी कथा का सूत्रपात किया गया होगा। बाद में यह परम्परा परवर्ती भाषा और बोलियों में आयी होगी। विशेष रूप से रामचरितमानस की रचना के बाद में इस तरह की परम्परा का सिलसिला बढ़ चला होगा। रामचरितमानस की जो मौखिक व्याख्या की जा रही होगी वह बोलियों से प्रभावित होगी–ऐसे व्याख्याकार ही व्यास–परम्परा के आधार बने होंगे। थोड़ा–बहुत शब्दों का जानकार और कथा में दखल रखनेवाला व्यक्ति ही इस तरह की व्याख्याएँ छोटे–छोटे श्रोता समुदायों को सुनाता होगा। बाद में रामचरितमानस का अर्थ भी अर्थकारों ने किया। इस अर्थ की भाषा भी लोकबोलियों से प्रभावित थी। मानस की प्रामाणिक व्याख्याओं के बाद मानस के अनेक विस्तारित भाष्य भी हुए। अयोध्या में इस सबकी सुलभता थी। वैसे तो सभी तीर्थ क्षेत्रों में ऐसे ग्रन्थों की उपलब्धता थी, किन्तु तीर्थ क्षेत्र के देवताओं से सम्बन्धित साहित्य तीर्थ विशेष में मिलता है और वहाँ से वैसे साहित्य तीर्थ यात्री ले भी जाते हैं। भाष्य आदि हो जाने पर प्रवचनों के लिए सामग्री की प्रचुरता हो गयी और प्रवचनकारों की संख्या में वृद्धि होने लगी।

अयोध्या में देश के कोने–कोने से प्रवचनकार आये। उन्हें उचित वातावरण मिला। वे अयोध्या में राम के रंग में रंग गये। इस रूप में एक बहुत बड़ा समुदाय व्यास–परम्परा में समवेत हुआ। इस समुदाय में साधु–सन्त तो थे ही, उच्च शिक्षा प्राप्त विद्वान भी सम्मिलित हो गये। इस रूप में अयोध्या की व्यास–परम्परा एक तरह से पूरे देश की व्यास–परम्परा का ही प्रतिबिम्ब है।

अयोध्या के वर्तमान परिवेश में शताधिक रामकथा व्यास सक्रिय हैं। ये विभिन्न बोली क्षेत्रों से भी आये हैं, तो अवध के भी अधिकांश व्यास इनमें सम्मिलित हैं। इन व्यासों में रामकथा की अपनी शैलियाँ हैं। लेकिन एक बात सबमें केन्द्रीभूत यह है कि इन सबके प्रवचनों में राम की कथा है और इसका आधार है–'रामचरितमानस'। महाकवि जायसी याद आ रहे हैं–**''यावत् पंछी जगत के आ बैठे अमराँव। अपनी–अपनी भाषा लेंय दई कर नाँव।''** ये अयोध्या रूपी अमराई में बैठे व्यास अपनी–अपनी रंगतों में राम रंग की उजासभरी वाणी लेकर आये हैं।

इन व्यासों में कुछ तात्त्विक विश्लेषण प्रधान शैली में प्रवचन करते हैं, कुछ सरस संगीत की लहरियों पर कथा की लय छेड़ते हैं। कुछ दोनो पक्षों को साधते हैं। कुछ लोकगीतों की लयों की बन्दिशों का सहयोग लेते हैं, तो कुछ सुगम संगीत में पद और भजन गाते हैं– कुछ शास्त्रीय संगीत को आधार बनाते हैं। कुछ मानस तत्त्व के विवेचन में विभिन्न शास्त्रों और पुराणों के पुष्टिपरक प्रसंग देते हैं। कुछ भक्ति की पयस्विनी में डुबाते भक्ति की सहज अनुभूतियों के हृदयहारी प्रसंग प्रस्तुत करते हैं। एक मिलीजुली सिंफनी मानस की रागदारी की जैसे यहाँ गूँजती रहती है।

इस व्यास समूह में सभी वयवाले व्यास सम्मिलित हैं। कहने के लिए ये व्यास अयोध्या में रहते ज़रूर हैं, किन्तु इनका भ्रमण देश–विदेश में निरन्तर होता रहता है। इन्हें एक स्थान से नहीं बाँधा जा सकता है। इनके प्रवचन पुस्तकों में भी प्रकाशित होते हैं। इनमें से अधिकांश के टी.वी. के चैनल्स पर भी कार्यक्रम प्रसारित होते हैं। कुछ के आश्रम भी हैं और उनके आश्रम में सत्संग चलते रहते हैं। मानस से सम्बन्धित पत्र–पत्रिकाओं का प्रकाशन भी इन आश्रमों से होता रहता है। यहाँ कुछ व्यासों के नाम और पते अंकित किये जा रहे हैं।

त्रिभुवन दास, करुणानिधान भवन; रामेश्वर शरण, युगल किशोर कुंज, नयाघाट; राघवेन्द्रदास, राघवेन्द्र निवास, वासुदेवघाट; हरिहरदास, विद्याकुंड चौराहा; अशोक दास निर्मोही बाज़ार; सियारामशरण, हनुमत भवन, गोलाघाट; सुश्री सुशीला पाण्डेय, कनीगंज; अयोध्यादास, श्री मनीराम की छावनी; सुश्री ऋचारामायणी, स्वामी देवेशाचार्य, गिरीशचन्द्र, पवनकुमार शास्त्री, झुनकीघाट; रामजीवनदास निराला स्वर्गद्वार; राममिलनदास, रामायणी, रामकोट; रामानन्द दास, रामघाट; रामजी शास्त्री, लवकुश नगर; आनन्द बिहारीदास, रामघाट; नन्दकिशोर त्रिपाठी, गोलाघाट; व्यासदास रामायणी, विद्याकुंड चौराहा; विश्वनाथ दास शास्त्री, दर्शन भवन रामघाट; कन्हैयालाल शास्त्री, सनकादिक आश्रम; महादेव शास्त्री, शीशमहल, रामकोट; रामकृष्ण दास, रामसेवकपुरम; राममंगलदास मानस भूषण अंजनी गुफा, रामकोट; रामावतारदास, मानस अगस्त दशरथ महल, रामकोट; नरेन्द्र शुक्ल मानसभवन, रामघाट; अजय कुमार पाण्डेय, लवकुश नगर; रवीन्द्रनाथ, शास्त्री नगर; तुलसीदास, नावघाट; डॉ. महेशदास, हनुमानगढ़ी मन्दिर; राजहंसदास, शास्त्री नगर; विजय किशोर शाही, कनीगंज; देव मुरारीबापू, रामघाट; प्रेमशंकर महामण्डलेश्वर, विद्याकुंड; स्वामी वासुदेवाचार्य कौशलेश सदन, कटरा, सुश्री शान्ति मिश्रा उर्फ शान्ति पाण्डेय, छोटी देवकाली; लवकुशदास पाण्डेय, हनुमान गढ़ी; सुश्री सुधा सोनी, नया घाट; रामजीवनदास, स्वर्गद्वार; विश्वनाथ दास शास्त्री, दर्शन भवन, रामघाट; रामनयन मिश्र, हनुमानकुण्ड; दामोदरदास, मणिपर्वत; शिवानन्द बापू, वासुदेव घाट; रामलखनदास, व्यासदास रामायणी; आचार्य मनमोहनदास, श्रीरामकथाकुंज रामघाट; आचार्य मनमोहन मिश्र; रामघाट चौराहा; आचार्य रवीन्द्रनाथ मिश्र, सोनादेवी मार्ग, रामघाट; राघवशरण, वैदेही भवन, जानकी घाट; विष्णुदेव पाण्डेय, दशरथ महल, रामकोट; मणिराम दास, रामहर्षणकुंज; भगवत शरण, भगवतकृपालु आश्रम; वासुदेव घाट।

## प्रयागराज और रामकथा व्यास

रामकथा के वे स्थल जैसे केन्द्रीय स्थल हैं, जिनको श्रीराम ने उपस्थिति से पवित्र किया है। अयोध्या तो उनकी जन्म भूमि और लीला भूमि है ही। वे चौदह वर्ष के वनवास काल में जहाँ–जहाँ रहे हैं, उनमें प्रयागराज और चित्रकूट भी हैं। प्रयागराज में भरद्वाज ऋषि बसहिं प्रयागा उनके आश्रम में कथावार्ता सत्संग सदैव चला करता था।

वैसे तो प्रयागराज युगों–युगों से विद्या का केन्द्र रहा है। त्रिवेणी संगम में भले ही कभी सरस्वती भौतिक रूप में मिलती हो किन्तु यहाँ सरस्वती सदैव वाक् रूप में समुपस्थित रही है। भरद्वाज ऋषि का आश्रम इस रूप में भी सरस्वती की प्रतिष्ठा का आश्रम था।

संगम पर अनेक विद्वानों के सत्संग–सत्र चलते रहे हैं, और अभी भी चलते रहते हैं।

प्रयाग में आयोजित महा कुम्भों के अवसर पर अनेक प्रवचनकारों को सुनने और दर्शन करने का लाखों जनों को अवसर सुलभ होता है। इस अवसर पर अनेक मूर्धन्य प्रवचनकारों का आगमन प्रयागराज में होता है। श्रोता अपनी रुचि के अनुसार प्रवचन सुनते हैं।

प्रयाग का विश्वविद्यालय विद्वानों का केन्द्र रहा है। इस विश्वविद्यालय से अनेक छात्र आई.ए.एस. अधिकारी मात्र अधिकारी नहीं होते हैं, परम्परा के अनुसार वे संस्कृति के ज्ञाता, कथाओं के जानकार और अपनी अभिव्यक्ति में सक्षम अधिकारी होते थे। इनमें से अनेक मानस के प्रकाण्ड विद्वान भी मिलते हैं।

प्रयागराज में अनेक विद्वानों ने अपना निवास–स्थान बनाया है। हिन्दी साहित्य के अनेक नक्षत्र यहाँ अपना आलोक बिखेरते रहे हैं। हिन्दी की प्रसिद्ध कवयित्री महादेवी वर्मा, कवि सुमित्रानन्दन पन्त, सूर्यकान्त त्रिपाठी निराला, धर्मवीर भारती जैसे मूर्धन्य साहित्यकारों से यह धरा धन्य होती रही है। इनमें तुलसी और तुलसी के रामचरितमानस के प्रति अगाध आदर भाव था। निराला ने तो तुलसीदास शीर्षक से लम्बी कविता लिखी है। हरिवंशराय बच्चन से यह क्षेत्र तुलसी के स्मरण में डूबा हुआ क्षेत्र रहा है।

प्रयागराज से अनेक साहित्यिक, धार्मिक पत्र–पत्रिकाओं में भी तुलसीदास जी और मानस पर समय–समय पर लेख–शोध–निबन्ध प्रकाशित होते रहते हैं। हिन्दुस्तानी एकेडेमी की पत्रिका 'हिन्दुस्तानी' ने रामचरितमानस पर अनेक लेख प्रकाशित किये हैं। इस तरह के प्रकाशनों से गोस्वामी तुलसीदास के कृतित्व पर नये चिन्तनपरक गवाक्ष खुलते है, इन सभी उपक्रमों से व्यास–परम्परा भी प्रभावित होती है। व्यासगण भी इन रचनाओं को पढ़ते हैं और उनसे अधीत होते हैं।

प्रयागराज में विद्वान वक्ताओं की संख्या बहुत है। सभी दूर–दूर तक रामकथा कहने जाते रहते हैं–कुछ के अपने आश्रम हैं, कुछ यायावरी करते रहते हैं। कुछ व्यासगण का परिचय मैं इस रूप में दे रहा हूँ कि वे सभी परम्परा को अपनी प्रवचनशैली से समृद्ध करने में संलग्न हैं।

## जगद्गुरु स्वामी श्री धराचार्य जी महाराज

आपके पिता का नाम श्रीयुत श्री निवासाचार्य विद्वान है। आपके पिता विशेष विद्वान की श्रेणी में हैं। उन्हीं की छत्रछाया में आपका बचपन बीता। यही कारण है कि महाराज जी के मन में बचपन से ही अध्यात्म, धर्म और संस्कृति के प्रति अभिरुचि जाग्रत हो गयी। आप बचपन से ही प्रतिभाशाली थे। आपकी स्मृति अच्छी है, इसलिए आपको अनेक प्रसंग कण्ठस्थ हैं।

आपको संगीत में विशेष रुचि है। आप स्वयं गायक हैं। आपकी कथा का आधार ग्रन्थ 'रामचरितमानस' है। आप रामचरितमानस के छन्दों को गाकर सुनाते हैं। तुलसीदास के अन्य ग्रन्थों से भी छन्द सुनाते हैं। आपका गायन श्रोताओं को भाव–विभोर करने में सक्षम है। आपके पिता ही आपके गुरु तुल्य रहे हैं। इसलिए कथा के प्रेरणास्रोत के रूप में वे ही सर्वप्रथम गणनीय ठहरते हैं। आपकी कथा–शैली भावमय है। प्रसंग को ऐसा प्रस्तुत करते हैं आप कि सीधे वह श्रोता के हृदय के तार झनझना देता है। मानस के ऐसे कतिपय प्रसंग हैं, जो भावुक हृदयों को उद्वेलित करने में सक्षम हैं। उनमें से एक प्रसंग है–केवट संवाद।

स्वामी जी को केवट संवाद बहुत प्रिय प्रसंग है। प्रयागराज के पास ही वह प्रसंग घटित हुआ था। अतः वह अपनी पुलक इसमें स्पष्ट करते रहते हैं। केवट की चतुराई और केवट की भक्ति का अद्‌भुत समावेश इस प्रसंग में है। गोस्वामी जी द्वारा सामान्य से सामान्य जन को प्राप्त होती भगवान राम की कृपा का दिगदर्शन इस प्रसंग में हुआ है, वह विशेष रूप से ध्यान आकर्षित करता है। स्वामी जी इस प्रसंग को भाव विभोर होकर सुनाते हैं। वह राम की अनयनी कृपा के मुरीद हैं। भगवान राम इस तरह से अपने जन पर कृपा कर के अपने दीन प्रतिपालक व्रत को तो व्यक्त़ करते ही हैं। अपनी उदारता का परिचय देते हुए वह लखन लाल जी और माता सीता की धारणा को भी समाप्त करते हैं, जो उनके मन में है। मानो राम जी ये सन्देश देना चाहते हैं कि आगे अब ऐसे ही जन मिलेंगे, उन्हें हृदय की ओर से ही देखना होगा। स्वामी जी की प्रवचन शैली सम्प्रेषणीय है। स्वामी जी को 40 वर्ष कथा करते हुए हो गये हैं।

**आपका पता है–**

*वैकुण्ठधाम आश्रम, अलोनी बाग, प्रयागराज (उ.प्र.)*

## पं. रामकिशोर मिश्र शास्त्री

पं. शास्त्री के पिता का नाम स्व. रामसजीवनन मिश्र था। आपका जन्म 3 अगस्त 1956 को हुआ। आपका वर्तमान में निवास श्री नृसिंह मन्दिर, दारागंज, प्रयागराज में है। आप आचार्य और बी.एड. की उपाधि से विभूषित हैं। आपके गुरु स्वामी रघुनाथाचार्य हैं।

आपको कथा करने की प्रेरणा आश्रम के सन्तों से प्राप्त हुई है। आप बचपन से ही आश्रम में रहे हैं, और साधु–सन्तों, विद्वानों का सत्संग आपको बचपन में मिल गया था। आपके मन में कथा के बीज उसी समय पड़ गये थे जो शिक्षा–दीक्षा के प्रभाव से आगे पल्लवित, पुष्पित और फलवान हुए।

आप अपनी कथा में कथा तत्त्व का विवेचन करते हैं। कथा की मार्मिकता को इस रूप में विश्लेषित करते हैं कि वह कथा के तत्त्व को समझने में सुगम हो सके। कथा में आप संगीत का सहारा भी लेते हैं। यह संगीत कथा को सुग्राह्य और सरस बनाने वाला होता है। आप स्वयं गाते हैं। संगीत की निपुणता आपको लोकप्रिय कथाकार की तरह प्रतिष्ठित करती है। आपकी कथा भावमय होती है। भावना के प्रवाह में आप अपने श्रोताओं को बहा ले जाने में सक्षम हैं। आप वाल्मीकि रामायण पर भी व्याख्यान करते हैं। इस रूप में रामचरितमानस और वाल्मीकि रामायण को मिलाकर आप राम के चरित्र की चर्चा अपने प्रवचन में करते हैं।

प्रयागराज में रहकर आप लगभग 25 वर्षों से कथा कहते आ रहे हैं। आप देश के विभिन्न अंचलों में भी कथा करने के लिए जाते रहते हैं।

**आपका पता है–**

*श्री नृसिंह मन्दिर, दारागंज, प्रयागराज (उ.प्र.)*

## स्वामी श्रीहरानन्द

आपके पिता का नाम श्री सूर्यप्रकाश शुक्ल है। आप आचार्य की उपाधि से अलंकृत हैं। आपने अपना अध्ययन करते हुए रामकथा पर विशेष ध्यान केन्द्रित किया था। आपको बचपन से ही कुछ ऐसे पारिवारिक संस्कार प्राप्त हुए थे कि आप भगवत भक्ति की ओर आकर्षित हो गये। मन में आपने यह भी ठान लिया था कि **''सन्त हरिभजन जगत सब सपना''** हरि भजन ही सत्य है, लेकिन हरि भजन अकेले–अकेले ही नहीं सबको साथ लेकर, इस धारणा ने ही आपको कथा कहने की ओर प्रेरित किया। फिर आपको श्रीस्वामी रघुनाथाचार्य जैसे गुरु मिल गये जिन्होंने आपके भीतर सुप्त कथा के बीजों को अंकुरित करने में अपनी महती प्रेरणा प्रदान की।

आप संगीतमय रामकथा करते हैं। आप स्वयं गायक हैं। गायन की प्रवीणता ने आपकी कथा को लोकप्रिय बनाया है। गायन में आप लोक संगीत को भी महत्त्व देते हैं। पदों–भजनों के अलावा लोकगीतों की लयों का भी प्रयोग करते हैं। आपकी कथा–शैली भाव प्रधान है। यही कारण है कि आप मानस के उन प्रसंगों पर अधिक केन्द्रित होते हैं, जिनमें भावोत्कर्ष के अवसर अधिक रहते हैं। आपको परशुराम–लक्ष्मण संवाद सर्वाधिक प्रिय प्रसंग है।

रामचरितमानस में परशुराम–लक्ष्मण संवाद अनेक भावों के उतार–चढ़ावों का कथास्थल है। परशुराम का क्रोध और लक्ष्मण का क्रोध टकराता है–बादलों जैसी गर्जना करता उमड़ता–घुमड़ता है तो राम की प्रिय और शीतल वाणी जैसे जल की बूँदों के समान बरसाती है फिर परशुराम का समर्पण शक्ति का भक्ति में बदलने का अद्‌भुत उदाहरण है। गोस्वामी जी ने जो इस प्रसंग में संवाद–योजना की है वह बेहद प्रभावशाली है। स्वामी जो संवादों की नाटकीयता को बेहद आकर्षक ढंग से प्रस्तुत करते हैं।

स्वामी जी लगभग 30 वर्ष से रामकथा को प्रस्तुत कर रहे हैं। आप दूर–दूर तक कथा कहने हेतु आमन्त्रित होते रहते हैं।

**आपका पता है–**

*दुर्गा शक्तिपीठ, भानुपुर, हंडिया, प्रयागराज (उ.प्र.)*

# अयोध्या के पं. राजन महाराज जी

**डॉ. प्रेमचन्द्र स्वर्णकार**

मेरी डिस्पेंसरी के पास ही 'मानस भवन' में रामकथा चल रही थी। कुछ बोल कानों में पड़ते लगता कि बोलों में सम्मोहन है। मैं सुनने के लिए लालायित था कि मानस भवन पहुँचूँ। इसी उधेड़बुन में लगा था, तभी हटा से फ़ोन आ गया कि कथा सुनने मैं पहुँचूँ और कथा व्यास से एक साक्षात्कार भी ले लूँ। प्रस्ताव मुझे रुचिकर और अच्छा लगा। मैं वैसे तो लिखता–पढ़ता रहता हूँ किन्तु किसी कथा व्यास से बात करने का यह पहला अवसर था। मैंने उनसे जब जन्म, शिक्षा–दीक्षा आदि के विषय में जानना चाहा तो उन्होंने बताया कि वे राजन महाराज के नाम से जाने जाते हैं, उनका जन्म दक्षिण कोलकाता में 10 जनवरी 1985 को हुआ है। उनके दीक्षा गुरु जगद्गुरु रामानन्दाचार्य स्वामी रामभद्राचार्य जी हैं। रामकथा के प्रेरणास्रोत श्री प्रेमभूषण जी महाराज हैं।

श्री प्रेमभूषण जी महाराज कुशल कथावाचक हैं। वह अपनी कथा संगीतबद्ध करते हैं। उनके साथ उनकी गायन मण्डली रहती है। महाराज जी स्वयं बहुत अच्छा गाते हैं। श्री प्रेमभूषण महाराज की कथा–शैली रोचक है। वह रामचरितमानस को ही आधार बनाते हैं। उनकी कथा निरूपण की क्षमता अद्वितीय है। वह प्रसंग को सरल तो बनाते हैं किन्तु प्रसंग की व्याख्या मनोयोग से करते हैं। शान्त स्वभाव और मनोहर व्यक्तित्व वाले कथावाचक प्रेमभूषण जी महाराज यथानाम तथा गुण के अनुकूल आचरण करनेवाले हैं। वह देश–विदेश में अनेक कथाएँ कर चुके हैं।

पं. राजन जी महाराज इन्हीं विशेषताओं के कारण प्रेमभूषण महाराज को अपना आदर्श और प्रेरणास्रोत मानते हैं। पण्डित जी अब तक 125 स्थानों पर कथाएँ कर चुके हैं। अपनी कथा के लिए आप केवल गोस्वामी जी की कृति रामचरितमानस को आधार बनाते हैं। वह अन्य कथाकारों में पूज्य विजयकौशल जी महाराज, पूज्य मुरलीधर जी महाराज की कथा को पसन्द करते हैं। श्री विजयकौशल जी महाराज के द्वारा कथा कहना कथा के रस में डूबकर वक्ता फिर श्रोताओं पर जैसे भक्तिरस की बौछार करता है, कुछ ऐसा ही अनुभव पं. विजयकौशल जी की कथा–कथन शैली का है।

पं. श्री मुरलीधर महाराज जी की कथा संगीत के साथ तात्विक विवेचन वाली होती है। पण्डित जी दृष्टान्तों को प्रस्तुत करके कथा को सम्प्रेषणीय बनाते हैं। आपकी अनेक कथाएँ हो चुकी हैं।

पं. राजन जी महाराज इन व्यासों की परम्परा को जीवित रखे हैं। वह अपने व्यक्तित्व को भी अपनी कथा का आधार बनाये हुए हैं। मैं जब उनसे मिला तब वह बहुत ही सहजता और शालीनता से मिले। मुझे उनके व्यक्तित्व में तनिक भी अहंकार का अनुभव नहीं हुआ।

बातचीत में पं. राजन जी ने बताया कि उनको भरत और केवट का चरित्र सर्वाधिक प्रभावित करनेवाला है। उन्होंने बताया कि आज जब परिवारों का विघटन हो रहा है, भाई–भाई में अनबन है, तब भरत का स्मरण करना ज़रूरी है। भरत हमारी संस्कृति के प्रतीक हैं। भरत ने राजा बनने से अच्छा राम का सेवक बनना समझा। वे जैसे अपने व्यक्तित्व से एकदम खाली से हो गये थे। एक तरह से ये व्यक्तित्व की सर्वव्यापकता थी। वे खड़ाऊँ में राम के दर्शन कर रहे थे। **''माँगु माँगु आयसु करत''** जो खड़ाऊँ आदेश करती थी, वही भरत करते थे। यह भरत की व्यापकता का अनुभव है। वह बताते हैं कि भरत की कथा कहने पर व्यास स्वयं गहन भावना में डूब जाता है। जब व्यास डूबता है तभी वह श्रोताओं को डुबा पाता है। भरत का चरित्र तो रामकथा के सम्पूर्ण व्यक्तित्व में मेरुदण्ड जैसा है।

केवट अपनी भक्ति के लिए स्मरण करने योग्य चरित्र है। केवल ये चतुराई नहीं है कि वह राम के चरण पखारना चाहता है, बल्कि वह केवट की ऐसी प्रेम–भावना है जो लोकाचरण से उपजी है। जो प्रभु के उन गुणों पर विमोहित नहीं है, जो आराध्य के विशेष होते हैं, बल्कि वह तो उस चमत्कार पर अडिग है जिसमें शिला स्त्री बन गयी। लोक विश्वास भी भक्ति के स्रोत होते हैं। केवट से राम जिस तरह मिलते हैं, वह प्रसंग मानस में अभिजात और अकिंचन के मिलन का प्रसंग है। किन्तु यह राम के सामान्य बने रहने का भी सन्देश देता है। राम जब ऐसे जनों जैसे केवट है, के स्तर पर आते हैं तब राम बनते हैं।

पं. राजन जी ने अपनी शैली के विषय में बताया है कि मेरी शैली तो कथा को संगीतबद्ध रूप से प्रस्तुत करना है। मुझे जो परम्परा से मिला है उसमें मैं अपना भी कुछ जोड़ता चलता हूँ, मैं तो बस कथा कहने मंच पर बैठ जाता हूँ और कथा प्रवाह चल पड़ता है। पण्डित जी मानते हैं कि कथा सहज, सरल और सुग्राह्य होनी चाहिए। कथा के श्रोता तो अनेक स्तरों के रहते हैं–सबकी अपनी–अपनी चाहत कथा के प्रति होती है–कथा में सबको कुछ–न–कुछ मिलना चाहिए। मैं अपनी कथा इसी के अनुरूप करता हूँ।

पं. राजन जी की कथा एवं भजनों का प्रसारण आस्था चैनल पर हुआ है। यूट्यूब पर पण्डित जी की कथा के अंशों को देखा–सुना जा सकता है। आपके गुरुदेव पं. प्रेमभूषण जी महाराज की कथाओं का प्रसारण भी अनेक चैनल्स पर होता रहता है। जब उनसे जानना चाहा कि आगे आपकी क्या योजनाएँ हैं तो उन्होंने कहा, ''जहाँ ले चलोगे वहीं मैं चलूँगा। जहाँ नाथ रख दोगे वहीं मैं रहूँगा।'' यह पण्डित जी का प्रभु के प्रति समर्पण भाव है।

मुझे अगले दिन पण्डित जी का प्रवचन सुनने का अवसर मिला। वह सहज भाव से कथा कह रहे थे। बीच–बीच में संगीत की मधुर सुरलहरियाँ दर्शकों को नाचने पर मजबूर कर रही थीं। पण्डित जी जो गीत गा रहे थे उनका शास्त्रीय संगीत निबद्ध रूप भी था, और फ़िल्मी धुनों पर भी वह कुछ गीत प्रस्तुत कर रहे थे। उनकी कथा–विवेचन क्षमता अच्छी है। वह श्रोताओं को बाँधने की क्षमता रखते हैं। विशेष रूप से वह प्रसंग के भीतर

भी प्रसंग ले चलते हैं–इस रूप में वह प्रसंग की घटनाओं का विस्तार करते हैं। पण्डित जी की भाषा रसमय है। वह विनम्र वक्ता हैं इसलिए वह व्यास–परम्परा के अपने गुरुजनों को श्रद्धा के साथ स्मरण करते हैं। आपकी कथाएँ देश के कोने–कोने में होती रहती हैं। पण्डित जी भगवत्कृपा से अभी और आगे जायेंगे और राम का काम इस तरह आगे बढ़ाते रहेंगे।

## स्वामी प्रभंजनानन्द शरण जी

स्वामी प्रभंजनानन्द जी महाराज के पिता का नाम श्री किशोरीनन्द जी महाराज है। आपका जन्म अयोध्या में 1 सितम्बर 1976 में हुआ। आपकी शिक्षा वाराणसी में हुई। आपकी शिक्षा आचार्य तक हुई है।

आपने पहली कथा अयोध्या में की थी तब से अब तक आप देश–विदेश में चार सौ से ऊपर कथाएँ कर चुके हैं। आप अपनी कथा में संगीत का सहारा लेते हैं। अपने साथ संगीत मण्डली भी रखते हैं और स्वयं गायन करते हैं। आप रामचरितमानस में भरत चरित्र से प्रभावित हैं। वह भरत को सत्य, न्याय, करुण भक्ति से आपूरित मानते हैं। आज भरत जैसे भाई की ज़रूरत है। परिवारों के टूटने को भरत जैसे भाई के आदर्शो के माध्यम से बचाया जा सकता है। भरत का रहन–सहन और भरत के क्रियाकलाप दिव्य है। वे संसार की विभूति हैं, ऐसा गोस्वामी जी ने भरत के चरित्र को निरूपित किया हैं। स्वामी जी सम्पूर्ण संसार में यही सन्देश वितरित कर रहे हैं कि रामचरितमानस परिवार और समाज की समरसता का सन्देश देनेवाला ग्रन्थ है। इसे सुनने और पढ़ने से लोक और परलोक दोनों सुधरते हैं। कलियुग में रामकथा कामधेनु है यह सब कुछ देने में समर्थ है। वह मानस के सभी चरित्रों को आदर्श भावना से देखते हैं। जो जिस कर्म में निरत है, वह जैसे उसी में डूब गया है। मानस में सत् और असत् का द्वन्द्व है किन्तु सत् की विजय सदा सर्वत्र है।

आचार्य जी ने भारत के अलावा न्यूजर्सी, थाईलैंड, कनाडा आदि में कथाएँ की हैं। आपकी कथा आस्था, श्रद्धा और सनातन चैनल्स पर प्रसारित होती रहती है। आप बिहार के राज्यपाल से सम्मानित हैं। आप एक पत्रिका 'अवध सन्देश' का प्रकाशन भी करते हैं।

आपका अयोध्या में सियाराम आश्रम है। आप अपने आश्रम में कम ही रह पाते हैं। अधिकतर समय भ्रमण में ही व्यतीत होता है। आपकी कथा भावमय होती है। आप श्रोताओं को कथा–तत्त्व में रुचि लेने के लिए दृष्टान्तों का भी सहारा लेते हैं। आपको अन्य आर्ष ग्रन्थों से भी सामग्री संयोजन करने में कुशलता हासिल है, इसलिए आप अपने प्रवचनों में अनेक ग्रन्थों के उदाहरण देते चलते हैं।

**आपका पता है–**

*सियाराम क़िला, अयोध्या (उ.प्र.)*

# गुजरात क्षेत्र की व्यास-परम्परा

डॉ. सरोज गुप्ता

भारतीय संस्कृति अत्यन्त समृद्धशाली एवं गौरवपूर्ण है। ऋषि–मुनियों की तपस्या, त्याग तथा तपोबल का प्रभाव है कि सम्पूर्ण विश्व के हृदयपटल पर हमारी संस्कृति आज भी तीव्रगति के साथ प्रखर रूप से निखर रही है। यहाँ त्याग और तपस्या है, प्रचण्ड शक्ति के रूप में तपोबल विद्यमान है। प्राचीन, सनातन, आर्य, वैदिक मृत्युंजय संस्कृति इसी तपोबल–ब्रह्मतेज व क्षात्रबल के कारण आज भी अजेय संस्कृति के रूप में स्थापित है।

देश में मुस्लिम शासकों तथा आततायियों की अतियों से भारतीय जनजीवन में जब धर्म का प्रवाह अवरुद्ध होने लगा तब सामान्य जनता के हृदय में अतीत गौरव, राष्ट्रप्रेम व उत्साह जगाने के लिए सन्तों, कथावाचकों ने श्रीराम का आश्रय लिया। हज़ारों वर्षों के इतिहास की उथल–पुथल एवं राजनीतिक जय–पराजय में भी हिन्दुओं ने कभी हार नहीं मानी वरन् अपने वैचारिक चिन्तनपरक दृष्टिकोण, सनातन जीवनदर्शन, दिव्य दृष्टि, तेजस्विता और प्रखरता द्वारा श्रीराम के आदर्श चरित्र को जीवन में उतारने को ऊर्जस्वित होते रहे।

श्रीराम की कथा का आदिस्रोत वाल्मीकि रामायण है। नारद जी के कथनानुसार ऋषि ने अपने अन्तःचक्षुओं से श्रीराम के जिस रूप का अनुभव किया उसे रामायण में वर्णित कर आध्यात्मिक एवं दार्शनिक विचारों की अनगिनत चिन्तन धाराओं को जन–जन तक प्रवाहमान किया। रामायण के साथ गोस्वामी तुलसीदास जी की रामचरितमानस भी विश्व परिदृश्य में भारत के जीवन–मूल्य, जीवन–दृष्टि, समान जीवन उद्देश्य तथा मूल्य आधारित वैचारिक परम्परा को अग्रसर करने के लिए सन्तों ने श्रीराम की लोकोत्तर महत्ता को, उनके आचरण को तथा अमृतस्रोतस्विनी वाणी को स्तुत्य बनाया है। अन्धकार में पड़ी मानव जाति को, दुखशोक–सन्तप्त जनजीवन को, दुष्टजनों से त्रस्त हिन्दू जाति को, उनमें सत्संस्कारों की कभी न बुझने वाली अमोघ दिव्य ज्योति जागृति करने का जो कार्य सन्तों ने किया वह वरेण्य है। इन्होंने समाज में जाति–पाँति की ज़ंजीरों को तोड़कर समरसता का पाठ पढ़ाया है। आस्तिकता, सरसता और लोकहित द्वारा जन–जन का मार्ग प्रशस्त किया। ऐसे सन्तों के लिए गोस्वामी तुलसीदास जी ने सही कहा है कि–

**संसारामय भेषजं सुखकरं श्रीजानकी जीवनं।**
**धन्यास्ते कृतिनः पिवन्ति सततं श्री रामनामामृतं।।**

वे कुशल व श्रेष्ठ पुरुष धन्य हैं जो रामनामामृत का निरन्तर पान करते हैं और कराते हैं। राम नाम संसार रूपी व्याधि का निराकरण करनेवाला एकमात्र भेषज है। वास्तव में

रामकथा मानवीयता, त्याग एवं कर्तव्यपरायणता का एक ऐसा आदर्श है जिसकी व्यावहारिक शिक्षा बच्चे–बच्चे तथा हर प्राणी को मिलनी चाहिए। क्योंकि श्रीराम की कथा भारतीय साहित्य एवं संस्कृति की प्रेरणा का अक्षय स्रोत है और श्रीराम भारत व विश्व के कोने–कोने में विराजमान हैं।

गुजरात में 14 वीं शती के उत्तरार्द्ध से वर्तमान समय तक रामकथा की परम्परा अबाध रूप से उपलब्ध होती रही है। गुजरात में रामकथा की साहित्यिक परम्परा के साथ वाचिक परम्परा भी रही जो जनसाधारण से लेकर अरावली की कन्दराओं में सदियों से आदिवासी समाज के बीच प्रचलित है। श्री प्रह्लाद दीवान के अनुसार रामकथा के रचनाकारों में सर्वप्रथम राजाराम के पुत्र आशायित भक्त कवि नरसी मेहता के पूर्व से प्रसिद्ध रहे हैं। गुजरात के सन्तों में श्री नरसी मेहता का आविर्भाव सन् 1371 में हुआ। आपके 'रामलीलाना पदों' से महात्मा गाँधी अत्यन्त प्रभावित हुए। आपका भजन **''वैष्णव जन तो तेने कहिए जे पीर पराई जाने रे''** गाँधी जी का प्रिय भजन बन गया। 15 वीं शती के भालण, उद्धव, विष्णुदास, सन्त श्री भीम, सन्त मलूकादास, सन्त अखा, सन्त मेकण, भक्त गिरधर, स्वामी सहजानन्द, स्वामी मुक्तानन्द, स्वामी दयानन्द, समरसता की गंगा बहानेवाली गंगाबाई, और पानबाई ने भी अपना योगदान दिया। (साक्षी), डॉ. योगेन्द्र प्रताप सिंह, डॉ. त्रिभुवन राय, प्रस्तावना) 15वीं शती से श्रीराम पर केन्द्रित जैन कवियों की रचनाएँ मिलती हैं। इसके पश्चात् तो रामकाव्य की पूरी परम्परा ही चल पड़ी। आधुनिक काल के व्यास–परम्परा प्रवचनकारों में अहमदाबाद के निकट सोला में भागवत विद्यापीठ के संस्थापक श्रीकृष्ण, भागवत् विद्यापीठ के संस्थापक श्री कृष्णशंकर शास्त्री, बड़ौदा के व्यास–परम्परा के प्रतिनिधि श्री रामचन्द्र केशव डोंगरे महाराज, रोहा के श्री पाण्डुरंग बैजनाथ आठवले, महुआ के श्री मुरारी बापू जी, खेड़ा ज़िला से दन्ताली आश्रम के स्वामी श्री सच्चिदानन्द जी महाराज, सन्त मुरलीधर महाराज, सन्त शिरोमणि किरीट जी, भक्त सन्त श्री रमेश भाई ओझा, साध्वी कनकेश्वरी जी व साध्वी ऋचा मिश्रा उल्लेखनीय हैं। भागवत मार्तण्ड श्री कृष्णशंकर शास्त्री जी के प्रवचनों का संकलन 'रामायण नवनीत' के रूप में (सन् 1962) में प्रकाशित है। आप रावण के दस सिरों को दस इन्द्रियों की वासनाओं के संकेत रूप बताते हैं।

## श्री रामचन्द्र केशव डोंगरे महाराज

रामकथा के गहन अध्येता और व्यासपीठ प्रवचनकार श्री रामचन्द्र केशव डोंगरे महाराज की रामायण–गिरधर रामायण है जिसमें उन्होंने रामकथा पर मौलिक निष्पत्तियाँ दी हैं। आप मूलतः भक्त सन्त हैं। आपके प्रवचनों का संकलन 'तत्त्वार्थ रामायण' के रूप में किया जाता है। आपके अनुसार भक्ति द्वारा हृदय और मन दोनों को शुद्धता प्राप्त होती है। इससे आत्मज्ञान स्वतः प्रकट होता है। डोंगरे महाराज मानते हैं कि स्वतः स्फुरित ज्ञान स्थिर रहता है। यह अन्तःस्फुरित ज्ञान ही पहुँचे हुए सन्तों का अन्तःप्रज्ञात्मक ज्ञान होता है जिसके माध्यम से मूल सत्य का साक्षात्कार सम्भव होता है। दार्शनिक इसी को सहजानुभूति कहते हैं। (साक्षी, डॉ. योगेन्द्र प्रताप सिंह, डॉ. त्रिभुवन राय–लेख–डोंगरे महाराज के राम, पृ. 215–16) सन्त की वाणी में सत्य का सौन्दर्य और सद्भाव के दर्शन होते हैं। इसी क्रम

में श्रीमगनलाल हरिभाई व्यासजी गुजरात के बसो नामक ग्राम के निवासी थे। आपका जन्म ब्राह्मण परिवार में हुआ। आप प्रवचन देते हुए कहते थे–जैसा अन्न वैसी बुद्धि। जैसा संग वैसी बुद्धि। सत्संग को महत्त्व देते हुए संवत् 2005 में श्री मगन भाई स्वर्ग सिधारे। (कल्याण, पृ. 615) सन्त श्री मोतीलाल जी महाराज जी गुजरात के खेड़ा वाले ब्राह्मण परिवार में संवत् 1941 में जन्मे थे। श्री हरिकिशन जी झबेरी लिखते हैं कि महाराज प्रवचन सुनाते हुए कहा करते थे कि इस विश्व में जो विषय सुख का भान होता है वह वास्तव में सुख ही नहीं है। अपितु लहर की तरह सुख का केवल आभास मात्र है। विषय रूपी हवा के कारण जो लहरें उठती हैं उन्हीं के कारण सच्चे चन्द्र सुख का सम्यक् दर्शन नहीं हो पाता। इस विषय रूपी पवन को रोकने के लिए अतृष्णारूपी ईंट, सन्तोष रूपी सीमेंट से बनी दृढ़ अभ्यास रूपी दीवार की ज़रूरत है। सद्गुरु के उपदेशामृत के आधार–नींव पर दीवार बनाओ, इष्ट के भजन रूपी चूने को पीस कर रखो, अनीर्षा और अमोह का पानी छिड़क कर ज़मीन को तय करो और उस पर काम रहित मसाले और मत्सर रहित प्लास्टर दीवार के ऊपर लगाते जाओ। इस प्रकार अच्छी चहारदीवारी त्यागवृत्ति और सुख–दुःख के प्रति समत्व रखकर बनाओ। इस दीवार के बन जाने के बाद विषय रूपी पवन प्रवेश नहीं कर सकेगा और सरोवर का पानी हिलना बन्द होकर वह स्थिर हो जायेगा। तब तुम सच्चे सुख चन्द्रमा को सम्यक् प्रकार से देख सकोगे। (कल्याण, पृ. 616) इस प्रकार से व्यक्ति को सन्मार्ग पर चलने की शिक्षा इन सन्तपुरुषों द्वारा दी जाती रही। डॉ. गोवर्धन शर्मा जी कहते हैं कि कुशल वक्ता अपने श्रोता समुदाय की अपेक्षा और चाहत को ध्यान में रखकर अपनी बात प्रस्तुत करते हैं ताकि हर श्रोता को अपनापन लगे। दूसरी ओर प्रवचनकार अपनी बात की प्रामाणिकता के लिए अनेक उदाहरण प्राचीन ग्रन्थों, इतिहास, लोककथाओं, गाथाओं से एवं अपने अनुभवपरक रोचक प्रसंग सुनाते हैं। इस प्रकार श्रोता समाज में नयी चेतना एवं जागृति आती है। वातावरण परिष्कृत होता है। रानकथा निमित्त मात्र है इसके बहाने आदर्श जीवन, सामाजिकता, जीवन की सार्थकता, धर्म–अधर्म की बातें बताते जाते हैं। सन्तों के अनुभव श्रोताओं को अपने जीवन पर घटित घटना जैसे प्रतीत होते हैं।

## श्री मोरारी बापू जी

श्रीराम की दिव्य कथा को मोरारी बापू जी ने समस्त मानव जाति के मंगल की कथा बना दिया। बापू जी ने रामकथा के माध्यम से जन–जन में राम को अपनाने, गोस्वामी तुलसीदास जी की रामचरितमानस को विश्वपटल पर स्थापित करने तथा देश–विदेश में रामकथा रूपी ज्ञान की गंगा बहाने का अद्भुत प्रयास किया है। श्रीरामकृपा का ही सुफल है जो रामकथा रसामृत का सुफल हम सबको दूरदर्शन से ही सही सहज प्राप्त हो रहा है। सन्त मोरारी बापू ने व्यासपीठ से वैदिक काल से लेकर आज तक वैदिक ग्रन्थों के सारतत्त्व, उपनिषदों के ऋषियों की वाणी एवं भारतीय दर्शन की आधारशिला को जन–मानस के समक्ष रखकर धर्म, कर्म, ज्ञान, और भक्ति में ऐसा सामंजस्य स्थापित किया कि मोरारी बापू स्वयं राममय हो गये हैं और उनकी वाणी मन्त्र बन गयी। बापू जी गुजरात के अपने गृहनगर तलगाजरडा से सन् 1960 से श्रीराम की कथा का श्रीगणेश कर रामायण व रामचरितमानस के प्रायः सभी पात्रों पर आज भी सांगीतिक प्रस्तुति के साथ स्थान, काल व परिस्थिति अनुसार नये–नये

आयाम निर्मित कर रहे हैं। श्रीराम की कथा दस हज़ार वर्ष प्राचीन है पर मोरारी बापू वर्तमान सन्दर्भों में रामकथा को प्रासंगिक बनाकर लोगों को श्रेष्ठ जीवन जीना सिखा रहे हैं। ईश्वर के चैतन्य स्वरूप की अनुभूति, सभी प्राणियों में **''ईश्वर अंश जीव अविनाशी''** का भाव जाग्रत करने तथा सभी प्राणियों के अन्दर ब्रह्म विराजमान है, ईश्वर कर्मों का अधिष्ठाता है, साक्षी चेतनस्वरूप है। अन्यान्य जानने योग्य बातों को अन्नत उदाहरणों के माध्यम से अत्यन्त सरल, बोधगम्य भाषा–शैली में जनता जनार्दन के समक्ष रखकर सत्य, प्रेम, करुणा की त्रिवेणी से अपनी व्यासपीठ सिद्ध कर रहे हैं। ऐसे महामानव अवतारी पुरुष ही होते हैं। वे लोग धन्य हैं जिन्होंने मोरारी बापू की रामकथा प्रत्यक्ष सुनी है।

## श्री रमेश भाई ओझा

बापू के शिष्य श्री रमेश भाई ओझा गुजरात के सौराष्ट्र जिले के देवका नामक गाँव में 31 अगस्त सन् 1957 में जन्मे, पारिवारिक संस्कारों के प्रभाव से पिता, चाचा श्री जीवनराज ओझा एवं दादी की भागवती चेतना को आपने आगे बढ़ाया। तथा तेरह वर्ष की अवस्था में भागवत पुराण पर पहली व्यासकथा का शुभारम्भ किया। धार्मिक ग्रन्थों के अध्ययन, मनन, सतत सक्रिय देश–विदेश में निरन्तर व्यास–परम्परा का निर्वहन बिना किसी अवरोध के आप कर रहे हैं।

## श्री किरीट भाई

श्रीमद्भागवत पुराण, गीता, रामायण, ज्ञान कथा और लोक–मंगलकारी रामचरितमानस के प्रवचन में विशेष अधिकार रखनेवालों में श्री किरीट जी का नाम विशेष उल्लेखनीय है। आपका जन्म 21 जुलाई सन् 1962 को पोरबन्दर में हुआ था। आपने आत्मज्ञान हेतु सात वर्ष की अवस्था में बल्लभ कुल के गोस्वामी श्री गोविन्दराय जी महाराज से दीक्षा प्राप्त की। मृदुभाषी, अगाध ज्ञान सम्पन्न सन्त किरीट जी देश–विदेश में भक्ति की ऐसी लहर कर रहे हैं कि गुजरात धन्य हो गया।

## सन्त श्री मुरलीधर जी

आध्यात्मिक जगत् में विशेष पहचान वाले गुजरात के ही सन्त श्री मुरलीधर जी व्यासपीठ से रामकथा के प्रवचन अपनी प्रभावशाली और भावुकता से ओतप्रोत कथा–शैली से श्रोताओं को मन्त्रमुग्ध कर रहे हैं। कल्लोल गाँव ज़िला मेहसाणा में सन् 1970 में साधारण परिवार में जन्मे तथा परम वैष्णव सन्त श्री जमनादास से दीक्षित होकर समाज के लिए प्रेरक, युवाओं के लिए मार्गदर्शक की भूमिका का निर्वहन कर रहे हैं।

## साध्वी कनकेश्वरी देवी

आधुनिक भारत की मीरा के नाम से सुविख्यात, मानसमर्मज्ञा साध्वी कनकेश्वरी देवी गुजरात के मोरबी के तपोनिष्ठ सन्त श्रीशंभु पंचाग्नि अखाड़े के प्रमुख परमपूज्य केशवानन्द बाबा की

दीक्षित शिष्या हैं। आप अपने संचित पुण्यों के प्रताप से श्रीरामचरितमानस एवं श्रीमद्भागवत पुराण व गीता की अमृतरूपी रसधारा प्रवाहित कर रही हैं। छोटी उम्र से ही वाग्देवी की कृपा एवं आध्यात्मिक रुझान के कारण देश–विदेश में ख्याति प्राप्त हैं। करुणा की साक्षात् प्रतिमूर्ति माँ कनकेश्वरी जी की कथाएँ, प्रवचन देश–विदेश में हो रहे हैं। इसी क्रम में गुजरात की साध्वी ऋचा मिश्रा का नाम भी कथावाचकों में प्रसिद्ध है। आप श्रेष्ठ भजन गायिका हैं। गोस्वामी तुलसीदास जी की रामचरितमानस की सांगीतिक अभिव्यक्ति का आपका निराला अन्दाज़ श्रोताओं को भावविभोर व मन्त्रमुग्ध कर देता है। गुजरात श्रीकृष्ण की राजधानी रही उन्होंने अपने जीवन के एक सौ बीस साल में सौ वर्ष द्वारिकापुरी में बिताये। गुजरात पर कृष्ण भक्ति का प्रभाव अधिक है यह सुनिश्चित है परन्तु रामकथा व्यास–परम्परा के मूर्धन्य सन्तों के योगदान को देखते हुए कहा जा सकता है कि रामकथा गुजरात के लोकजीवन में, समाज व संस्कृति में इतनी गहराई से विद्यमान है कि इस विषय पर गहन शोध की आवश्यकता है।

रामकथा व्यास–परम्परा में गुजरात के सन्तों के योगदान, उनकी शक्ति सामर्थ्य, दूरदृष्टि तथा लोककल्याण के भाव को महसूस किया जा सकता है। सन्तों के नाम बहुत हैं, पर सुविधा की दृष्टि से कुछ का ही विवेचन किया गया है। भारत देश के इतिहास में सन्तों के प्रति श्रद्धा, भक्ति व पूजनीय भाव देश–विदेश में ज्ञात है परन्तु कुछ वर्षों से सन्त की महिमा व उनके कथनी–करनी के अन्तर से श्रद्धा में कमी आयी है। गुजरात के लब्धप्रतिष्ठ सन्तों में व्यासपीठ को कलंकित करनेवाले आसाराम बापू आज जेल की सलाखों में बन्द हैं। श्रद्धेय सन्त मोरारी बापू ने रामकथा के माध्यम से राष्ट्रीयता की जो अलख जगायी है वह स्तुत्य है। अधिकांश सन्त गोस्वामी तुलसीदास जी की रामचरितमानस पर ही अपना प्रवचन देते हैं। उनका तुलसीमय होना वरेण्य है। तुलसीदास जी के शब्दों में–

श्रीराम की कथा कल्पवृक्ष के समान है, जितना महत्त्व श्रवण का है उतना ही रामनाम जप का भी है।

**नाम राम को कल्पतरु, कलि कल्याण निवासु।**
**जो सुमिरत भयो भाग में, तुलसी तुलसीदास।।**

# खण्ड दो
## प्रभाव

।। सुनिए कथा सादर रति मानी ।।

# रामकथा मन्दाकिनी : रामकथाकार

प्रभुदयाल मिश्र

भागवत का **''सत्यं परम् धीमहि''** का ध्येय, रामायण के 'रामो विग्रहवान धर्मः' की स्थापना तथा महाभारत का **''यतो धर्मः ततो जयः''** का उद्घोष एक कथाकार की सम्पूर्णता का समाहार है। संस्कृत परम्परा में काव्य, महाकाव्य, नाटक और गद्य लेखन में प्रायः उन्हीं आख्यानों को उठाया गया है जो पुराणप्रसिद्ध थे। महाकाव्य के नायक की परिभाषा करते हुए कहा गया है–**''तत्रैका नायका सुरः''** इन नायकों में धीरोदात्त और धीर प्रशान्त नायकों की स्पष्ट प्रधानता रही है। हिन्दी काव्यधारा में भक्तिकाल को स्वर्ण युग कहा गया है। भक्ति युग के कवि कबीर, तुलसी, सूर, मीरा और जायसी को भक्तिकाल तक समेट रखना भी जैसे उनकी विराटता का अनादर करना है। एक अर्थ में ये महान कवि भारत के इतिहास के जहाँ प्रहरी हैं वहीं वे एक ऐसे भावी मानस समाज के सर्जक भी हैं जो स्रष्टा की बनायी धरती के स्थानापन्न सर्जक कहे जाने की क्षमता रखते हैं।

गोस्वामी तुलसीदास ने सन्त और असन्तों की विस्तार से विशेषताएँ वर्णित की हैं। मानस के आरम्भ में उन्होंने दोनों से अपनी कथा प्रस्तुत करते हुए क्षमायाचना भी की है। इस प्रकार उन्होंने यद्यपि असन्तों को सृष्टि रचना का एक अनिवार्य अंग स्वीकार किया है–एक अर्थ में वे एक–दूसरे के पूरक भी हैं किन्तु इनका रिश्ता बड़ा विचित्र है–**''जिमि कुठार चन्दन आचरनी।''** अर्थात् असन्त जहाँ कुल्हाड़ी है वहीं सन्त चन्दन का पेड़ है। इस सम्बन्ध की ख़ूबी यह है कि जहाँ कुल्हाड़ी चन्दन को काटती है, क्षत–विक्षत करती है वहीं चन्दन कुल्हाड़ी को अपनी गन्ध लुटाता है। दोनों अपने स्वभाव के अनुरूप काम करते हैं। निश्चित ही सन्त असन्त से इस प्रतिस्पर्धा में बहुत आगे निकलता है। सामान्य तौर पर चूँकि प्रत्येक क्रिया की एक प्रतिक्रिया होती है। अतः प्रतिक्रिया दोनों ही स्तर पर होगी किन्तु सन्त की प्रतिक्रिया एक अर्थ में एक सकारात्मक क्रिया ही है क्योंकि इससे प्रतिक्रियाओं की आगे शृंखला नहीं बनती। यही वह बिन्दु है जहाँ सन्त और असन्त दोनों एक बार फिर इकट्ठे होते हैं और यह आशा की जा सकती है कि यह ऐसी सृष्टि रचना का बिन्दु है जो परमात्मा के बनाये इस संसार से भी श्रेष्ठतर हो सकता है। इसी भूमिका के कुछ रामकथाकारों का यहाँ स्मरण किया जा रहा है।

# अब न आँखतर आवत कोऊ : श्री रामकिंकर जी उपाध्याय

वर्ष 1977 में पहले–पहल जब कुछ सौ लोगों की उपस्थिति में मैं भोपाल के गाँधी भवन में श्री रामकिंकर जी उपाध्याय के प्रवचन सुनने पहुँचा तो मेरे मन में अन्य अनेक प्रवचनकारों की भाँति उनकी परिकल्पना एक उपदेशक की ही थी किन्तु कुछ ही समय पश्चात् मैं इस निष्कर्ष पर पहुँच गया कि वस्तुतः वह रामायण के एक व्याख्याकार हैं तथा रामचरितमानस की व्याख्या से सम्बन्धित प्रायः उठनेवाले प्रश्नों के समाधान के लिए उन्हें सुना जाना चाहिए। किन्तु इस प्रकार पच्चीस वर्षों तक उन्हें प्रायः लगातार सुनकर जैसे सभी प्रश्नों के समाधान की प्रतीक्षा ही कर रहा था कि अकस्मात्...पच्चीस वर्ष की इस अवधि में मेरा भोपाल से बाहर भी जाना रहा किन्तु यह जैसे मेरे संस्मरण का एक आश्चर्यजनक पक्ष ही है कि प्रत्येक वर्ष कुछ दिन की कथा सुनने का सुयोग जैसे मुझे मिलता ही गया। किसी एक व्यक्ति के किसी एक विषय पर बिना गुरु भाव के सृष्टि की इस प्रकार का अविरल स्वीकार श्री किंकर जी महाराज के व्यक्तित्व की महानता का ही परिचायक है। दूसरे शब्दों में उनका सुनना जैसे मेरी विवशता थी और उन्हें न सुनकर जैसे मैं पूरी तरह से अपूर्ण रह गया होता।

किसी एक वर्ष नयी दुनिया ने श्री उपाध्याय जी के पुराने श्रोताओं की साक्षात्कार द्वारा प्रतिक्रियाएँ प्रकाशित की थीं, इसमें मैंने उस समय कहा था, अनेक प्रवचनकार और महात्मा कुछेक प्रवचनों के बाद लोगों को उठाने लगते हैं। विवश श्रद्धाभाव से आखिर कोई उन्हें कितना सुन सकता है। किन्तु श्री उपाध्याय जी के व्याख्यान विषय की जैसे कोई सीमा नहीं है। उन्हें सुनने और पढ़ने में जैसी नित नवीनता है।

गाँधी भवन, मानस भवन के समारोह योग्य बनने तक जैसे वार्षिक मानसोत्सव का जो पर्याय बना रहा–में महाराज जी की वह प्रथम व्याख्या 'रामराज्य' विषयक थी। मानसकार का यह राज्य महात्मा गाँधी की परिकल्पना से होकर जिस प्रकार हमारे सामने आ रहा था उसकी स्थापना तो कठिन लगती ही थी उसके स्वरूप के सम्बन्ध में भी हमारी अनेक भ्रान्तियाँ थीं। क्या दो ही व्यक्ति–मन्थरा और कैकेयी रामराज्य के द्वार बन्द कर सकते हैं जबकि हमारे प्रजातन्त्र में मात्र 51 प्रतिशत का समर्थन पूरे सन्तोष का आधार बन जाता है। रामराज्य शत–प्रतिशत सम्पूर्ण की स्वीकृति से ही स्थापित होता है। राम का चरित्र इसकी स्थापना का सोपान है, यह एक वास्तविकता है तथा यह किसी एक युग का ही सत्य न होकर हमारी शाश्वत नियति है।

मुझे लग रहा था कि महाराज जी एक ऐसे रहस्य का उद्घाटन कर रहे हैं जो हमारे इतने निकट होते हुए भी हमारी दृष्टि से ओझल है। अब इसे कितने लोग कितनी जल्दी समेट सकते हैं यही चेष्टा होनी चाहिए। भोपाल में जैसे दैवयोग से मानस चतुश्शती समिति विस्तार कर रही थी और श्री गोरेलाल जी शुक्ल सभागार में सन्ध्या के सात बजे...पूज्य महाराज जी प्रतिवर्ष भोपाल के 'प्रबुद्ध श्रोताओं' को आकण्ठ मानस में डुबोने लगे थे।

सम्भवतः ऐसा ही आत्म मुग्ध भोपाल के श्रोता के रूप में मैंने एक बार पूज्य महाराज जी से पूछा था कि क्या वह भोपाल के श्रोताओं को श्रेष्ठ मानते हैं? महाराज जी अपने शील के निर्वाह में अप्रतिम आदर्श प्रस्तुत करते थे। रामकथा और अनेक पुराण कथानकों में जब भी कहीं श्रृंगार का प्रसंग आ जाता था तो वह जिस संयत शब्दावली का प्रयोग करते थे

वह केवल उनकी ही विशेषता थी। इस प्रसंग में भी महाराज जी ने एक सुदीर्घ स्वीकृति के साथ एक स्थान का नाम लिया था जिससे मेरा मोह भंग यथासमय ही हो गया।

इस प्रकार साल–दर–साल पच्चीस साल तक तुलसी मानस परिवार की ओर से भोपाल में तुलसी जयन्ती के आसपास एक अनूठा इतिहास गढ़ा जाने लगा। भोपाल के विमुग्ध श्रोता स्थान, वर्षा और व्यस्तताओं की परवाह न करते हुए लगभग दौड़ते हुए गाँधी भवन पहुँचते थे। इस समारोह में पहुँचने के लिए व्यक्तियों के समूह, उनके बैठने के स्थान और सभी अनुमानित आकृतियाँ जैसे हठात् खिंच आती थीं। 'तुलसी मानस भारती' के आजीवन सदस्यों को महाराज श्री के माल्यार्पण क्रम में विस्तार के साथ–साथ मानस भवन भी मन्थर गति से उभर रहा था अतः अन्त के दो वर्षों में इसके 'उत्तरायण' उन्मुक्त सभागार में उमस और वर्षा की चिन्ता से भी श्रोताओं की मुक्ति हो चुकी थी।

प्रेम मूर्ति भरत, शील सिन्धु राघव, गीता और रामायण की सम्बन्ध सूत्रता, श्रीमदभागवत के कृष्ण और रामायण के रामावतार की अर्थवत्ता तथा सबसे गहन सगुण और निर्गुण ईश्वरीय अवधारणा में अवतार की निष्पत्ति जैसे गूढ़ विषयों को महाराज जी ने सहज ही अवधारित किये जाने योग्य सत्य के रूप में प्रतिष्ठित किया है। वाल्मीकि जी के इस प्रश्न की **"जँह न होउ तँह देहु कह, तुमहिं दिखावउँ ठाव"** में राम के मूल प्रश्न की यह बारीक़ी, यह यात्रा सगुण रूप की राग और विराग की शक्तियों (सिय, सौमित्र) सहित है, की ओर वह हमारा ध्यान आकृष्ट करते हैं। अपने निर्गुण निराकार रूप में तो वह कितना भी अच्छा हो (अस प्रभु अक्षत रहत अविकारी), हमारा दुख तो कम नहीं हो पाता। ईश्वर की तटस्थता पर जब किसी व्यक्ति ने श्री किंकर जी से पूछा कि सभी के हृदयों में बैठा यह परमात्मा सब कुछ संचालित करते हुए हमें दुष्कर्मों का दण्ड क्यों देता है, तो किंकर जी का यही उत्तर था कि 'ध्यान रखो, यह वही ईश्वर है जिससे अब तक पुरस्कृत भी हुए हो, अब यदि निराकार को स्वीकारते हो तो उसको उसकी उस पूर्णता में ही स्वीकारना होगा।

क्या इस इतिहास को लिपिबद्ध नहीं किया जाना चाहिए? क्या महाराज जी भोपाल में जो कह रहे हैं उसे प्रतिवर्ष एक पुस्तक कार नहीं दिया जा सकता? ये प्रश्न मेरे मन में थे। अतः एक दिन मैंने महाराज जी से पूछा था कि इस विचार से क्या उनकी सहमति है? महाराज जी ने इस पर मुझसे कहा था कि भोपाल आने के पहले वह प्रायः दिल्ली बिड़ला मन्दिर में बोलते हैं। वहाँ पर हुए उनके प्रवचनों के आधार पर प्रवचन 'पुष्प' पुस्तिका प्रकाशित होती है। यद्यपि यहाँ और वहाँ के प्रवचन प्रसंग अलग होते हैं किन्तु अधिकांश प्रसंगों में समानता आ जानी स्वाभाविक है अतः उनका कहना था कि भोपाल के प्रवचनों के संकलन में पुनरुक्ति की सम्भावना है तथापि मुझे विशेष प्रसन्नता हुई जब श्री रामसिंह खन्ना ने वर्ष 1996 के प्रवचन प्रसंग पर आधारित 'मानस के चार घाट' पुस्तक सम्पादित कर प्रकाशित की। योग और ध्यान की व्याख्या से सम्बन्धित इस वर्ष की प्रवचन माला में इस सम्पूर्ण श्रृंखला की शिखरस्थ धारा ही प्रकट होती थी। 6 अगस्त 1997 को इस पुस्तक पर पूज्य महाराज जी का आशीर्वाद प्राप्त कर मैंने धन्यता का ही अनुभव किया।

**"श्री गुरु चरण सरोज रज, निज मन मुकुर सुधार"** से जब श्री रामकिंकर जी

अपनी कथा प्रारम्भ करते थे तो जैसे रामायण की सार्वकालिकता की स्थापना की घोषणा ही आरम्भ में कर देते थे। यही कारण था कि उनकी कथा के श्रोता किसी पुराण अथवा इतिहास की भूल–भुलैयों के स्थान पर अपने समानान्तर लोक और मानव व्यवहार की समीक्षा के साक्षी बन जाते थे। मानस के विभिन्न पात्रों का मानव वृत्तियों के प्रतीकार्थ में अभिचित्रण मानस के चिन्तन पक्ष में महाराज जी का अभिनव योगदान है। यही कारण भी है कि कुछ समालोचक श्री किंकर जी की व्याख्याओं को अति बौद्धिक मानकर उसकी सर्वजन ग्राह्यता के प्रति शंका व्यक्त करते हैं किन्तु इस निष्कर्ष में दो मत नहीं हो सकते कि श्री किंकर जी जिस अपार कौशल से कथा–प्रतीकों और अपनी निष्पत्तियों का समाहार करते थे वह उनकी अपनी ही ऐसी विशेषता थी जो किसी चमत्कार से कम प्रतीत नहीं होती थी।

रावण मोह, कुम्भकरण अहंकार, मेघनाद काम तथा इसी प्रकार राम–लक्ष्मण आदि धर्म, अर्थ, काम और मोक्ष के प्रतीकार्थ वह जिस सटीकता से रखते थे उससे यही समझ में आता था कि मानस की यह व्याख्या हमारे वर्तमान जीवन के तो निकट है ही, समस्त शास्त्रोक्त सन्दर्भ में भी वह पूरी तरह से खरी उतरती है। तुलसी का सत्य महाराज श्री की व्याख्या में सम्पूर्ण भारतीय मनीषा का प्रतिनिधित्व करता था। यही कारण है कि गीता, महाभारत और भागवत आदि ग्रन्थों के उदाहरण देकर भी किंकर जी तुलसी के सत्य की ही पुनःस्थापना करते थे। राम के लक्ष्मण को 'कुमार' कहना या वालि की ही तरह दूसरे दिन सुग्रीव के वध की प्रतिज्ञा करना कृष्ण के शस्त्र न उठाने की प्रतिज्ञा भंग जैसी परमोच्च सत्य साधना के उदाहरण हैं। इसी तरह शिव का धनुष तोड़कर राम का अनजान–सा यह कहना कि वह कोई आपका 'दास' ही होगा अपनी बचत का बचकाना सा प्रयास लग सकता है किन्तु भाषा और भाव की गहराई में पैठकर इन कथनों के मर्म में पहुँचाना महाराज की ही क्षमता थी।

रामकथा की आज की प्रासंगिकता के अनेक तर्क और पक्ष प्रस्तुत किये जाते हैं किन्तु रामकिंकर जी द्वारा कही जानेवाली कथा इतिवृत्त को परमार्थ से जोड़ती थी। इस कथा में परिपूर्ण रसवत्ता के साथ–साथ दैवी आदर्श को सामान्य जीवन व्यवहार में समेट लेने की क्षमता होती थी, मानस के विभिन्न पात्रों के माध्यम से तुलसी जिस सार्वलौकिक और सार्वकालिक मनोविज्ञान की स्थापना करते प्रतीत होते हैं उसमें उनकी अलौकिक क्षमता ही प्रकाशित होती है।

**"प्रति संवत् अस होइ अनन्दा"** की अन्तिम आवृत्ति में जब वर्ष 2001 में यह कथा रामनवमी के आसपास मानस भवन के विशाल खुले 'उत्तरायण' में आरम्भ हो रही थी तब मध्य प्रदेश के महामहिम राज्यपाल भाई महावीर कह रहे थे कि इस कथा की प्रतीक्षा में ऐसा लगने लगता है कि कहीं यह साल लम्बा तो नहीं हो गया। यह सुनते हुए इतना किसी ने नहीं सोचा अगली यह प्रतीक्षा ही अनन्त हो जानेवाली है। विडम्बना यह है किंकर जी को सुनने के बाद **'अब न आँख तर आवत कोऊ'** की स्थिति ही बनती है।

## 'विनय वाटिका' सन्त : श्री रामप्रिय दास

सन्त रामप्रिय दास त्यागी 'सितारी बाबा' के नाम से विख्यात थे। यह मैंने उनसे ही बाद में जाना। भोपाल में 5 नं. के पास स्थित उनके आश्रम में उनसे मेरी भेंट लगभग 1990

के आसपास हुई थी। उस समय उस छोटी झील के किनारे उनकी एक अर्द्धनिर्मित छोटी–सी कुटिया थी। उसमें उन्होंने अपने एक ग्रन्थ के दर्शन कराये। सम्भवतः यह ग्रन्थ 'विनयवाटिका' ही रहा होगा क्योंकि बाद में जब उनसे मेरी भेंट अक्सर और लगातार होने लगी, तब उनसे चर्चा का प्रसंग यह पुस्तक ही हुआ करती थी। आरम्भ की इस भेंट के बाद कुछ विराम सा आ गया था। इसके बाद 1997 में उनके ब्रह्मलीन होने तक मेरी उनसे अनेकानेक सत्संग चर्चाएँ हुईं तथा विचार–प्रसंगों में उनके विचार और चर्चा के कुछ तर्कों का लाभ मिला।

रामप्रिय दास जी 'त्यागी' केवल उपाधि से ही नहीं विचार से भी वीतरागी थे। वे रामाश्रयी शाखा के सन्त थे और यह बाना उन्हें परम्परा से मिला था। सन्तों के अनेक अखाड़े और स्कूल होते हैं। रामभक्ति परम्परा का यह प्रभाव बहुत पुरातन है। संयोग से उनका सम्बन्ध मेरे गृह नगर टीकमगढ़ के तपसी जी महाराज जो झिरकी बगिया में विराजते थे, से था। वह तपसी जी महाराज की अक्सर चर्चा किया करते थे। उनके चित्र भी दिखाते थे। यह मुझे अपने आपके प्रति असन्तोष ही रहा है कि मैंने अपने गृहनगर में न तो तपसी जी के दर्शन किये और न ही उनके सान्निध्य में सितारी बाबा को देखा। यह तब नहीं हुआ जब तपसी जी महाराज ने अपनी लौकिक देह को 104 वर्ष तक धारण कर रखा था।

परम्परा से इस प्रकार सितारी बाबा एक भक्त थे। साधु उनका बाना था एवं संन्यासी की तरह वह रहते थे। किन्तु उन्होंने संयास धारण नहीं किया था। संन्यास की अनेक परम्पराएँ और विधियाँ इस प्रकार उन्हें बाँधती नहीं थीं। वह प्रायः अपने सामने एक मोटी लकड़ी लेकर बैठते थे और जब कुछ ज़्यादा लोग इकट्ठे हो गये तो कुछ और लकड़ियों को इकट्ठा कर धूनी जला लेते थे। इससे ज़्यादा जगह बन जाती थी, तथा वार्ता का अच्छा वातावरण निर्मित होता था। उनके स्वयं के बैठने का आसन भी साधारण था। वह उत्तराभिमुख बैठते थे। उनके पीछे छोटी झील रहती थी। यदि अधिक लोग हो गये तो बायीं तरफ़ चटाई बिछा दी जाती थी।

बाबा के विचार शुद्ध रूप से राष्ट्रीय और प्रगतिशील थे। वह एक साथ ही भक्त, दार्शनिक, ज्ञानी, गायक, विचारक, भाषाविद् और सरल साधु थे। लालघाटी में यदाकदा जाते थे। किन्तु उस आश्रम से भी उनका सम्बन्ध प्रायः आध्यात्मिक परम्परा को लेकर ही था। एक–दो बार वह मेरे तथा रामरसायनी जी के घर पर पधारे। एक बार रामरसायनी जी के यहाँ एक विचार गोष्ठी हुई। उसमें हम लोगों के अतिरिक्त गोविन्दाचार्य जी भी थे। गोविन्दाचार्य चूँकि शंकराचार्य का बाना धारण किये हुए थे, अतः बाबा ने उन्हें भरपूर सम्मान दिया, उन्हें ऊपर बिठाया। वह स्वयं नीचे बैठे किन्तु उनके विचार निश्चित ही सबसे श्रेष्ठ थे।

बाबा रामप्रिय दास जी जब कभी अपने अतीत में जाते थे तो अपने देशाटन के प्रसंग सुनाया करते थे। उन्होंने समग्र भारत भ्रमण किया। उनकी भारत–पाकिस्तान और गुजरात के संस्मरणों की याद मुझे आती है। सम्भवतः उन्होंने अपने पूर्व आश्रम में भारत–पाकिस्तान युद्ध में भी एक सैनिक के रूप में भाग लिया था। इस लड़ाई में जैसा कि सैनिकों के साथ होता है, उन्हें काफ़ी भटकना पड़ा और उन्होंने कष्ट भी सहा। उनकी आध्यात्मिक यात्रा के संस्मरण रोचक ही हुआ करते थे।

जोगी तो पानी की तरह बहता ही रहता है। ठीक उसी प्रकृति के बाबा रामप्रिय दास देशाटन करते हुए अपना कविता कर्म और भजन भाव का परिपोषण कर रहे थे। कभी–कभी उन्हें देखकर मुझे राहुल सांकृत्यायन की याद आती थी। इतने पर्यटन और भ्रमण में वह अपने लिखे हुए क़ाग़ज, क़लम और पाण्डुलिपियाँ कब और कैसे सहेजते होंगे, आश्चर्य होता है। लेकिन शायद यह उनके लिए कठिन नहीं रहा है, क्योंकि यदि उनके पास कोई सम्पत्ति थी तो शायद इतनी ही सम्पत्ति रही होगी। उनकी कविता में रस, छन्द, अलंकार, कूटरचना, संगीत, नृत्य और सधुक्कड़ी छाप स्पष्ट रूप से दृष्टिगोचर होती है। हमारे भक्तियुग के कवियों का विकास और वैभव कैसा रहा होगा, यह बाबा रामप्रिय दास के जीवन से आसानी से समझा जा सकता है। विनय वाटिका, तुलसी की विनय–पत्रिका की अनुकृति एक अर्थ में है किन्तु दूसरे अर्थ में नहीं भी है। इसका शिल्प विनय–पत्रिका से मिलता–जुलता है। लेकिन बाबा के भाव सर्वथा मौलिक हैं तथा उनके स्वयं के अनुभव प्रसूत हैं। उनकी कविता से लगातार यह भाव अनुस्यूत होता है कि यदि भगवान भी उनसे नाराज़ होंगे तो अधिक–से–अधिक उनका लँगोट ही तो छीन सकते हैं। इसके अतिरिक्त तो उनसे कुछ छीना जा नहीं सकता।

ऐसा विचारक सन्त संगीत का भी साधक है। यह बात मुझे अचरज ही देती थी। शुरू में मुझे मानने में तब तक कठिनाई भी रही जब तक उन्होंने स्वयं सितार के साथ भजन नहीं सुनाया। संगीत की इतनी विविध शिक्षा बाबा ने कब और कहाँ प्राप्त की, अपने आप में यह एक विस्मय ही है। उन्होंने संगीत के क्षेत्र में अनेक शिष्य भी तैयार किये। शरद पूर्णिमा को संगीत की एक शमा बँधती थी। संगीत लय की परिपूर्णता देता है। साहित्य में भी छन्द और भाषा का जुड़ाव लयबद्धता लाता है। जहाँ संगीत निश्चित ही लम्बे अभ्यास का परिणाम होता है, इसकी शिक्षा सुदीर्घ होती है। इससे कवि यह शिक्षा तो ले ही सकते हैं कि कविता में अधकचरापन नहीं होना चाहिए। बाबा की संगीत साधना ने उनकी कविता को परिपूर्ण बनाया था। उनकी कविता मुख्य रूप से एक भजन भाव थी। उसके शब्दमय आकार को उन्होंने अपनी संगीत की सरिता में तैराते हुए ही दिया था। उनके प्रत्येक पद को गाया जा सकता है। उनमें कहीं छन्दोभंग नहीं होता। मात्रा दोष भी कहीं दिखाई नहीं पड़ता। यह उनकी संगीत साधना की ही महिमा है।

सन्त रामप्रिय दास जी सितारी बाबा के रूप में ख्यात थे। यह मुझे कुछ बाद में ही पता चला जब मैं उनके पास सत्संग के लिए बैठता था तो उनकी धूनी लगी रहती थी, कुछ भक्त लोग, कुछ ट्रस्ट के लोग आस पास बैठे रहते थे। एक दिन सत्संग चलते–चलते जब रात हो गयी और किसी ने संगीत की बात छेड़ी तो बाबा ने सितार मँगाया, सितार पर मधुर तान छेड़ी तभी मेरी जानकारी में यह आया कि बाबा सितारी बाबा के रूप में मुख्य रूप से जाने जाते हैं। ऐसा लगता है कि वह आरम्भ में अपने साथ सितार लेकर चला करते होंगे, उनके सितार को सुनने के लिए मन्दिर, बाग़–बगीचे और संगीत सभाओं में इकट्ठे हो जाते होंगे। ऐसा परिचय बाबा को इसलिए भी स्वीकार रहा होगा क्योंकि वह महात्मा या एक सिद्ध सन्त के रूप में अपनी पहचान के प्रति आग्रही नहीं थे।

सितारी बाबा ने भोपाल का आश्रम वर्ष 1967 में पाँच नम्बर बस स्टाप के पास स्थापित किया। रामानन्द सम्प्रदाय के मुख्य केन्द्र लालघाटी से वह सायकिल से इतने दूर चलकर

आते थे। सन्त रामप्रिय दास विरक्त भी थे और एक भक्त भी थे। यह अद्‌भुत–सा संगम उनके व्यक्तित्व में जब हो गया था तो उनके कृतित्व रूप आश्रम में उसके प्रकट होने पर कोई आश्चर्य नहीं होना चाहिए। बाबा एक गम्भीर दार्शनिकचेता थे। ऐसे लोगों की लिखावट प्रायः अपठनीय हो जाती है किन्तु बाबा की हस्तलिपि इतनी परिपूर्ण थी कि वह मुद्रित शब्दों का भ्रम उत्पन्न करती थी। इतना सुन्दर सुलेख मैंने अन्यत्र और किसी का नही देखा।

रामप्रिय दास जी साहित्य की भक्तिकालीन परम्परा के वर्तमान संस्करण थे। यह प्रश्न उठाया जा सकता है कि सत्रहवीं सदी का भक्ति साहित्य इक्कीसवीं सदी में क्या प्रासंगिकता रखता है ? और शायद यह भी कि आज के समय में भक्ति की क्या प्रासंगिकता है? हम भजन क्यों गाते हैं? हमें तुलसी, सूर और मीरा के भजन क्यों प्रिय लगते हैं? वास्तव में भजन एक भाव धारा है जिसमें भक्त को बहना ही है। रामप्रिय दास जी से यदि कोई पूछता कि वह अपना नाम साहित्यकार की श्रेणी में लिखना चाहेंगे अथवा एक भक्त की क़तार में ही बैठे रहेंगे तो निश्चित ही वह भक्तिमार्ग का चयन करते। संगीत और कला यद्यपि भक्ति के निकट रहती है किन्तु इनमें कुछ ख़तरे भी हैं। इनकी सांसारिकता आश्रम से दूर घरों की ओर ले जाती है। किन्तु बाबा ने संगीत और भक्ति को आश्रम में ही बाँधकर रखा यह उनकी अपनी विशेषता थी।

## 'रस' राजेश्वरानन्द जी महाराज

भोपाल के तुलसी मानस प्रतिष्ठान और तत्समय के श्री रामकृष्ण आश्रम, भोपाल में विगत आधी सदी से लगातार लोक रंजिनी रामकथा के अगाध स्रोत श्री राजेश्वरानन्द ने विवेकानन्द आश्रम रायपुर में छठे दिन की कथा सुनाकर 10 जनवरी 2019 को रात्रि में इहलोक की लीला का संवरण कर प्रभु राम के चरणों में चिर विश्रान्ति हेतु साकेत वास ले लिया। चूँकि उपासना और भक्ति का मार्ग जन सामान्य के लिए बहुत स्वाभाविक और सरल पथ ठहरता है। अनेक दिग्गज महात्माओं और धर्म–धुरन्धरों की तुलना में राजेश्वरानन्द जी श्रोताओं में गहरी पैठ रखते थे। अतः हमें तब कोई आश्चर्य नहीं हुआ जब विगत 2 दिसम्बर से 6 दिसम्बर को भरत चरित पर आधारित उनकी कथा का रस पान करनेवालों के लिए 700 श्रोताओं को समा लेने की क्षमता वाला रामकिंकर सभागार छोटा पड़ गया। इस कथा में उन्होंने सार रूप में यही बताया कि तुलसी के अनुसार भरत आदर्श और व्यवहार की ऐसी धुरी हैं जो सभी प्रकार के विरुद्ध धर्मों में भी समन्वय रख सकते हैं। इसी सिद्धान्त का विवेचन करते हुए स्वामी जी ने उपासना और ज्ञान के भी समन्वय का अद्‌भुत सूत्र सामने रखा। उन्होंने कहा कि प्रायः तथाकथित वेदान्ती यह कहते हुए सुने जाते हैं कि चूँकि वे कण–कण में ईश्वर का दर्शन करने लगे हैं; अतः अब उन्हें मन्दिर, पूजा, विग्रह और शास्त्र की कोई आवश्यकता ही नहीं है। स्वामी जी ने कहा कि जिस प्रकार ज्ञान शरीर की क्षुधा की पूर्ति नहीं कर पाता ठीक वैसे ही साधना के सभी पक्ष और पद्धतियों की जीवन में उपयोगिता है। जब आपने ठाकुर जी अपने मन्दिर में रखे हुए हैं और यह माना है कि उनकी पूजा की जाती है, तो आपको उपासना की बराबर आवश्यकता है।

भरत जी के चरित्र का यह आदर्श पूज्य श्री स्वामी जी की कथा और उनके आचरण में प्रतिफलित होता था। वह साधुत्व की पराकाष्ठा थे जिसने उन्हें जिस दिशा में खींचा, वह उधर के ही हो जाते थे। इस तरह जब कुछ सत्संगी उन्हें कथा–स्थल पर पहुँचने में विलम्ब करा देते थे तो हम लोगों का कहना होता था कि स्वामी जी आज कुछ देर हो गयी है। स्वामी जी तुरन्त स्वीकृति में कह उठते थे–कल बिल्कुल देर नहीं करेंगे। किन्तु अगले दिन...

स्वामी जी संन्यास पूर्व राजेश मुहम्मद थे। उनके नाम का यह मुस्लिम पक्ष उनके व्यवहार और आदर्श की कोई छोटी बाधा या परीक्षा नहीं थी। वह अपने निवास ग्राम पचोखरा, एट ज़िला जालौन, उत्तर प्रदेश में विराजते थे। उनके निकट सम्बन्धी श्री गुणसागर सत्यार्थी, जो कुण्डेश्वर टीकमगढ़ में रहते हैं, मेरे परम मित्र हैं। उनके दादा थे हिन्दी के प्रख्यात रचनाकार मुंशी अजमेरी जी जो राष्ट्रकवि मैथिलीशरण गुप्त के साथ चिरगाँव में रहते थे। इस परिवार को कला और साहित्य में विरुद संस्कारतः उपलब्ध रही है। बुन्देलखण्ड की यह धरती 'रामराजा' द्वारा परिपोषित प्रजा भूमि है, जिसमें महाराज वीरसिंह (प्रथम) जैसा उदार राजा, गणेशकुँवर जैसी भक्त रानी, केशव जैसा महाकवि और 'मिश्र–मित्रोदय' जैसे धर्मशास्त्रकार पैदा हुए हैं। यहाँ तक कि ओरछा की उस इतिहास प्रसिद्ध नर्तकी को भी लोक कभी भुला नहीं सका जिसने सम्राट अकबर को परनारी का संस्पर्श न करने के व्यवहार शास्त्र का ज्ञान देकर अपनी और ओरछा राज्य की आन की रक्षा की थी।

स्वामी जी की कथा और शास्त्र ज्ञान में अध्यात्म और साधुत्व की इस अखण्ड परम्परा का उन्मेष था। उनके संवाद की शैली बुन्देली दर्प प्रधान थी। इस जन भाषा के उच्चारण के समय उदात्त–अनुदात्त स्वर प्रयोग आवश्यकतानुसार लघु और दीर्घ वाणी विराम और भावों का मुखाकृति विज्ञान श्रोताओं को मन्त्रमुग्ध करने की इनकी अपनी अद्भुत विरासत है जिसमें स्वामी जी को पूर्ण महारत प्राप्त थी। उन्होंने अपने एक प्रवचन में तो यह भी कहा कि तुलसी के मानस को ठीक से समझने के लिए बुन्देली भाषा की परम्परा की महत्त्वपूर्ण भूमिका काम करती है। वास्तव में तुलसी ने बुन्देली के कुछ ऐसे दूरस्थ शब्दों का प्रयोग भी किया है जिनसे अच्छे–अच्छे भाषा शास्त्री भी विस्मित और चमत्कृत होते आये हैं। इसके लिए उन्होंने रावण को चोर सिद्ध करने वाले ठेठ बुन्देली शब्द 'भड़या', स्त्री द्वारा पुत्र को जन्म देने के लिए 'बियानी' आदि के उपयोग का उल्लेख किया।

वर्ष 1973–74 में जब पूरे देश में रामचरितमानस के प्रादुर्भाव पर आधारित 'मानस चतुश्शती' समारोह मनाये जा रहे थे, उसी समय गायक मुकेश द्वारा मानस का रागात्मक गायन भी प्रकाश में आया। तब भोपाल आकाशवाणी से भी रामकिशन चन्देशरी आदिक अनेक शास्त्रीय गायन शैलियों में मानस के गायन को लोकप्रियता प्रदान करते थे। इसके पूर्व राधेश्याम तर्ज और बिन्दु आदि कवियों के द्वारा रामकथा की रस स्निग्धता का व्यापक परिचय मोरारी बापू आदि की कथा से भी हुआ है। ऐसे राम रसाश्रयी श्रोताओं को स्वतः के संगीत और गायन से एक साथ सराबोर कर देनेवाले श्री राजेश का आविर्भाव एक बहुत बड़ी घटना थी जिसका रामकथा अनुरागियों ने दशकों तक भरपूर लाभ लिया।

श्री राजेश जी बहुपठित, बहुश्रुत और बहुआयामी कल्पनाशील सर्जक भी थे। प्रत्येक कथा के अन्त में उनके द्वारा पढ़े जानेवाले इस दोहे के उत्तरार्ध की यह पंक्ति प्रायः प्रत्येक श्रोता को याद रहने वाली है।

**"जननि जनक राजेश के जय श्री सीता राम"**

उन्होंने ऐसे अनेक पद, सवैये, दोहे और कविताएँ लिखीं जो भक्ति, वीर, अद्भुत और शान्ति रस से परिपूर्ण तथा साहित्य की दृष्टि से मानक स्तर की हैं। वर्तमान में अनेक कथाकार और प्रवचनकार उनको इन रचनाओं को दोहराते हुए अपनी कथा को गति प्रदान करते देखे जाते हैं।

इसके अतिरिक्त स्वामी जी की रचना धारा की एक और बड़ी विशेषता यह थी कि वह हिन्दी के अतिरिक्त संस्कृत और उर्दू के शब्द और पदों का प्रयोग भी समान अधिकारिता और सिद्धिपूर्वक करते थे। उनकी इन सभी भाषाओं की बहुज्ञता उन्हें बड़ी असाधारणता प्रदान करती थी।

स्वामी जी ने सनातन हिन्दू परिपाटी में संन्यास दीक्षा प्राप्त कर उन अति परम्परावादियों को जैसे मौन कर दिया था जिन्हें उनके पूर्व आश्रम के 'मुहम्मद' मुखड़े से आपत्ति होती थी। कर्ण की किसी ऐसी ही मनोदशा पर अपने खण्डकाव्य 'रश्मिरथी' में श्री रामधारी सिंह दिनकर ने लिखा था–

**मैं उनका आदर्श कभी जो व्यथा न खोल सकेंगे**

किन्तु क्या कबीर, जायसी, रहीम, रसखान, साईं बाबा और वर्तमान समय के अजहर हाशमी आदि को हम जाति के तराजू पर तौलकर उनकी सार्वजनीनता को माप सकते हैं।

विनयपत्रिका में तुलसी का तो यही कहना है–

**भले लोक परलोक तासु जाके बल ललित ललाम को**
**तुलसी जग जनियत नाम ते सोचन कूच मुकाम को**
**कलि नाम कामतरु राम को।**

तुलसी के अनुसार तो राम का नाम मात्र कल्प वृक्ष जैसा फलदायी है। अब किसी को पते–ठिकाने के लिए गली, कूचा, मकान और देश के ठिकाने में जाने की कहीं कोई ज़रूरत नहीं। वे सारे लौकिक विवरण अनावश्यक विस्तार में पहुँचाकर केवल भटकाने का ही काम करते हैं। जिसने राम के नाम का आश्रय ले लिया उसके लिए लोक और परलोक दोनों स्वतः ही सँवर जाते हैं।

स्वामी जी राजेश्वरानन्द जी सरस्वती न केवल मध्यकालीन भक्ति परम्परा के नैरन्तर्य के परिचायक हैं बल्कि ये भारतीय संस्कृति बोध के भविष्य के वह स्तम्भ हैं जो अपनी कालजयता में सदा चिरन्तन है।

## सुरसरि धार नाउँ 'मन्दाकिनि' : दीदी मन्दाकिनी

मुम्बई के एक सुसंस्कृत परिवार में जन्मी पूज्य मन्दाकिनी दीदी ने प्रारम्भ से लेकर स्नातकोत्तर शिक्षा प्राप्त कर विश्वविद्यालयीन स्वर्णपदक प्राप्त किया। उन्हें भारत सरकार के द्वारा एक प्रतिष्ठापूर्ण परियोजना में फेलोशिप भी स्वीकृत की गयी। किन्तु कृष्णमूर्ति श्री रामकिंकर उपाध्याय की रामचरित की तात्विक विवेचना ने इतना प्रभावित किया कि उनकी जीवन दिशा ही परिवर्तित हो गयी। एक परम जिज्ञासु शिष्य का समर्थ गुरु के प्रति यह ईश्वरादिष्ट अनुपम संगम था।

मन्दाकिनी जी ने परम पूज्य रामकिंकर जी महाराज के अगाध चिन्तन और विवेचनपूर्ण साहित्य को अत्यधिक शोध और सम्पादन कौशल के द्वारा व्यवस्थित और लोक हितकारी स्वरूप में संवर्धित किया है। वह हिन्दी, अंग्रेज़ी, गुजराती और मराठी में समान अधिकार से प्रवचन करती हैं तथा जैसी कि पूज्य महाराज श्री की उनके सम्बन्ध में अवधारणा और आशीर्वाद था, वह देश और विदेश में उनके 'युग तुलसी' के रूप में हुए आविर्भाव को फलीभूत करने के प्रति संकल्पित हैं।

तुलसी मानस भवन की विगत अर्धसदी की परम्परा में वर्ष 2016 के तुलसी जयन्ती सप्त दिवसीय प्रतिवर्ष समारोह की प्रवचनकर्ता पूर्वानुसार युग तुलसी पण्डित रामकिंकर की सुयोग्य शिष्या दीदी मन्दाकिनी रामकिंकर थीं, उन्होंने अपनी सप्त दिवसीय प्रवचन श्रृंखला को अहल्या उद्धार प्रसंग के निम्न दोहे पर केन्द्रित किया।

**गौतम तीय शाप बस उपल देह धर धीर**
**चरण कमल रज चाहति, कृपा करहु रघुवीर।**

परम विदुषी और सन्निष्ठ रामसेविका मन्दाकिनी जी ने परम समर्थ विश्वामित्र द्वारा राम से अहल्या का उद्धार, प्रभु राम की कृपा सापेक्ष ही है। राम की कृपा अहैतुकी होती है। वह कारण और कार्य के सिद्धान्त से परे है। इसे प्राप्त होने या न होने की कोई मीमांसा नहीं की जा सकती। यह कृपा ताड़का और रावण जैसे दुष्ट राक्षसों को भी प्राप्त हो सकती है और हुई है।

अहल्या के अभिशप्त होने की पृष्ठभूमि में जाते हुए दीदी ने बताया कि यह पूरा खेल 'मति' अर्थात बुद्धि के परिष्कार से सम्बन्धित है। बुद्धि कितनी भी प्रखर हो, कुशाग्र हो, किन्तु वह शुक्राचार्य जैसी भी हो सकती है जिसके परिणामस्वरूप उन्हें बलि के यज्ञ में अपना एक नेत्र गँवा कर इसका परिणाम भोगना पड़ा। हमारी दो आँखें ज्ञान और वैराग्य की प्रतीक हैं। हमारी बुद्धि में धर्म की प्रतिष्ठा इसी रूप में होनी आवश्यक है।

धर्म हमें जहाँ स्वर्ग पहुँचाता है वहीं वह मुक्ति का भी मार्ग प्रशस्त करता है। स्वर्ग जाकर तो लौटना आवश्यक है, किन्तु मोक्ष के बाद वापस नहीं होना पड़ता। जीवन में काम की सत्ता का विश्लेषण दीदी ने मेघनाद के चरित्र से किया। वह देशकाल छोड़कर मानो दस इन्द्रियों का माध्यम लेता है। दूसरी ओर लक्ष्मण 'काम' रूपी पुरुषार्थ के प्रतीक हैं। उनके गार्हस्थिक जीवन में काम नियन्त्रित है। यही कारण है कि परम ब्रह्मचर्य व्रती श्री हनुमान के स्थान पर श्री लक्ष्मणजी ही मेघनाद का वध करते हैं।

भगवान परशुराम भी विष्णु के अंशावतार थे, किन्तु पूर्णावतार राम के सामने वह अपनी अपूर्णता से अवगत होकर तप के लिए प्रस्थान कर जाते हैं।

राम विवाह अहल्या उद्धार की पूर्ण फलश्रुति है। जिस काम ने अहल्या और इन्द्र को शापग्रस्त किया था, उनकी मुक्ति का मार्ग राम द्वारा सीता (जो निर्मलमति की प्रतीक हैं) के कारण करने हेतु प्रस्थान करने में प्रशस्त होता है। राम स्वयं मनसिज कामदेव रूपी अश्व पर सवार होकर नियन्त्रित काम के वास्तविक रूप को अद्‌भुत आयाम देते हैं। काम के इस अश्व पर सवार राम को देखनेवाला सहज छिद्रों वाला इन्द्र 'सुजान सुरेश' हो जाता है क्योंकि उसके ये छिद्र नेत्र का रूप ले लेते हैं।

अभी हाल ही रामकिंकर सभागार, मानस भवन, भोपाल में दीदी का कथा प्रसंग था– 'प्रबन्धन मानस और श्रीमद्भागवत सन्दर्भ'। मन्दाकिनी जी ने कथा की पृष्ठभूमि में भगवान के अवतार के हेतुओं पर विचार करते हुए कहा कि राम का जन्म सूर्यवंश में हुआ जबकि कृष्ण का आविर्भाव चन्द्रवंश में। सूर्य हमारी बुद्धि के प्रतीक हैं जबकि चन्द्र मन के। पुरुष सूक्त में **"चन्द्रमा मानसो जाता"** कहा गया है तथा ऋग्वेद में **"सूर्य आत्मा जगतस्थुश्च"** कहा गया है। इसका आशय यह है कि राम स्वतः प्रकाश रूप हैं उन्हें अपने ईश्वरत्व के प्रकटीकरण की आवश्यकता नहीं पड़ती। श्रीकृष्ण बचपन से ही चमत्कार दिखाते हैं क्योंकि उन्हें युगीन आवश्यकता के अनुरूप अपनी ईश्वरता प्रतिपादित करनी पड़ती है। इन अवतारों के जन्म, कार्य और भगवन्त के प्रकटीकरण में यह भेद बराबर प्रदर्शित हुआ है। दीदी ने यह स्पष्ट किया कि इस प्रतिपादन द्वारा किसी एक अवतार की महत्ता सिद्ध करने अथवा दूसरे को कम करने का आशय कदापि नहीं है। इस प्रसंग को लेकर उन्होंने केवल यह सन्देश देना चाहा है कि वर्तमान जीवन प्रबन्धन के इस युग में हमें यह आवश्यक हो गया है कि हम भौतिक दृष्टि मात्र लेकर आत्म प्रस्तुतीकरण के स्थान पर अन्तःकरण चतुष्टय–मन, बुद्धि, चित्त और अहंकार के स्तर पर ही केन्द्रित होकर आत्म–साक्षात्कार की ओर प्रवृत्त हों जो कि हमारा वास्तविक विकास का पैमाना होगा।

इस प्रस्तुतीकरण में दीदी ने पूज्यश्री रामकिंकर महाराज की महत्त्वपूर्ण कृति 'शील सिन्धु राघव और माधुर्य मूर्ति माधव' का आधार लेते हुए प्रतिपादित किया कि दोनों ही अवतार पूर्ण हैं और उनका सन्देशा उसकी परिपूर्णता में ही ग्रहण किये जाने योग्य है। **'धर्म न दूसर सत्य समाना"** का सत्य का पैमाना लेते हुए दीदी ने बताया कि यदि रामायण आदर्श महाभारत काल में प्रवृत्त होता तो महाभारत युद्ध की दूर–दूर तक कोई भी सम्भावना नहीं थी। यदि भ्रातृ प्रेम का आदर्श धृतराष्ट्र और पाण्डु के बीच ही काम कर रहा होता तो दुर्योधन की ईर्ष्या ही जन्म नहीं लेती। महाभारत में तो जैसे सत्य के प्रमाण–पत्र बटोरने और उनको लटकाकर चलने की होड़ ही लगी हुई है, चाहे वह भीष्म हो, गान्धारी हो, युधिष्ठिर हो, भीम हो, अर्जुन हो, या कि द्रौपदी हो। कृष्ण धर्म की इस जड़ता को तोड़ते हैं। भीष्म को लेकर वे अपनी स्वयं की प्रतिज्ञा तो तोड़ते ही है, युधिष्ठिर, अर्जुन, द्रौपदी, गंधारी आदि को वे परम सत्य के दर्पण में विपरीत बिम्ब के रूप में प्रतिच्छायित भी करते हैं।

राम–रावण युद्ध और महाभारत के युद्ध की तुलना करते हुए मन्दाकिनी जी ने कहा कि निश्चित ही राम–रावण युद्ध अधिक बड़ा और दुर्धर्ष था, किन्तु इस युद्ध में वस्तुतः एक भी जन–हानि नहीं हुई। राम की सेना को तो इन्द्र ने अमृत पान कराकर जीवित कर ही दिया था। रावण की सेना के मृत लोगों को भी राम ने अपने धाम में पहुँचा दिया। दूसरी ओर महाभारत के युद्ध में दोनों ओर से लड़नेवाली 18 अक्षौहिणी सेना में से अन्त में केवल पाँच पाण्डव और तीन–अश्वत्थामा, सात्यिकी और कृपाचार्य कहीं जीवित बचे। इससे बड़ी विडम्बना तो यह रही कि 1 अक्षौहिणी नारायणी सेना का भी विनाश कृष्ण ने नहीं रोका और इससे भी बड़ी द्विविधा तो यह कि श्रीकृष्ण महाभारत युद्ध के 36 वर्ष बाद अपने सम्पूर्ण यादव कुल का संहार देखकर ही अपना गोलोक का प्रत्यागमन करते हैं।

इस प्रसंग में दीदी द्वारा धर्म–रथ का तुलनात्मक आधार लेकर बड़ी रोचक व्याख्या की है। वास्तविक गीता का जन्म धर्मरथ से ही होता है चाहे वह विभीषण को सुनाई जा रही हो याकि अर्जुन को और यह कैसे भी भूलने की बात नहीं कि इसके तीसरे अप्रकट श्रोता पवनपुत्र दोनों ही स्थानों पर मौजूद हैं। धर्मरथ में राम के अनुसार शौर्य और धैर्य के दो पहिये होते–**सौरज धीरज जेहि रथ चाका।** धैर्य मन तथा शौर्य बुद्धि का गुण है। इन पहियों पर प्रत्येक काल के व्यक्तित्व का विकास का रथ भी स्थिर रहना चाहिए। इस प्रसंग में 'सुजान सारथी' की आवश्यकता भी भगवान राम ने प्रतिपादित की। स्पष्ट है कि कृष्ण रूप में इसे उन्होंने स्वयं चरितार्थ किया। अर्जुन के प्रतिद्वन्द्वी कर्ण की पराजय का महत्त्वपूर्ण कारण तो सारथी ही बन गया जब शल्य ने कर्ण का मनोभाव लगातार क्षीण करते हुए उसे अर्जुन से पराजित हो जाने की स्थिति उत्पन्न कर दी।

अब कोई यह प्रश्न करे कि महाभारत और श्रीमद्भागवत की रचना वेदव्यास ने की थी जबकि 'रामचरितमानस' तो तुलसीदास जी ने अभी कुछ सौ वर्ष पूर्व ही लिखा है अन्ततः इनकी तुलना का आधार कैसे बन सकता है, तो इस सम्बन्ध में मन्दाकिनी जी का यह उल्लेख सर्वथा ध्यान दिये जाने योग्य है कि मानस के मूल और वास्तविक रचयिता कवि तो महादेव हैं–**रचि महेस निज मानस राखा।** तब तुलसी तो इस कृति के लिपिकार ही हुए। इस अर्थ में मानस को यदि वाल्मीकि रामायण से भी प्राचीन कहा जाता है तो इसमें भी कोई त्रुटि नहीं मानी जा सकती।

## साधुत्व और शास्त्र के सुमेरु : श्री राजेन्द्र दास जी देवाचार्य

भारतवर्ष के प्रदेशों में मध्य प्रदेश उसका एक क्षेत्र बुन्देलखण्ड। वहाँ के एक जनपद टीकमगढ़ का एक ग्राम विशेष अचर्रा! पूर्वकाल से ही आचार्यों–सदाचारी वैदिक विप्रों के आवास स्थान का नाम आचार्य शब्द से अचर्रा हो गया। भद्र भाद्रमास जिसमें अवतारी लीलापुरुषोत्तम श्रीकृष्ण का प्राकट्य होता है उसी मास की शुक्ल पक्ष पंचमी को जिसे ऋषि पंचमी कहते हैं, उस पवित्र तिथि में हमारे पूज्यपाद श्रीमहाराज जी का आविर्भाव सत्परायण पुण्यसंस्कारशीला माता श्रीमती बृजलता देवी जी की दक्षिण कुक्षि से हुआ। आपके पिता पण्डित श्रीरामस्वरूप पाण्डेय जी वंशपरम्परानुसार अति संस्कारी, पुण्यात्मा, सदाचारी, नैष्ठिक धर्मप्राण विद्वान महानुभाव हैं। वैदिक सनातन पद्धति से ज्ञात कर्मादि संस्कार सम्पन्न होने के पश्चात विहित दिवस में विधि–विधानपूर्वक श्री महाराज जी का जन्म–लक्षणादि के अनुसार नामकरण संस्कार सम्पन्न हुआ। तदनुसार आपका जन्म नाम श्री राजेन्द्र नारायण पाण्डेय हुआ। सुजनश्रेष्ठ सद्गुरु श्रीगणेशदास जी भक्तमाली जी के समर्थ दिव्याशीष से सरलात्मा दम्पति श्रीमती बृजलता देवीजी तथा पण्डित श्रीरामस्वरूप पाण्डेय जी नामक माता–पिता से भारद्वाज गोत्र पाण्डेय विप्रवंश में भाद्रपक्ष शुक्ल पक्ष पंचमी, ऋषि तिथि को एक तेजस्वी बालक का प्राकट्य हुआ जो नामकरण संस्कार से आयुष्मान राजेन्द्र नारायण संज्ञावान हुए।

यथा आपके सद्गुरुदेव श्री भक्तमाली जी अपने बचपन में केवल संस्कृत पढ़ने हेतु दो बार चुपके से घर से भाग गये। पहली बार तो वह असफल हुए किन्तु दूसरी बार दो–तीन साथियों के साथ वह अपने गाँव कुसी (नैमिष क्षेत्र) से पैदल वाराणसी आ गये। उसी तरह

पाँचवीं–छठी कक्षा पढ़ते–पढ़ते ग्रामीण विद्यालय में घटनाविशेष के कारण विरक्त हो गये। तथा आपने पिताजी से कह दिया कि अब मैं वहाँ पढ़ने नहीं जाऊँगा। इस स्थिति से आपके पण्डित पिताश्री तथा सम्पूर्ण परिवार अति चिन्तित हो गये। किन्तु श्रीहरि कृपा से उसी समय वृन्दावन से सद्गुरुदेव महाराज का पदार्पण हुआ और सारी स्थिति जानकर उन्होंने झट से समाधान किया।

इससे पूर्व ग्राम निवास की अवधि में भी लगभग एक वर्ष के लिए प्रातःस्मरणीय पूज्यपाद स्वामी श्रीशरणानन्द सरस्वती जी महाराज का पावन सान्निध्य प्राप्त हुआ। पूज्य स्वामी जी जगद्गुरु शंकराचार्य ज्योतिषपीठाधीश्वर श्रीब्रह्मानन्द सरस्वती जी महाराज के शिष्य तथा धर्म–सम्राट स्वामी श्रीकरपात्री जी महाराज के छोटे गुरु–भ्राता थे। पूज्यपाद श्रीशरणानन्द जी संन्यास धर्म में पूर्ण परिनिष्ठित एवं कंचन कामिनी के स्पर्श से सर्वथा विमुक्त एक सर्वसन्तप्रशस्त महापुरुष थे।

वहीं अपने शरणागत नव बाल शिष्य को उन्होंने वैष्णवी दीक्षा प्रदान कर विधिवत संस्कार किया। संस्कृत शास्त्र अध्ययन वृन्दावन में इनका आरम्भ करवाया। कालान्तर में आपके गुरुदेव श्रीगणेशदास भक्तमाली जी ने आपको निकटस्थ खाकी चौक के योगिराज सिद्ध सन्त श्रीदेवदास जी महाराज से विरक्त दीक्षा दिलवाई। संस्कारी वैष्णव अध्ययनशील श्री राजेन्द्रदास जी ने क्रमशः नव्य व्याकरण, विशिष्टाद्वैत वेदान्त दर्शन तथा साहित्य शास्त्र में आचार्यत्व उपाधि अर्जित की तथा अनुसन्धान कार्य सम्पन्न कर विद्यावाचस्पति (डी. लिट्.) की उपाधि भी प्राप्त की।

जब मैंने देवाचार्य राजेन्द्रदास जी से तुलसी मानस भवन, भोपाल में 'रामकथा' पर व्याख्यान हेतु पधारने का अनुरोध किया तो उन्होंने अपने सर्वज्ञात विनम्र भाव में प्रथमतः यही कहा जब पूज्य रामकिंकर जी उपाध्याय, राजेश्वरानन्द जी महाराज और देवी मन्दाकिनी आदि पधारते रहे हैं, वहाँ मेरे जैसे रामकथा न कह पानेवाले व्यक्ति का स्थान हो सकता है?

तब मेरा कहना था कि वाल्मीकि रामायण के इस श्लोक को आपके सन्दर्भ से मैंने नोट कर रखा है तथा आपकी अपेक्षा के अनुरूप इसके अभिज्ञान के लिए मैं इसे जहाँ का तहाँ साझा कर रहा हूँ–

**यश्च रामं न पश्येतु यश्च रामं न पश्यति**
**निन्दितः सर्वलोकेषुस्वात्माप्येनं विगर्हति।**

(वाल्मीकि रामायण 2/17/14)

अर्थात जिसने राम को नहीं देखा–जाना और राम ने जिसे नहीं देखा (कृपादृष्टि से) वे दोनों तो सर्वत्र निन्दा के ही योग्य हैं। उनकी अन्तरात्मा उन्हें सदा धिक्कारती ही है।

देश के शीर्ष शास्त्रज्ञ और वाल्मीकि रामायण के अप्रतिम प्रस्तोता के रूप में आपके सुने इस कथन कि वाल्मीकि रामायण के इस श्लोक को भारत के घर–घर द्वार पर लिखा जाना चाहिए, क्या सुनकर कोई भुला सकता है?

यह सही है कि देवाचार्य जी के प्रधान प्रियतर विषय भक्तमाल, श्रीमद्भागवत और गोसंरक्षण आदि हैं, किन्तु भारतीय मनीषा का कोई भी विषय उनसे छूटा नहीं है तथा उनकी अनवरत नित्य अध्यवसायिता उन्हें शास्त्र ज्ञान की सर्वोच्चता प्रदान करती है। यहाँ चूँकि मूल सन्दर्भ 'रामकथा' का है, अतः इस समबन्ध में उनका इसी रूप में परिचय मेरा प्रकट अभिप्रेत है।

कुछ समय पूर्व देवाचार्य ने रामकथा की वेद के प्रत्यक्ष उपब्रह्मण के रूप में अद्भुत व्याख्या की। उनका कहना था कि दशरथ जी के पिता अज थे। 'अज' को हम जानते हैं, यह ब्रह्मा जी का नाम है। जिस प्रकार वेदब्रह्मा के निश्वास हैं, उसी प्रकार दशरथ अज महाराज के आत्मज के आत्मज हैं। गोस्वामी तुलसीदास मानस में उनका यही परिचय देते हैं–

**अवधपुरी रघुकुलमनि राऊ। बेद विदित तेहि दसरथ नाऊ।।**

जब हम वेद के कथ्य भाग पर आते हैं तो स्पष्ट होता है कि वेद में ज्ञान, उपासना और कर्म–तीन मुख्य प्रभाग हैं। दशरथ जी की तीन महारानियाँ–कौशल्या, सुमित्रा और कैकेयी इन्हीं तीन भूमिकाओं का प्रतिनिधित्व करती हैं। और जहाँ तक राम, भरत, लक्ष्मण और शत्रुघ्न का सम्बन्ध है, उनके विषय में गोस्वामी तुलसीदास का यही कहना है–**"वेद तत्त्व नृप सुत तवचारी"** (मानस 1/98) । वे मनुष्य के पुरुषार्थ चतुष्टय–मोक्ष, धर्म, धन और काम के प्रतीक हैं। अपने इस व्याख्यान में महाराज जी ने विस्तृत व्याख्यापूर्वक यह भी समझाया है कि पुरुषार्थ का क्रम प्रचलित रीति–धर्म, अर्थ, काम और मोक्ष के स्थान पर पूर्वोक्त क्रम में ही रखे जाने योग्य है। वास्तव में 'काम' से मोक्ष का क्रम तो असंगत है ही, 'अर्थ' से भी मोक्ष की प्राप्ति की कल्पना नहीं की जा सकती है। महाराजश्री की स्थापना है कि 'काम', अर्थात कामना, इच्छा, अभीप्सा और जीवनाकांक्षा प्रथम पुरुषार्थ है जो संसार में मानव की यात्रा का सर्वथा प्रथम पग है। इस पुरुषार्थ साधन से मनुष्य अर्थ अर्थात उपकरण, साधन और उपादान तथा धन (अर्थ) संचित करता है। धन की सर्वोत्तम गति दान है जो एक सच्चे पुरुषार्थी को धर्म पथ पर पहुँचाती है और यही मनुष्य के लिए मोक्ष का द्वार खोलता है।

आदिकवि वाल्मीकि के 'शोक से श्लोक' उत्पन्न होने के लोक विश्रुत सिद्धान्त पर **"मा निषाद प्रतिष्ठां त्वमगमः शाश्वती समा/यत्क्रौंचमिथुनाद्मेकमवधी काममोहितम्"** की देवाचार्य जी की व्याख्या अद्भुत है। उनके अनुसार इस एक श्लोक मात्र में रामायण के सातों काण्डों की कथा का समाहार उपलब्ध हो जाता है। वाल्मीकि जैसे द्रष्टा महाकवि की काव्य प्रक्रिया को इस श्लोक में सरलीकृत धारणा में देखना कदापि उचित नहीं है। यहाँ कवि की अन्तर्दृष्टि किसी काल या घटना सापेक्ष न होकर वेदानुकूल सृष्टि की रचना और विस्तार क्रम की ही प्रतिपादक है।

**"भक्ति भक्त भगवत गुरु चतुर्नाम वपु एक/इनके पद बन्दन किये नासहिं विघ्न अनेक"** की भक्तिमाली धार में ज्ञान, उपासना और सनातन भारतीय जीवन–दर्शन का सर्वांगीण समाहार हो सकता है, यह राजेन्द्रदास जी की कथा सुनकर ही समझ में आता है। हिन्दी साहित्य की सन्त परम्परा के मध्ययुगीन भक्त कवियों को नाभादास जी की दृष्टि में पिरोकर राष्ट्र के सांस्कृतिक परिष्कार का एक महतर प्रयोजन साधा जा सकता है, यह संकल्पना राजेन्द्रदास जैसे उक्त परम्परा के वर्तमान और सनातन संस्करण की ही हो सकती है। उन्हें सुनते हुए मलूकदास जी के सम्बन्ध में लोक प्रचलित निश्चेष्टा **(अजगर करें न चाकरी पंछी करें न काम। दास मलूका कहि गये सबके दाताराम)** के सिद्धान्त का तो निवारण होता ही है, भक्त रैदास द्वारा काशिराज की उपस्थिति में काशी के पण्डितों की पराजय का तुमुलनाद भी सुना जा सकता है। प्रियादास जी के किसी एक पद को लेकर जब राजस्थान, महाराष्ट्र, गुजरात या मध्य प्रदेश के किसी सन्त के सम्बन्ध में किन्हीं चार

पंक्तियों पर उनकी कथा का एक सम्पूर्ण सप्ताह (पाँच घण्टे प्रतिदिन की अबाध कथा धारा में) अपर्याप्त हो जाता हो तो वाल्मीकि या तुलसी की रामायण की कथा के आरम्भ और विश्रान्ति की सीमा रेखा ही खोजना निरर्थक है।

राजेन्द्र दास जी स्वर, संगीत, गान, सम्बोधन, उद्‌बोधन, प्रबोधन और संयोजन की अपार क्षमता रखते हैं। जहाँ कुछ कथावाचकों के साथ काफ़ी बड़ी संख्या में लगभग एक गाँव जैसा अनुयायी वर्ग चलता है, वैसे ही देवाचार्य जी के साथ विरक्त साधु महात्माओं और संस्कारवान गृहस्थों की जमात चला करती है। यहाँ यह अनुमान किया जा सकता है कि इतनी संख्या के श्रोता मात्र श्रद्धावश केवल पाठ पुनरावृति के लिए प्रेरित होकर उपस्थित नहीं हो सकते हैं। इन श्रोताओं के लिए निश्चित ही यह आश्चर्य का विषय होगा कि उनसे आयु में इतने कनिष्ठ (म्हाराजश्री का जन्म वर्ष 1971 है) वक्ता के पास इतने शास्त्र, साधना, अध्यवसाय और सत्संग से इतने अल्पकाल में उपार्जित यह अतुलनीय सम्पदा दैवी प्रसाद ही हो सकती है।

इस अवसर पर मुझे श्री राजेन्द्र दास जी के पूर्व आश्रम के पूज्य पिताश्री रामस्वरूप दास जी पाण्डेय की एक पुस्तक की समीक्षा करते हुए लिखी अपनी निम्न पंक्तियों का स्मरण आ रहा है–

'यह महज़ संयोग ही नहीं है कि श्री रामस्वरूप दास जी पाण्डेय मलूक पीठाधीश्वर राजेन्द्र दास जी देवाचार्य के पूर्व आश्रम के पिता हैं। श्री राजेन्द्र दास जी वर्तमान समय के देश के शीर्षतम शास्त्रवेत्ता साधु हैं। विद्वत्ता की उनकी पराकाष्ठा अतुलनीय है जिस प्रकार कपिल महाराज से देवहूति और ऋषि कर्दम धन्यता को प्राप्त हुए वही भाग्यश्री पाण्डेय जी का भी है। राजेन्द्र दास जी अपने विश्वव्यापी सरसन्धान से गोरक्षा के जिस अप्रतिम संकल्प साधन में निरत हैं, वह उनकी सनातन भारतीय भूमिका को पुनराख्यायित करता है।'

राजेन्द्र दास जी की रामकथा का वह प्रसंग जब राम 'निश्चर वध' की दृढ़ प्रतिज्ञा करते हैं, प्रकारान्तर से अनेक बार उभरता है। रामचरितमानस में तो इसकी पृष्ठभूमि में तुलसीदास जी ने राम का राक्षसों के द्वारा मारे गये मुनियों के 'अस्थि समूह' देखना बताया है। वाल्मीकि की सीता राम की इस दृढ़ प्रतिज्ञा पर औचित्य का प्रश्न उत्पन्न करती है। उनका कहना है कि निश्चरों ने राम का कुछ अहित नहीं किया है, उनसे उनकी कोई शत्रुता भी नहीं है, अतः राम जैसे धर्मज्ञ और नीतिवान को अकारण उनके विनाश की प्रतिज्ञा करना कहाँ तक सही है? वाल्मीकि जी के राम इस सम्बन्ध में इतने दृढ़प्रतिज्ञ हैं कि इसके कारण को लेकर तो वे सीता और लक्ष्मण का भी परित्याग कर सकते हैं। ऐसा श्रीराम का कहना है–

**अप्यहं जीवितं जह्यां त्वां व सीते सलक्ष्मणाम्**
**न तु प्रतिज्ञां सन्श्रुत्य ब्राह्मणेभ्यो विशेषतः।**

आशय यह है कि ब्राह्मणों के प्रति की गयी प्रतिज्ञा राम के लिए अपरिहार्य है सारतः ब्राह्मण, गाय और सनातन धर्म के सिद्धान्त और दर्शन का विधि और निषेध रीति से पूरी तरह से परिपालन देवाचर्य का स्थिर सन्देश है। यह प्रश्न उठाया जा सकता है कि शास्त्रों की भी अनेकशः व्याख्या हुई है तथा आधुनिक सन्दर्भों में समाज को पश्चिम की वैज्ञानिक शिक्षा और सन्देश को भी ध्यान में रखना विधेय हो सकता है। किन्तु साधु परम्परा, सनातन

शास्त्र दर्शन और भारतीय जीवन दृष्टि में आकण्ठ निमग्न मलूक पीठाधीश्वर से भिन्न धारणा की अपेक्षा भी नहीं की जा सकती। इसमें यह आश्चर्य भी कोई स्थान नहीं रखता है कि जिस तिलक, चोटी, नित्य पूजा अनुष्ठान और सम्पूर्ण धर्म निष्ठा ने स्वयं उनकी अपनी कठिन साधनापूर्ण जीवन–यात्रा में पग–पग पर परीक्षा ली, उनके सार्वभौम सन्देश का वही आग्रह है। ज्ञान, साधना, अनुभव और दृष्टि की यह एक निष्ठा उनके विरल व्यक्तित्व की विशेष पहचान बनाती है।

यहाँ नूतन और समसामयिक विषयों में से एक पर्यावरण पर श्री राजेन्द्र दास की अत्यन्त प्रभावी दृष्टि का उल्लेख करना आवश्यक लगता है। 5 जून 2019 को टीकमगढ़ में समायोजित अपनी रामकथा में उन्होंने विश्व पर्यावरण दिवस के सन्दर्भ में राम द्वारा चित्रकूट में भरत को पर्यावरण की सुरक्षा की आवश्यकता के सन्देश को आधार बनाया। देवाचार्य का कहना था कि पर्यावरण में हम प्रकृति के पाँच तत्त्व–पृथ्वी, जल, अग्नि, वायु और आकाश को ही सम्मिलित कर अपनी अपूर्ण चेष्टाओं में खो जाते हैं। उनके अनुसार गीता में भगवान श्रीकृष्ण ने प्रकृति को 'अष्टधा' कहा है। इसमें पाँच के अतिरिक्त मन, बुद्धि और अहंकार की भी महत्त्वपूर्ण स्थिति है। पूर्वोक्त पाँच जहाँ स्थूल प्रकृति के प्रतीक हैं वहीं उक्त तीन सूक्ष्म प्रकृति के परिचायक हैं। हम पर्यावरण की रक्षा आज इसलिए नहीं कर पा रहे हैं क्योंकि हमारी वर्तमान सारी चेष्टाएँ स्थूल तत्त्वों के स्तर तक ही सीमित हैं। इस सिद्धान्त को हम अपने जीवन में घटित करते हुए भी अच्छी तरह से समझ सकते हैं। हमारे अपने स्वास्थ्य, रूपान्तरण और परिष्कार का कार्य केवल भौतिक स्तर पर चेष्टा करने से सम्पादित नहीं होता। सबके लिए यदि हम सूक्ष्म स्तरों–मन, बुद्धि और अहंकार के स्तर पर–चेष्टा करते हैं तो भौतिक स्थिति स्वतः प्रभावी रीति से परिवर्तित होती है। यही स्थिति पर्यावरण में सुधार को लेकर भी ध्यान में दी जाना आवश्यक है। यदि आज की मानवीय चेतना के धरातल पर भारतीय विज्ञान के इस सिद्धान्त और दर्शन को स्वीकार कर लिया जाता है तो इतनी विश्वव्यापी चिन्ता के प्रश्न पर हमें आसान और स्थायी समाधान प्राप्त हो सकता है।

यह कोई आश्चर्य नहीं कि जगद्गुरु रामभद्राचार्य जी इस विभूति को देश के राष्ट्रपति के द्वारा अपने विश्वविद्यालय से डी. लिट्. उपाधि प्रदान करते हैं, ज्योतिष पीाठाधीश्वर स्वरूपानन्द जन्मदिन की शुभकामना मलूक पीठ पहुँचकर प्रदान करते हैं तथा इनकी जन्मस्थली समारोह में अचर्रा पहुँचकर पुरी पीठाधीश्वर श्री निश्चलानन्द जी महाराज कहते हैं–मैं इन पर लट्टू इसलिए हूँ क्योंकि ये ज्ञान के पुंज होने के साथ ही साथ साधुत्व की पराकाष्ठा हैं। रामकथाकार मोरारी बापू इनके आमन्त्रण पर रामधाम ओरछा में कथा करते हैं। नृत्यगोपालदास अयोध्या में रामकथा सुनते हैं तथा भारत माता मन्दिर प्रधान पीठाधीश्वर श्री अवधेशानन्द रेवतीरमण, पथमेड़ा महाराज, श्री मृदुलकृष्ण गोस्वामी, श्री कृष्णचन्द्र शास्त्री, ठाकुर जी, रमेश भाई ओझा, बाबा रामदेव आदि इनके परम प्रशंसक हैं। वर्तमान में रामानुरागी और भगवद्कथा प्रेमी जनों का यह परम सौभाग्य है कि वह आज ऐसे युग में एक ऐसे प्रामाणिक कथाकार की कथा रस का पान करने में समर्थ हैं जिसमें भगवान् शुकदेव जी महाराज और मैत्रेय आदि ऋषियों की प्रतिच्छाया देखी जा सकती है।

# रामकथा के विश्वकोश : विद्यावाचस्पति डॉ. रामाधार शर्मा

मध्य प्रदेश के ज़िला रायसेन के बीकलपुर में जन्मे डॉ. रामाधार शर्मा की प्रारम्भिक शिक्षा ग्राम बीकलपुर में ही हुई। पश्चात उन्होंने 'हनुमान चरित का विकास' विषय पर भोपाल के हमीदिया महाविद्यालय से डॉ. रामचन्द्र तिवारी के मार्गदर्शन में शोध समपन्न किया। इसके अतिरिक्त उन्होंने वाराणसी से विद्यावाचस्पति की उपाधि अर्जित की। ज्योतिष, वैदिक और संस्कृत साहित्य का प्रामाणिक ज्ञान उन्हें अपने पूज्य पितामह से प्राप्त हुआ। वह सभी अठारह पुराणों में प्रवचन की दक्षता रखते हैं तथा वैदिक और कर्मकाण्डीय अनुष्ठान के आचार्यत्व की क्षमता युक्त हैं। उन्होंने शताधिक मानस सम्मेलन, समायोजन और सम्मविमर्श में भागीदारी की है तथा साधिकार शास्त्र और वेद विषयक भ्रान्तियों को निर्मूल करने की क्षमता रखते हैं। उन्होंने अनेक धर्मसंघों और वेद सम्मेलनों में प्रभावी क्षेत्रीय प्रतिनिधित्व किया है।

डॉ. रामाधार शर्मा तुलसी मानस प्रतिष्ठान में प्रति वर्ष समायोजित श्री गोरेलाल शुक्ल स्मृति व्याख्यान माला के शिखर शिल्पी हैं। लगभग दो दशक पुरानी इस व्याख्यान शृंखला में उन्होंने हनुमान, भरत, महाराज दशरथ आदि के चरित्र तथा रामकथा के प्रायः सभी सारभूत ग्रन्थों जिनमें देश, विदेश तथा जैन और बौद्ध रामकथाएँ भी सम्मिलित हैं, पर अपने प्रभावी सप्त दिवसीय प्रवचन दिये हैं। आचार्य प्रवर की कथा की सबसे बड़ी विशेष्ता उनके द्वारा विविध शास्त्र प्रसंगों में सकारात्मक संगति बिठाने की क्षमता है। प्रायः सर्वथा आस्तिक सनातनी हिन्दू मानस भी विविध पुराणों के अध्ययन से समाहूत विरोधाभासों से आच्छन्न होकर इनके समाधान के लिए भटकता रहता है। ऐसे जिज्ञासुओं के लिए डॉ. शर्मा का कथा मंच बहुत महत्त्वपूर्ण हो जाता है क्योंकि आचार्य जी दिन–प्रतिदिन की शंकाओं का निवारण तो करते चलते हैं ही, उनकी कथा के अन्त में प्रायः एक सम्पूर्ण सत्र शंका समाधान का ही हो जाता है। शास्त्र विषयक अध्ययन की प्रामाणिकता इतनी बात से ही स्वतः सिद्ध हो जाती है क्योंकि शर्मा जी जिस शास्त्र या विषय का सन्दर्भ देते हैं, उसके सम्बन्ध में वह यह स्पष्ट करते चलते हैं कि तत्सम्बन्धी मूल विषय का उनका अध्ययन अपना है। मानस में प्रयुक्त छन्द संख्या पर आचार्य ने यह रोचक जानकारी दी–

प्रश्न पूछने वाले तो कभी–कभी सूची ही साथ लेकर चलते हैं। ऐसे ही एक अवसर पर रामचरितमानस में प्रयुक्त छन्द संख्या पर आचार्य ने यह रोचक जानकारी दी–

| | | |
|---|---|---|
| मानस में प्रयुक्त चौपाइयाँ | – | 9218 |
| दोहे | – | 1173 |
| सोरठा | – | 87 |
| छन्द | – | 228 |
| श्लोक | – | 27 |

आचार्य ने इसके अतिरिक्त यह भी बताया कि इसमें प्रयुक्त शब्द संख्या 1,16,733 तथा अक्षर संख्या है 2,91,580।

आचार्यवर ने पुराण परिचय, नित्यकर्मानुशासन, गृहस्थ, स्त्री धर्म, आश्रम व्यवस्था आदि के सम्बन्ध में अनेक ग्रन्थ भी लिखे हैं जो धर्मानुरागियों के लिए बहुत उपयोगी हैं।

यह कोई आश्चर्य नहीं कि अयोध्या में नृत्यगोपालदास जी की छावनी में अभी 2019 में अपनी रामकथा के प्रसंग में देवाचार्य मलूक पीठाधीश्वर श्री राजेन्द्र दास जी ने इस महत्कार्य के लिए श्री रामाधार जी का सादर स्मरण कर उन्हें साधुवाद दिया।

एक कथा प्रसंग में श्रीमद्भागवत को लेकर मैंने जब कुछ दाक्षिणात्य शैव विचारकों के इस मत पर उनका अभिमत जानना चाहा कि क्या श्रीमद्भागवत आदि शंकराचार्य के पश्चात् लिखा हुआ पुराण है? इन विचारकों का तो यह भी कहना है कि वास्तव में श्रीमद्भागवत आदिशंकर के पश्चात् लिखा हुआ पुराण है? इन विचारकों का तो यह भी कहना है कि वास्तव में श्रीमद्भागवत में ही पुराणों की सूची में 'भागवत' 8वें क्रम पर उल्लिखित है। इसके आधार पर इनका मत बना है कि भागवत से आशय देवी भागवत से ही लिया जाना चाहिए। इसके अतिरिक्त इनका एक और महत्त्वपूर्ण प्रश्न भागवत कथाकार शुकदेव जी महाराज को लेकर खड़ा किया गया है। उनका कहना है कि महाभारत (जो कि इन दाक्षिणात्यों की दृष्टि में पूर्ण प्रामाणिक है) के अनुसार शुकदेव जी परीक्षित के जन्म पूर्व ही ब्रह्मलोक गमन कर चुके थे। अतः परीक्षित को कथा सुनाने की उपस्थिति कैसे सम्भव थी? इसके अतिरिक्त यह भी कि महाभारत के अनुसार तक्षक ने परीक्षित को वास्तव में डसा था जबकि इस घटना का भागवतकार ने संस्पर्श ही नहीं किया।

इस सम्पूर्ण विवाद का आचार्य प्रवर ने बहुत शोध और विचारपूर्ण उत्तर दिया। सबसे पहले तो उन्होंने इस तथ्य के उचित सन्दर्भ दिये कि श्रीमद्भागवत में इन विचारकों की अवधारणा से गायत्री मन्त्र के अनेक सन्दर्भ ज्ञात हैं। उदाहरण के लिए जहाँ प्रथम श्लोक के अन्त में ही 'सत्यं परं धीमहि' में गायत्री मन्त्र की ध्वनि सुनी जा सकती है वहीं दशम स्कन्ध में भगवान कृष्ण की नित्य कर्म और चर्या के प्रसंग से गायत्री मन्त्र का सन्दर्भ लिया जा सकता है। जहाँ तक शुकदेव जी महाराज द्वारा राजा परीक्षित को भागवत सुनाने का सन्दर्भ है, इस सम्बन्ध में श्री शर्माजी का कहना था कि जिस प्रकार सनकादिक और नारदादि ऋषि के आवागमन के पुराण प्रसिद्ध अनेकानेक सन्दर्भ हैं, उसी प्रकार परमहंस स्वरूप शुकदेव जी महाराज की भी भागवत की दिव्य कथा प्रसंग में उपस्थिति को स्वीकार किया जाना चाहिए।

*(तुलसी मानस प्रतिष्ठान में संगृहीत सामग्री से साभार)*

## डॉ. श्यामसुन्दर दुबे : 'स्वान्तस्तमः शान्तये'

इस आलेख का शीर्षक डॉ. श्यामसुन्दर दुबे के तुलसी प्रतिष्ठान भोपाल में वर्ष 2016 में संस्थान की सुप्रतिष्ठित 'बलदेवप्रसाद व्याख्यान माला' में दिये गये त्रिदिवसीय व्याख्यान का विषय–शीर्ष था। श्री दुबे इसमें मेरे अनुरोध पर हमारी समन्वित विगत पचास वर्ष पुरानी स्मृतियों की मंजूषा सहित सप्रेम पहुँचे थे। रामचरितमानस के संस्कृत श्लोकी इस उपसंहार जिसमें तुलसी के प्रतिज्ञा कथन 'स्वान्तः सुखाय' का जैसे उदात्तीकरण हुआ है, पर श्री दुबे ने एक बहुत विद्वत्तापूर्ण व्याख्यान दिया। प्रबुद्ध व्याख्यान मूलक यह शृंखला इस अर्थ में उल्लेखनीय ही है कि इसमें डॉ. नगेन्द्र, विष्णुकान्त शास्त्री, विद्यानिवास मिश्र, डॉ. गोविन्दचन्द्र पाण्डेय, कल्याणमल लोढ़ा, डॉ. राममूर्ति त्रिपाठी, पाण्डुरंग राव,

विश्वास पाटील और नरेन्द्र कोहली आदि प्रभृति मनीषी भाग ले चुके हैं। डॉ. दुबे ने अपने व्याख्यान का विषय निश्चित ही उसकी गुरुवत्ता के अनुरूप ही रखकर तीन दिन तक भोपाल राजधानी के बुद्धिजीवियों को अभिभूत किया। तुलसी की यहाँ यह स्वीकारोक्ति कि इसमें उन्होंने मानस लिखकर अन्ततः अपने अन्तस की कालिमा को ही मिटाने की चेष्टा की है, चकित ही करती है। तुलसी में क्या कोई कलुष का वास हो सकता है? और यदि तुलसी में कालुष्य है तो फिर इससे बचने वाला कोई अन्य हो सकता है, कल्पना करना ही मुश्किल हो जाता है। अतः मानस के गहन अन्तर्दर्शन द्वारा ही यह समझा जा सकता है कि इस कथन में तुलसी का कितना अन्तः साक्ष्य और कितना जीवन दर्शन छिपा हुआ है।

श्री दुबे की उपलब्धियों में यह सब चमत्कृत ही करता है कि प्रतिष्ठापूर्ण महाविद्यालयीन परमाचार्य पद के सम्यक् निर्वाह सहित जहाँ उन्होंने बहुआयामी विषयों पर लगभग तीन दर्जन पुस्तकें लिखी हैं वहीं लगभग समान संख्या में उन्हें सुब्रह्मण्य भारती सहित अनेक सम्मान भी प्राप्त हुए हैं। यदि उन्होंने लगभग एक दर्जन शोधार्थियों का मार्गदर्शन किया है तो उनके साहित्यिक अवदान को लेकर भी लगभग इसी संख्या में उन पर शोधकार्य भी सम्पन्न हो चुका है। किन्तु मुझे श्री दुबे के वर्तमान में भागवत और रामायण कथा प्रसंग पर प्रवचन और व्याख्यान की ओर उनके झुकाव विशेष अर्थपूर्ण समझ आते हैं। उम्र के इस पड़ाव पर मुझे एक समान बात कहे जाने का स्मरण हो रहा है। अपनी आयु की प्रायः पूर्ण कामना पर उन्होंने कहा कि यहाँ पहुँचकर एक आप्तकाम में भगवद्भक्ति का यही भाव आना चाहिए–

**सकृददेव प्रपन्नाय तवास्मीति च याचते**
**अभयं सर्व भूतेभ्यो ददाम्येतद् व्रतं मम्**

(वाल्मीकि रामायण 6–18–33)

अतः श्री दुबे का भगवत्–'कथामृत' का पारायण और लोक में सम्प्रसार श्रीमद्भागवत के **'भुवि ग्रणन्ति ते भूरिदा जनाः'** (भागवत 10/31/8) की भूमिका निर्वाह का महत्तर दायित्व मुझे प्रियतर है। अतः मैं अपने शीर्षोक्त विषय पर लौटता हूँ।

आज के एक विद्वान के आचरण और व्यवहार में यह अपने आप में तुलसी की तुलना में कितना विरोधाभासपूर्ण नहीं है कि हमारी प्रस्तुति जहाँ स्वकीर्ति गायन प्रधान होती है, वहीं तुलसी मानस की भूमिका में जो अपना परिचय देते हैं वह कुछ इस प्रकार का है–

**जे जनमे कलिकाल कराला। करतब बायस बेष मराला।।**
**चलत कुपन्थ बेद मग छाँडे। कपट कलेवर कलि मल भाँडे।।**
**बंचक भगत कहाइ राम के। किंकर कंचन कोह काम के ।।**
**तिन्ह महँ प्रथम रेख जग मोरी। धींग धरम ध्वज धंधक धोरी।।**

(मानस बालकाण्ड 11/1–2)

तुलसी के साथ यह कोई सामान्य शिष्टाचार या औपचारिकता का निर्वाह भी इसलिए नहीं कहा जा सकता क्योंकि वह न केवल इस महाकाव्य का उपसंहार करते हुए इसे दोहराते हैं बल्कि वह अन्य ग्रन्थ, विशेषकर विनयपत्रिका को तो अपनी दैन्य प्रधान भक्ति की पराकाष्ठा तक पहुँचाते हैं।

अतः अपने व्याख्यान में जैसा कि श्री दुबे ने प्रतिपादित किया, तुलसी ने जैसे अपने भीतर के इस प्रच्छन्न कल्मष का साक्षात्कार भी कर लिया था। स्पष्ट भी है कि रोग के उपचार के लिए उसका उचित निदान कर लिया जाना सर्वथा आवश्यक था। यही कारण है कि मानस की रचना प्रक्रिया में रोग के निदान और उपचार की पूर्ण प्रक्रिया का दर्शन इसके कथाक्रम के विकास में किया जा सकता है। तुलसी ने राम के अवतार के अनेक हेतुओं में मुख्य रूप से नारद मोह, जलन्धर वध, जय–विजय प्रसंग, और प्रताप भानु कथानक को उठाया है। इस तरह उन्होंने प्रकारान्तर से मनुष्य के भीतर के मोह, काम, क्रोध और लोभ के विकारों के उत्कर्ष और उनसे दैवी संघर्ष की आवश्यकता प्रतिपादित की है। नारद जैसे विष्णु भक्त मोह के वशीभूत होकर अपने आराध्य को ही अभिशापित करने से नहीं चूकते। जलन्धर अपनी पत्नी वृन्दा के प्रेम में भगवान शिव के लिए क्रोध कर बैठते हैं तथा सभी यज्ञादि का फल 'वासुदेव' को अर्पित कर देनेवाला राजा प्रताप भानु एक कल्प के राजसुखभोग के लिए कपटी मुनि के फेर में पड़ जाता है। प्रकारान्तर से मानस मन की ये सूक्ष्म वृत्तियाँ मोह–रावण (मोह दशमौलि–विनयपत्रिका), क्रोध–कुम्भकरण **(कुम्भकरण रन रंग विरुद्ध।। सन्तुख चलेउ काल जनु क्रुद्धा–मानस)**, काम–मेघनाद (पाकारिजित काम– विनयपत्रिका) और लोभ वह 'ईसना' **(सुत वित लोक ईसना तीनी)** है जो प्रत्येक की मति मलीन करती चलती है।

तुलसी ने स्पष्ट किया है–**जीव हृदय तम मोह विषेखी** (उत्तरकाण्ड 116 ख 4) अतः अज्ञान की 'ग्रन्थि' टूटना आसान नहीं कहा जाता। विनयपत्रिका में उन्होंने कहा भी है– **मोहमय कुहू विसाल काल विपुल सोयो**। अतः उनका स्पष्ट मत यही स्थापित होता है कि 'ज्ञान की ईश कृपा' से ही 'सुजान जीव' का जागरण एक सम्भावना है।

अतः इस व्याख्यान माला में श्री दुबे की यह स्थापना कि तुलसी एक सिद्ध पुरुष तो थे ही उनकी रचना प्रक्रिया भी पूर्ण सिद्ध साधना है जिसका प्रमाण उन्होंने स्पष्ट रूप से अपने उक्त कथन में किया है। रचना की सिद्धिवत्ता का एकदम समान प्रमाण उनकी विनयपत्रिका में भी मिल जाता है जिसके अन्तिम पद में उन्होंने इस सारे कल्मष के स्रोत कलयुग को चुनौती देनेवाली अपनी याचिका को भगवान राम द्वारा भरे दरबार में स्वीकार कर लेने का उल्लेख किया है–

**बिहँस कहयो राम सत्य है, सुधि मैं हू ही लही है**
**कहत रघुनाथ के बनी तुलसी अनाथ की परी रघुनाथ हाथ सही है।**

जीवन में सफलता, कृतित्व की फलान्विति और सत्य साक्षात्कार की फलश्रुति का यह प्रमाण अति विरल है जो तुलसी की अतीव साधना का सबल सनातन आधार भी बनता है– विशेषकर तब जब यह परिष्कार बाहय संसार और मनुष्य के आन्तरिक रूपान्तरण की प्रकट एक जीवन्त प्रक्रिया ही हो।

# रामकथा के सन्त प्रवर : बाबा रामकिंकर

प्राचार्य डॉ. विश्वास पाटील

राम और कृष्ण भारतीय आत्म तत्त्व के दो पहलू हैं—चिन्तन की दो सर्वमान्य दिशाएँ हैं, विचारधारा के दो सर्वव्यापी प्रवाह हैं, जीवन धारणा के दो सुनिश्चित आयाम हैं, राम उत्तर से दक्षिण को जोड़ते हैं, कृष्ण पूर्व से पश्चिम को मिलाते हैं, दोनों मिलकर आन्तर भारती का एक दिव्य सपना साकार करते हैं। सन्तों, आचार्यों और विद्वत्जनों ने वाणी और अर्थ के सामंजस्य को मनमुक्त भाव से स्वीकार किया है। राम और कृष्ण उस एकाकारता के साक्षात् विग्रह हैं, राम की कथा और कृष्ण का रास भारतीय जीवन की समान्तर अभिव्यक्तियाँ हैं, एक अन्तरंग दिशा का उद्घाटन करती है, दूसरी बहिरंग साधना की चरम ऊँचाइयों का व्याख्यान करती है, कथा जीवन को रसमय बनाती है, रास जीवन को सम्पूर्णता की दीक्षा प्रदान करता है।

भारतीय परम्परा ने श्रुति की सिद्धि को परम आवश्यक माना। ज्ञान की समस्त निधि श्रवण के अधिकारी के समक्ष प्रकट हुई, कुछ ने गाकर तो कुछ ने सुनाकर उस महातत्त्व की रसवर्षिणी वाक् धार को जन–जन के कर–सम्पुट में स्थापित करने में यशस्वी प्रयत्न किये। जीवन और जागरण के दो बिन्दुओं को छूकर जिस कथा का प्रचलन हुआ उसका नाम महाभारत है, जीवन और मरण के दो बिन्दुओ को छूकर जो कथा प्रवाहित हुई उसका नाम भागवत है। भारतीय चेतना को रामायण, महाभारत एवं भागवत की त्रिवेणी में स्नान करने का सुअवसर प्राप्त हुआ।

राम इस चिन्तन चेतना की धुरी पर स्थापित नाम एक ऐसी साधना है, जिसका कोई जोड़ नहीं हो सकता। विकल्प होने का तो कोई प्रश्न ही नहीं। राम का नाम जप कर यज्ञ का पुण्य लाभ प्राप्त किया जा सकता है। राम नाम के साथ किसी प्रकार से शास्त्रीय विधि–विधान का भी आग्रह नहीं। राम का नाम सीधा ही जपा जाना चाहिए, इस प्रकार की कोई शर्त नहीं। यह नाम बिना शर्त का नाम रहा, उल्टा जाप करने पर भी उसने अपने चमत्कारी प्रभाव से सन्त–सिद्ध–साधकों को समान रूप से लाभान्वित किया। यह सम्भावनाओं के आर–पार की प्रभावी वस्तु रही, राम का नाम अनेक के लिए इस लौकिक के साथ पारलौकिक सम्पदा का परिचय–पत्र रहा।

रामकथा के गायकों की परम्परा के मूर्धन्य आचार्य तो साक्षात् हनुमान जी हैं। उनके समान रामकथा गायक कोई दूसरा हो भी कैसे सकता है? बाबा तुलसीदास जी ने इसी अर्थ में तो कवीश्वर एवं कपीश्वर को प्रणाम किया। वाल्मीकि और हनुमान जी को प्रणाम किया।

वाल्मीकि, कालिदास और बाबा तुलसीदास जी की यह रामकथा की साहित्य समृद्ध परम्परा रही। तुलसीदास जी के साथ रामकथा गान की सर्वशक्तिमान परम्परा का उदय हुआ। जन–जन के बीच जाकर उनकी अपनी भाषा में उन्होंने राम की जो कथा सुनाई वह परम आश्चर्य का विषय है। मैं सोचता हूँ कि बाबा के सम्मुख तीन सुलभ विकल्प थे। एक तो वह संस्कृत भाषा के सर्वमान्य पण्डित थे वह सोचते और चलते तो काशी के पण्डितों के काँधों पर उनकी पालकी सजी होती। उनकी देह पर पण्डित मान्य वस्त्र होते। काँधे पर रेशम का जगमगाता उत्तरीय शोभित होता, माथे पर पगड़ी होती, बाबा ने जीवन की इस व्यवस्था को अपने हाथों ही रोक दिया। दूसरी दिशा थी राजदरबार की, सम्राट अकबर गुणी एवं गुणज्ञ थे। बाबा के सन्मित्र रहीम उस दरबार की शोभा में वृद्धि कर रहे थे। बादशाह के संकेत मात्र से बाबा उस दरबार के सम्मान्य सदस्य हुए होते, उनकी देह पर राज पोशाक सुशोभित होती, राजसी लिबास में बाबा की देह कान्ति सुरम्य होती, बाबा के माथे पर राज योग्य मुकुट होता, बाबा के भव्य भाल प्रदेश पर चर्चित अंगराग होते, उनके आगमन के साथ दरबारी जन उनके प्रति आदर व्यक्त करते हुए उत्थापन देते। बाबा ने इस सम्भावना को आमूल रूप में नकार दिया था। **"तुलसी अब क्या होइंगे नर के मनसबदार"** कह कर बाबा ने तीसरा विकल्प चुना, उस पर अमल किया वह काँधे पर सामान्य से अँगोछा डाले चल पड़े। गंगा के तट पर कमर में लपेट लिया। वह माथे पर सादी–सी टोपी, जन–जन की भाषा में राम की कहानी सुनाई मुझे, रामकथा सुनानेवाले के लिए इन तीन विकल्पों को ख़ूब गहराई से समझ लेना चाहिए। पहली बात ज्ञान के बोझ से अपने आपको मुक्त रखा जाये। दूसरा विकल्प दरबारी चमक–दमक से अपने दामन को बचाये रखा जाये और जन–जन के साथ बैठकर उनकी भाषा में उनकी संवेदना में रमी राम की कथा सुनाई जाये।

बाबा तुलसी द्वारा निरूपित इस व्यवस्था को बराबर बनाये रखते हुए, हमारे युग में एक तपस्वी साधु का जन्म हुआ, 1 नवम्बर 1924 को जबलपुर, मध्य प्रदेश में एक प्रतिभा ने आँख खोली। पिता का नाम पण्डित शिवनायक उपाध्याय, माता का नाम परम साधिका धनेसरा देवी। पिता के कण्ठ में रामकथा ने स्थान लिया था। वह रामायण के न केवल व्याख्याकार थे अपितु हनुमान जी के परम भक्त थे। उनके साथ गृहस्थ धर्म का पालन करनेवाली धनेसरा देवी जी की साधना ने हनुमान जयन्ती के ठीक सातवें दिन एक पुत्ररत्न को जन्म दिया। शिवनायक जी पर हनुमान जी की सम्पूर्ण कृपा थी, उनके सर्वस्व समर्पण एवं एकनिष्ठ भक्तिभाव के जन्मे नाम रामसेवक नहीं रामकिंकर रहा। सन्तों और भक्तों ने कभी कहा था कि वह किंकर बनना चाहते हैं। यह कैंकर्य भाव समर्पण का अन्तिम सोपान है। बालक की शिक्षा–दीक्षा जबलपुर एवं काशी में हुई। बचपन से ही उनकी एकान्तप्रियता, आत्ममन लय पण्डितों ने देख ली थी। अपने सहज विनम्र स्वभाव वैशिष्ट्य के कारण आप अध्यापक वर्ग में विशेष रूप से प्रिय रहे, घर–परिवार की सहज साधना से सम्पृक्त होता रहे। उनका पारिवारिक वातावरण वरेण्य था। उनकी साधना के लिए उसकी उपयोगिता सहज ही रही।

साधु–सन्तों के जीवन को ऊर्ध्वमुखी बनाने में देवशक्तियों ने हमेशा ही अपनी ओर से सुमधुर संकेत प्रदान किये हैं। महाराष्ट्र की भूमि पर सन्त श्रेष्ठ तुकाराम महाराज को स्वप्न

में ही सद्गुरु के दर्शन एवं आशीर्वाद प्राप्त होने के संकेत मिलते हैं। अन्य महापुरुषों के जीवन में भी इस प्रकार के संकेत प्राप्त होते रहे हैं। रामकिंकर जी के जीवन के आँगन में रामकथा वृक्ष का पौधा यों ही अनायास नहीं उगा था। अपने पिताजी के आशीर्वादों से वह आत्मतृप्त तो थे ही, उनकी परम्परा वहन करने का कोई प्रश्न नहीं था। कोई योजना नहीं थी। कोई संकल्प नहीं था और कोई अभिरुचि का भी जागरण नहीं था। पारम्परिक अर्थ में अपने पिताजी के क़दमों पर चलने का कोई विचार उनके सामने नहीं था। छात्र जीवन में ही रामकिंकर जी के साथ एक दैवी घटना घटित हुई। अठारह वर्ष को अवस्था रही होगी। हनुमान जी उनके कुलदेवता थे। एक रात उन्हें अद्वितीय स्वप्नदर्शन हुआ। वह अपने आपको उस अलौकिक स्वप्नदर्शन के अधिकारी मानते हैं। एक दिव्य प्रभामण्डल से उनका परिचय हुआ, वटवृक्ष के नीचे स्थापनापन्न है। उनके भाल प्रदेश पर स्वयं हनुमान जी ने दिव्य तिलक मण्डित किया। ईश्वरीय संकल्प साकार हुआ। पिताजी के श्रीमुख से भी यह निर्देश हुआ और जबलपुर में ही रामकिंकर जी की पहली रामकथा की मन्दाकिनी प्रवाहित हुई। उनके द्वारा प्रस्तुत यह प्रथम भावन दर्शन हुआ। उन्होंने बाबा तुलसीदास जी के ग्रन्थों के प्रचार–प्रसार में अपना समस्त जीवन समर्पित करने का दृढ़ संकल्प कर लिया।

रामकिंकर जी उस साधना के पथ पर चल पड़े जो विरलों को पूर्व जन्म के पुण्यों से प्राप्त होती है। अपने संकोचशील स्वभाव के कारण वह अपने स्वयं के बारे में बहुत कम बताते–बोलते रहे लेकिन अन्तरंग आत्मीय जनों से एवं अन्तेवासियों के मुख से जो प्रकट हुआ उसका मर्म बहुत विलक्षण माना जा सकता है। उत्तराखण्ड की दिव्य भूमि ऋषिकेश की पावन भूमि में उन्हें हनुमान जी का साक्षात्कार हुआ। प्रसंग उनके द्वारा किया गया एक लघु अनुष्ठान था। चित्रकूट धाम में उनके साथ अनेक दिव्य घटनाएँ घटित होने के भी अपरम्पार संकेत मिलते हैं। अपने स्वभाव के अनुसार उन्होंने स्वयं इस इत्र की कुप्पी को कभी भी उद्घाटित नहीं किया। अपने जीवन एवं तपाचरण के आरम्भिक दिनों में आपने दिव्य लीलाभूमि वृन्दावन धाम की यात्रा की। ब्रह्मलीन स्वामी अखण्डानन्द जी के शुभ निर्देश पर आपने वहाँ रामकथा सुनाने का उपक्रम किया। आपका संकल्प एक सप्ताह तक कथा करने का था। वहाँ के भक्त एवं साधु–सन्तों के आग्रह के कारण आपको वहाँ ग्यारह माह तक रामकथा करने का सुयोग प्राप्त हुआ। सुप्रवचन रसमाधुरी के कार्यकाल में वहाँ के सन्त शिरोमणि अवधूत श्री उड़िया बाबा जी महाराज, भक्त प्रवर श्रीहरिबाबा जी महाराज, स्वामी श्री अखण्डानन्द जी महाराज को भी कथा श्रवण करने का सुअवसर प्राप्त हुआ। अवधूत पूज्यप्रवर श्री उड़िया बाबा बहुत प्रभावित हुए। उनका यह मानना था कि बालक बोल रहा है। उनके शब्द थे–''क्या तुम समझते हो कि यह है? इसके माध्यम से तो साक्षात् ईश्वरीय वाणी का अवतरण हुआ है।, ''रामकिंकर जी के हृदय में उड़िया बाबा से संन्यास दीक्षा ग्रहण करने का संकल्प जागा। बाबा के द्वारा लोक कल्याण हेतु शुद्ध संन्यास वृत्ति से जनमानस की सेवा करने की आज्ञा पायी। सन्त का आदेश हुआ, ईश्वरीय संकल्प था, रामकिंकर जी की मानस प्रचार की यात्रा चहुँ दिशाओं में व्यापक होती गयी।

रामकिंकर अब तक मिशन का नाम बन गया था। सेवा का विकल्प बन गया था। काशी में आपका प्रवचन जारी था। काशी हिन्दू विश्वविद्यालय से आपका शुभ सम्पर्क हुआ।

एक दिन पुरातत्त्व के प्रकाण्ड पण्डित डॉ. वासुदेव शरण जी अग्रवाल ने आपका प्रवचन सुना। आपकी विवेचक एवं मर्मस्पर्श शैली से प्रभावित हुए। उन्होंने तत्कालीन कुलपति डॉ. वेणीशंकर झा तथा कुलसचिव श्री शिवनन्दन दर से चर्चा की। विश्वविद्यालय के तापस प्रांगण में रामकिंकर जी के प्रवचन की योजना हुई। आपकी प्रतिभा एवं प्रतिपादन से विद्वत्जन प्रभावित हुए, अगले वर्ष से उन्हें विश्वविद्यालय में अतिथि अध्यापक के रूप में आमन्त्रित किया गया।

रामकिंकर जी पारम्परिक अर्थ में कथावाचक नहीं रहे। कथा उनकी प्राणधारा रही। कथा उनके लिए केवल कण्ठ का व्यायाम नहीं था। कथा उनके लिए हृदय का मधुर गीत बनकर प्रकट हुई। कथा के माध्यम से उन्होंने भारतीय जनमन की व्याख्या की, भारतीय जनमानस से संवाद साधा। वह केवल मानस के अर्थ–विश्लेषण तक ही नहीं रुके रहे। उन्होंने तुलसी बाबा के अन्तर्मन में झाँकने के प्रयास किये। मानस के अर्थ बोध से आरम्भ कर उन्होंने मानस के अर्थ विवेक तक की यात्रा की। इस पड़ाव पर न रुकते हुए वह मानस के अर्थ संवेदना तक पहुँचे। अपने श्रोताओं को सहयात्रा कराई, मानस के आन्तरिक रहस्यों को उद्घाटित करने में वह रमे रहे। उनकी वाणी के प्रकाश ने सश्रद्ध श्रोता समूह को इस रहस्यमय जगत की यात्रा से अवगत कराया। संशयात्माओं को मथा, उन्होंने आस्तिकों को भव्य दर्शन कराया। नास्तिकों को पुनर्विचार के लिए प्रेरित किया। अन्तरराष्ट्रीय ख्याति पायी। रामायणम् ट्रस्ट के रूप में एक भव्य संस्था का निर्माण किया। विपुल साहित्य की सर्जना की। मानस के पात्रों की भावात्मक आरती उतारी। मानस के हृदय पक्ष को अनेक आयामों से व्याख्यायित करने में लगे रहे। मानस के घटनाक्रम को आदि से अन्त तक जोड़े रखने में अपनी प्रतिभा का सफल परिचय कराया। रामकथा उनके लिए उनके अपने मानस की बात बन गयी। वह नित्य इसमें नये–नये प्रयोग करते रहे। वह सनातन विचारधारा के प्रतिनिधि बने। सनातन का अर्थ पुरातन नहीं –'सनातनो नित्यनूतनः'– सनातन नित्य नूतन होता है। इस अर्थ में रामकिंकर जी एक प्रवाह का नाम है। यह प्रवाह कभी न तो रुकता है और न कभी थकता ही है। 9 अगस्त 2002 को आपने अपने विग्रह को अयोध्या के तट पर त्याग दिया, समाधि का वरण किया। आज उनकी अक्षर काया अमर है।

# रामचरितमानस के दैदीप्यमान नक्षत्र : मोरारी बापू

जयकृष्ण पलया

भारतीय संस्कृति के उद्भव और विकास की परम्परा में अगर हम गहरे से गहरे जाकर देखें, तो उसमें एक वक्ता और एक श्रोता की परम्परा प्रारम्भ से ही दिखाई देती है। हमारे उपनिषद भी इसी श्रुत परम्परा को आधार बना कर लिपिबद्ध किये गये हैं। तुलसी ने भी राम की कथा को लोक संचारित करने के लिए, इसी श्रुत परम्परा का अनुगमन किया। तुलसी ने काग भुशुंडि को राम की कथा कहने के लिए क्यों चुना, इस विचार का अनुमान करने पर मुझे लगता है, कि कोयल अगर राम की कथा कहती तो सबको मीठी लगती, पर राम की कथा का यही रस है, अगर कौआ भी इस कथा को कहता है, तो कथा की मिठास में फ़र्क़ नहीं पड़ता, यही इस कथा का आनन्द उद्गम है, जहाँ से निकलकर यह कथा सारे लोक को अभिसिंचित करती हुई प्रवाहित होती है।

रामचरितमानस की कथा, लोकव्यापी कथा है। रामकथा गाकर तुलसी एक लोकरंजन परम्परा की शुरुआत करते हैं, इसलिए बरसों से गाये जाने के बाद भी यह कथा बासी नहीं पड़ती। जाने कितने लोगों ने इस कथा को गाया और सुना, पर इस कथा के आनन्द में, इसके भाव में रत्ती भर भी फ़र्क़ नहीं आया। संसार की धार में हिचकोले खाते आदमी के लिए रामकथा सदा से वैतरणी बनती रही है। इसमें जो भाव के साथ डूबता है, कभी–न–कभी पार हो ही जाता है। **"जो उतरा सो डूब गया जो डूबा सो पार"** इस सन्दर्भ में भारत की व्यास–परम्परा बहुत विस्तृत परम्परा रही है। इसमें मानस से पहले भागवत का श्रवण करानेवाले अनेक मूर्धन्य लोग हुए हैं, जो इस परम्परा में काम करते रहे हैं। लेकिन जब रामचरितमानस व्यासपीठ पर अवतरित हुआ तो लोक दृष्टि और लोक समन्वय के नये द्वार खुले। इसके बाद हज़ारों लोग आये जो अपनी शैली, अपनी भाषा, अपनी दृष्टि से इस कथा को गाते रहे हैं, लेकिन बहुत कम लोग हुए हैं, जो इस कथा को आत्मा से गाते हैं, और सुननेवाले उसी आत्मबिन्दु से इस कथा का आस्वाद लेते हैं। भारत के इन्हीं शिखर वक्ताओं में एक नाम मोरारी बापू का आता है जिन्होंने रामकथा को इस भाव से गाया कि हमारे मानस ने उनको आधुनिक तुलसी कह दिया।

गुजरात के भावनगर ज़िले में एक छोटी–सी जगह है महुआ। जिससे पाँच किलोमीटर दूर तलगाजगड़ा में बापू का जन्म हुआ था। पूरा घर रोज़ मानस का पाठ करता था, इसलिए बापू के मन में मानस के प्रति श्रद्धा का भाव जन्म से ही था। फिर एक वक़्त ऐसा भी आया जब घर में एक साथ तीन पीढ़ियाँ मानस पाठ करती थीं। बापू पढ़ाई के लिए जब पैदल महुआ आते

तो रास्ते में मानस की चौपाइयाँ रटते हुए आते थे, इसलिए दस–बारह साल की उम्र में ही उनको मानस पूरी याद हो गयी थी। बाद में इसी महुआ के प्राथमिक स्कूल में वह शिक्षक हो गये, लेकिन मन मानस में ही रमता था। इसलिए उन्होंने सबसे पहले अपने गाँव के आसपास ही रामचरितमानस गाना प्रारम्भ किया, फिर धीरे–धीरे उड़ान भरता हुआ तलगाजगड़ा का ये पंछी ऐसा उड़ा कि उसने सारी दुनिया को अपने प्रेम में उड़ते हुए विमान में भी कथा कही।

हमारे साथ अक्सर ये होता है कथा सुनने के बाद में उनकी कथा सुनी। हमारे घर में रामदरबार के एक चित्र के साथ, बापू का चित्र भी प्रतिष्ठित होता था। मैं रोज़ अपनी दादी को उस चित्र की पूजा करते देखा करता था। इसलिए बाल्यकाल से ही मेरे मन में बापू की सौम्य छवि बसी हुई थी। उनकी कथा के प्रति मेरे मन में सदा एक आदर भाव रहा और इसी भाव के साथ मैंने सदा उनकी रामकथा सुनी। बापू की पहली कथा मैंने खजुराहो में सुनी थी। जब उन्होंने मानस में काम दर्शन पर नौ दिन की प्रवचनमाला में काम की ऐसी सात्विक पृष्ठभूमि तैयार की, जो मानस को समझाने के लिए हमें एक नयी दृष्टि देती है। हम देख रहे थे, श्वेत वस्त्रों में बापू की प्रकाशमयी देह व्यासगादी पर विराजित थी, जैसे संगमरमर का एक टुकड़ा व्यासपीठ पर रख दिया गया हो, खजुराहो के मन्दिर भी उस देह के सामने फीके लग रहे थे।

**कहहु संखी अस को तनु धारी**
**जो न मोह यह रूप निहारी**

एक बार चित्रकूट में हमने बापू की कथा सुनी, उस समय वे मानस भरत पर बोल रहे थे।

**प्रनवउँ प्रथम भरत के चरना**
**जासु नेम व्रत जाइ न बरना**

इस एक मानस चौपाई पर उन्होंने नौ दिन कथा कही, एक चौपाई के परिप्रेक्ष्य में जो विस्तार हमें मानस में मिलता है, उस विस्तार को एक चौपाई के केन्द्र में रखकर बोलना परमात्मा की अनुकम्पा और निर्मल ज्ञान से ही सम्भव हो पाता है। यह काम, विस्तार को एक बिन्दु में समेटने वाला काम है, जो कम ही लोग कर पाते हैं। इस कथा में बापू ने भरत के चरित्र के सारे बिन्दुओं पर उस समय बड़ी मार्मिक और तात्विक कथा कही थी। बापू को सुनते हुए, यह कथा के प्रवाह का चौथा दिन था। सब आनन्द से कथा सुन रहे थे, और कथा के मध्य में अचानक ऐसा भयंकर तूफ़ान आया कि सब अस्त–व्यस्त हो गया, और जब धीरे–धीरे तूफ़ान हमारे कथा पण्डाल में प्रवेश करने लगा, तो बापू ने ज़ोर से संकीर्तन करवाना शुरू कर दिया। लेकिन स्थिति जब उसके बाहर होने लगी, तो बापू ने अनुग्रह किया, ''आज पवनसुत ख़ूब प्रसन्न हैं, कथा सुनने अपने स्थूल रूप में पधार चुके हैं। पवनपुत्र को स्थान दें। आप सभी से अनुरोध है कि धीरे–धीरे कथा पण्डाल से बाहर निकलें।'' पूरा पण्डाल ध्वस्त हो गया। हवा की मार को काटते हुए, हम सब बापू के कथा पण्डाल से बाहर आने का इन्तज़ार कर रहे थे, इतने में बापू मानस की पोथी अपने हाथों में लिए बाहर आये, वह उस समय एक–एक श्रोता के पास जाकर, सबका हाल पूछ रहे थे, फिर दूसरे दिन यह निश्चित हुआ, कि आगे की कथा अब रामायणी भवन में होगी। कथा प्रारम्भ करते हुए बापू ने कहा कि ''कथा में महीना नहीं बदलता, जिस महीने में कथा प्रारम्भ होती है, उसी महीने समाप्त होती है। पक्ष और साल भी नहीं बदलते,

लेकिन मान्यताओं और परम्पराओं की चिन्ता किये बिना मैंने सब कुछ बदला है। महीना भी बदला है, पक्ष भी बदला है, साल भी बदला है लेकिन आज की कथा में तो पूरा प्रदेश ही बदल गया है। आधी कथा मध्य प्रदेश में हुई और अब आधी कथा उत्तर प्रदेश में होगी।'' इस तरह बापू कहीं–कहीं विद्रोही दिखाई पड़ते हैं। कथा के परम्परागत नियमों से बाहर जाकर बापू ने कथा कही। मानस को गणिकाओं के लिए गाया, मानस को किन्नरों के लिए गाया, समाज के हर वंचित हर पतित के उद्धार के लिए उन्होंने कथा कही। यही उनकी कथा का उच्चाशयी स्वरूप है, जो हर आदमी के कण्ठ में मानस को प्रतिष्ठित करता है। बापू ने सनातन वाङमय को नया स्वरूप दिया है, उसे नये स्वरूप में, नये अर्थों में परिभाषित किया। **''मति अनुरूप राम गुन गावउँ''** उन्होंने अपनी शैली अपने दृष्टान्तों के साथ कथा को नये आयाम दिये हैं। यही उनकी कथा का माधुर्य है। वह गुज़रे साठ बरसों से निरन्तर ''स्वान्तः सुखाय'' कथा गा रहे हैं।

बुद्ध से एक बार आनन्द ने पूछा, "तथागत आपको जो कहना था, क्या आप्ने वो कह दिया है'' तब बुद्ध ने अपने हाथ में लिली के कुछ फूलों को उठाकर कहा, ''आनन्द जितने फूल मेरे हाथ में हैं, मैंने भी उतना ही कहा है, और जितने फूल पेड़ पर हैं, उतना कहने को अभी बाक़ी है।'' साठ साल रामकथा का श्रवण कराने के बाद भी बापू यही कहते हैं, "मैंने वर्षों तक जो भी आपको श्रवण कराया, ये सब मंगलाचरण है, कथा कहना तो अभी बाक़ी है।"

बापू के व्यक्तित्व की तरह उनके व्यासपीठ की भी एक आभा है, उनके पीछे हनुमान का एक विशाल और शान्त धातु विग्रह होता है। बापू कहते हैं, ''यह छवि जाने कितने बरसों से मेरे मन में थी पर इस विग्रह का मूर्त रूप आने में चौदह साल लग गये। यह दुनिया युद्ध और अशान्ति के ऐसे संक्रमणकाल से गुज़र रही है, कि आज आपको युद्ध के हनुमान की नहीं, बुद्ध के हनुमान की ज़रूरत है।'' इस विग्रह को दूर से देखने पर ऐसा लगता है, जैसे व्यास को अपनी गोद में रखकर हनुमान ध्यानस्थ हो गये हों। बापू को कथा विवेचना से अलग करके, अगर हम उनकी कथा का दूसरा पक्ष देखें जो सबसे ज़्यादा उभरकर हमारे सामने आता है, तो वह उनकी कथा का संगीतमय पक्ष है। वह अपनी शैली में अपनी तरह से जब फ़िल्मी गीतों को भी गाते हैं, तो उन गीतों में एक सात्विक भाव स्वतः उत्पन्न हो जाता है, जो मूल गीत से कहीं अधिक भाव पूर्ण लगता है। उनकी कथा का संगीत, गीतों में छुपी आत्मा के उद्वेलन से प्रकट होता है, जो सुननेवाले को एक दूसरी दुनिया में ले जाता है।

बापू आकाश में उड़ते ऐसे मुक्तपंछी, जो अपने पीछे कोई रास्ता नहीं बनाते, कोई पदचिह्न अपने पीछे नहीं छोड़ते, वह न किसी को दीक्षित करते हैं, न शिष्य बनाते हैं। मानस का विशुद्ध गायन ही उनके जीवन का परम ध्येय है, जिसको वह अपनी पूरी आत्मा से गाते रहे हैं। जे. कृष्णमूर्ति की तरह अपने ही सामने अपनी सारी संस्थाएँ विसर्जित करके उन्होंने एक चित्रकूट धाम में बस तालगाजगड़ा में रहने दिया, जो गुरुकुल विद्यालय के संचालक के लिए आवश्यक था। बापू ने मानस को जन–जन तक पहुँचाया है उसे सारी दुनिया में गाया है। सबके लिए गाया है। सबके हित के लिए गाया है।

**कीरति भनिति भूति भलि सोई।**
**सुरसरि कह सब कर हित होई।।**

# रामकथा के अनुपम गायक : रमेश भाई ओझा

जगदीश प्रसाद पाठक

रामकथा के अनुपम गायक रमेश भाई ओझा, जिन्हें आदर और श्रद्धा भाव से धर्मजगत भाई श्री के नाम से जानता है, की चर्चा के पूर्व कथागायन की पृष्ठभूमि का अवलोकन अनिवार्य है। सनातन वाङमय में प्रकाशित तथ्यों में उल्लेख है कि नारद भक्तिमार्ग के आदि ऋषि हैं। नारद का सम्पूर्ण चरित्र गायन, वादन और विचरण से ओतप्रोत है और उनकी संचार शीलता अलौकिक है। सृष्टि में सर्वत्र अबाध गति से प्रभु लीला का गायन करते नारद युगों की सीमाओं के पार सर्वकालिक हैं। कहते हैं नारद ने एक बार भगवान से प्रश्न किया कि "प्रभु आप कहाँ रहते हैं?" उत्तर मिला, **"मद भक्ता यत्र गायन्ति"**। जहाँ मेरे भक्त गायन करते हैं। भक्ति मार्ग के इस आप्तसूत्र ने आर्यावर्त की सीमाओं के पार वर्तमान वैश्वीकरण के परिप्रेक्ष्य में सम्पूर्ण विश्व में एक ऐसी आधारशिला की स्थापना की जिस पर दिग्दिगन्त से लाखों भक्तों की साधना फलीभूत होती रही है।

संवत् 1631 में, मधुमास की नवमी तिथि का भौमवार, कलिकाल में गायन की गंगोत्री के स्फोट का जीवन्त साक्षी बना, जिसने पुण्यसलिला सरयू के पावन तीर पर तुलसी को रामकथा का वर्णानामर्थ संघानाम गाते हुए देखा। रामकथा में रसानां छन्दसामपि की यह अजस्रधारा, जो कभी आदिकवि के प्रज्ञातीर से छलछलाती हुई प्रवाहित हुई थी तुलसी के घाट से होते हुए हमारे कालखण्ड तक पहुँची। युगों–युगों से चली रामकथा की इस सुदीर्घ गीत धारा के अनगिनत सोपान हैं, जो हमारी स्मृतियों एवं सृजन के संसार में व्यापक रूप से समाहित हैं। हमारा लोक, इस गीत धारा में सुवासित उच्छ्वासन्ता है और सतत जीवन का संभार करता रहता है।

सनातन परम्परा में यह एक अनूठा तत्त्व निहित है और कदाचित सर्वत्र दिखाई भी देता है कि जिन भक्तों ने रामकथा का गायन किया उन्होंने कृष्ण का भी अनुगायन किया और जिन्होंने कृष्ण कथा के गायन–वाचन से अपने जीवन का श्रीगणेश किया उनके द्वारा रामजी की मंगल आरती से कथा गायन का शुभमभूयात किया गया। इस अनूठे समायोजन में मुझे हरेराम–हरेकृष्ण महामन्त्र की दोनों अर्धालियों का परम सन्तुलन दृष्टिगोचर होता है। हज़ारों वर्षों से चली आ रही कथा गायन की इस ललित और संगीतमयी परम्परा में हमारे तीर्थ और तपोवनों का महती योगदान उल्लेखनीय है, किन्तु **मुदमंगलमय सन्त समाजू** की बात ही और है। तुलसी ने इसे जंगम प्रयाग कहा।

रमेश भाई ओझा जंगम तीर्थराज के सुरम्यघाट हैं। जहाँ पर करोड़ों नाचते–गाते भक्त **''दरस परस अरु मज्जन पाना''** को आत्मसात करते हैं। गुजरात की पुण्यभूमि, जहाँ से नरसी भगत का **''वैष्णव जन तो तेने रे कहिये''** गूँजा भाईश्री और मोरारी बापू, जो राम– कृष्ण कथा के विशाल नक्षत्रों की तरह दैदीप्यमान हैं, को जन्म देकर धन्य हुई है। गुजरात के छोटे से गाँव देवका में अगस्त 1957 में ममतामयी माँ लक्ष्मीबेन और परम वैष्णव बृजलाल जी ओझा के घर भाईश्री का जन्म धर्मजगत और सत्संग के आनन्दपूर्ण संसार में युगान्तकारी घटना है। उस समय जब स्वतन्त्रता के बाद भारत का जनमानस शताब्दियों के शोषण के उपरान्त अभावों से भरे जीवन में अलभ्य परितोष को प्राप्त करने की चेष्टा कर रहा था, गुजरात में भाईश्री का आविर्भाव उस कथासरित्सागर की तरह था, जिसकी उत्कट अभीप्सा उत्तप्त–सन्तप्त हृदय की अग्नि शान्त करने हेतु सघनरूप से बहुप्रतीक्षित थी।

सौराष्ट्र के राजुला में भाईश्री ने देव भाषा संस्कृत का अध्ययन आरम्भ किया और कुछ अवधि के उपरान्त आगे की शिक्षा के लिए मुम्बई प्रस्थान किया। अपने समय के जाने माने प्रवाचक पं. जीवराज जी ओझा, भाईश्री के चाचा थे, जिनके मार्गदर्शन और दैवी प्रभाव वश पिता से विरासत में पायी आध्यात्मिकता की पूँजी परिवर्धित होने लगी। शनैः–शनैः कथा गायन को ही भाईश्री ने अपने जीवन का आधार बनाया। गुजरात के तलगाजरडा में जन्मे मोरारी बापू और भाईश्री की मातृभाषा गुजराती है किन्तु आश्चर्यजनक बात यह है कि जब ये महान कथागायक व्यासपीठ पर विराजते हैं तो इनकी वाणी का सात्विक ओज अभिव्यक्ति के सारे सम्भावित दोषों को भस्मीभूत कर देता है और संगीतमय कथा का पावन प्रवाह **''रामकथा कलि कलुष नसावन''** को चरितार्थ कर देता है।

रामकथा के इस अद्भुत प्रभाव और गूढ़ मर्म को मेरा अन्तर्मन समझने में कभी सक्षम नहीं होता, यदि सात वर्ष की अल्पायु में ही मेरे पिता ने मेरे हाथों में मानस की पोथी को न रखा होता। **''स्वान्तः सुखाय तुलसी रघुनाथ गाथाः''** से उद्भूत मंजुल मति का प्रसाद जीवन में कभी न उतरा होता। यदि एक चौपाई का भावार्थ मेरी शतायु दादी माँ की वाणी से मेरे लिए आशीषित न हुआ होता। मानस की एक–एक चौपाई मन्त्र की संसिद्धि से आविष्ट न हुई होती यदि परम वैष्णव साधु हरेराम बाबा के चरण कमल रज का संस्पर्श मेरे माथे पर न हुआ होता। यह उल्लेख करते हुए मैं आह्लादित हो रहा हूँ कि मध्य भारत के बुन्देलखण्ड परिक्षेत्र में सागर ज़िले के गुफा आपचन्द क्षेत्र में बाबा जी का आश्रम है जहाँ तीन परमहंसों की समाधि विद्यमान है। बाबाजी के सौ वर्ष के जीवन में से लगभग 10 वर्ष का काल इसी आश्रम में बीता और आसपास के हज़ारों गाँव और सैकड़ों नगर कस्बों में उन्होंने संगीतमय रामकथा का गायन करते हुए हरे राम महामन्त्र की अलख जगाई। उस समय के भारतवर्ष के लगभग सभी बड़े साधुसन्तों से बाबाजी का जीवन्त सम्पर्क था। इस तपोभूमि में अपने विद्यार्थी जीवन का कुछ काल व्यतीत करने के बाद जब मैंने बाह्य जगत को देखा–परखा और कथा प्रवचनों को सुना तो ये जाना कि रामकथा केवल बुद्धिविलास का साधन नहीं वरन् **''सीता राम गुण पुण्यारण्य विहारणो''** है जो जीवन में आध्यात्मिकता को समाविष्ट कराकर सहज सरल गृहस्थ जीवन में आत्मोत्थान का मार्ग प्रशस्त करती है।

बहुत कम लोगों को इस सत्य की जानकारी होगी कि व्यावहारिक जीवन में कथागायन के परम रुचिकर माध्यम से कर्म, ज्ञान और भक्ति की त्रिवेणी को बहानेवाले रमेशभाई जी जब माँ के गर्भ में थे, तभी कथागायन के बीज उनके अवचेतन में पड़ चुके थे। उनकी दादी माँ भागीरथी देवी ने अपने भ्राता कथा व्यास पं. मोहनलाल जी शास्त्री से कथावाचन अपने घर में कराया था, जिसका आद्योपान्त श्रवण भाईश्री की माँ ने पूरे सप्ताह किया और गर्भकाल के यही संस्कार बाद में पिता एवं चाचा के सान्निध्य सत्संग में पुष्पित–पल्लवित हुए जिनकी सुवास आज भी दिक् दिग्दिगन्त तक व्याप्त है। जानकर यह आश्चर्य होगा कि भाईश्री की पहली कथा का आरम्भ मात्र 13 वर्ष की आयु में गंगोत्री में हुआ और 18 वर्ष की आयु में मुम्बई से इनके कथागायन का विधिवत श्रीगणेश हुआ। भाईश्री की प्रतिभा और धर्मजगत के लिए उनके अवदान का मूल्यांकन इस घटना से लगाया जा सकता है। जब अन्तरराष्ट्रीय स्तर की प्रसिद्ध अमरीकन पत्रिका 'हिन्दुज़्म टुडे' ने वर्ष 2006 में उन्हें 'हिन्दू ऑफ द इयर' घोषित किया और संसार के 60 में से भी अधिक देशों में प्रसारित होनेवाली इस पत्रिका ने मुखपृष्ठ पर भाईश्री का चित्र प्रकाशित किया।

गुजरात की पावन भूमि पर इनके द्वारा स्थापित देवका विद्यापीठ एवं सान्दीपनी विद्यानिकेतन, भाषा, व्याकरण, धर्म, दर्शन और इन सबसे ऊपर सत्य और प्रेम का जीवन्त विग्रह है, जिनमें विद्यार्थियों के कण्ठ से गुंजरित मन्त्र और ऋचाएँ अनन्त ब्रह्माण्ड को सात्विकता और सकारात्मकता से ऊर्जस्वित करती हैं। यह सर्वविदित है कि निरन्तर विस्तारशील ब्रह्माण्ड में हमारी पृथ्वी का अस्तित्व मात्रात्मक रूप से नगण्य है और अनन्त जगत में गतिमान आकाश गंगाएँ और तारों की अति सूक्ष्म हलचल भी इसे सदा के लिए समाप्त करने में सक्षम है, किन्तु धरती पर जीवन के उन्मेष और मनुष्य को प्राप्त चेतना, इस तथ्य की ओर इंगित करती है कि अनादिकाल से आघूर्णनरत अनन्त आकाशीय पिंड और नक्षत्रों में जो रहस्यपूर्ण लयबद्धता है वही निसर्ग के सन्तुलन का कारक है और सतत ऊर्जा का स्रोत भी। इस लय और स्वर के गुम्फन में ही जीवन और ब्रह्म का निरूपण तथा उसकी प्रतीति सम्भव है। अस्तित्व के इस महारास में रमेश भाई ओझा जैसे संगीतमय कथागायकों का योगदान, कल कल निनादिनी गंगा के अलौकिक संगीत समतुल्य है, जिसमें सात्विकता, रोचकता, गेयता, मधुरता, पावनता, धीरता एवं निर्मलता के सप्तस्वर सदैव गतिमान हैं।

लोकजीवन में रामकथा के गायन का ही प्रभाव है कि जब भी रमेश भाई ओझा, मोरारी बापू, राजेन्द्र दास जी महाराज अथवा हरेराम बाबाजी का पावन स्मरण होता है, पीछे–पीछे तत्क्षण मानस की चौपाई : **''कीरति भनिति भूति भलि सोई। सुरसरि कहँ सब कर हित होई।।''** आँखों के सामने नर्तन करती हुई चली आती है और हृदय की भाव सरिता में उतर जाती है।

# रामकथा के लोकाभिराम गायक : रमेश भाई ओझा

मंजूषा सोनी

फूलों से सज्जित मंच और उस पर प्रतिष्ठित व्यास आसन पर विराजमान तेजस्वी मुखारविन्द लिए रामकथा वाचक के कम्पित होंठों से निकलती ध्वनि के बीच धीरे–धीरे सारा दृश्यपट तिरोहित हो गया है। श्रीमुख से रामकथा का मंगलाचरण प्रारम्भ हुआ।

**लोकाभिरामं, रणरंगधीरम, राजीवनेत्रं, रघुवंशनाथं**
**कारुण्यरूपं, करुणाकरंतं, श्रीरामचन्द्रम शरणं प्रपद्ये।**

इस अनुगूँज की शरण में बैठे करबद्ध श्रोताओं की बन्द अश्रुपूर्ण आँखों के पीछे दृश्यपटल पर सम्पूर्ण लोकों में सुन्दर और रणक्रीड़ा में धीर, कमल नेत्र वाले रघुवंशनायक, करुणामूर्ति और करुणा के भण्डार स्वामी श्रीरामचन्द्र, मैया सीता और भैया लक्ष्मण के साथ उपस्थित थे। जिस तरह व्यास किसी वृत्त के केन्द्र को स्पर्श करती हुई परिधि के दो बिन्दुओं को मिलाने वाली रेखा होती है, उसी तरह व्यास आसन पर विराजित छवि के ब्रह्माण्ड का केन्द्र बनकर परिधि के दोनों ध्रुवों आत्मा और परमात्मा के बीच एक तादात्म्य स्थापित कर दिया, और ऊँकार के ब्रह्मनाद की छाया में हर हृदय श्रीराम के पीछे चल पड़ा।

ये तेजस्वी मुखारबिन्द महर्षि व्यास जी के प्रतिनिधित्व को सही अर्थों में चरितार्थ करते कथावाचक सन्त श्री रमेश भाई ओझा जी थे। कहा जाता है कि नियति अपना रास्ता ख़ुद बनाती है। जैसे महर्षि वाल्मीकि और उनके शिष्य भारद्वाज तमसा नदी पर स्नान करने जाते हैं। और उसी समय एक निषाद द्वारा नर सारस का वध तथा मादा सारस के करुण विलाप से महर्षि वाल्मीकि के हृदय में उपजा शोकः श्लोकत्वमागतः–

**मानिषाद प्रतिष्ठां त्वमगतः शाश्वतीः समाः**
**यत्क्रौंचमिथुनादेकमवधीः काममोहितम्।**

यही घटना महाकाव्य रामायण का आधार बनी। इसी तरह पत्नी रत्ना के वियोग और व्यंग्य ने तुलसीदास जी को पुनः रामबोला बना दिया **"अब लौ नसानी अब न नसैहों"** इस नश्वर जगत में तुलसीदास अनश्वर से प्रेम करने चल पड़े–

**करे एक रघुनाथ संग, बाँध जटा सिर केस**
**हम तो चाखा प्रेम रस, पतिनी के उपदेस।**

इसी तरह नियति ने रमेश भाई ओझा जी को सत्संग के इस मार्ग से जोड़ दिया। भागवत कथा अनुरागी पिता स्वर्गीय श्री बृजलाल कांजीभाई ओझा और दादी भागीरथी बेन

की छत्रछाया में जो पुष्प पल्लवित हुआ, वो सारे जगत को सुगन्धित कर उठा। दादी गाँव के वृद्धजनों को शिक्षित करने के साथ परिवार को भी अपनी भक्तिधार से सिंचित करती रहीं। भाईश्री के शब्दों में 18 वर्ष की वय में अपने पूजनीय चाचा भागवत कथावाचक श्री जीवनराज ओझा की प्रेरणा से स्वतन्त्र रूप से प्रथम भागवत कथा का वाचन किया जिसमें एक कुत्ते ने भागवत कलश यात्रा से अन्तिम दिवस की कथा् सुनने तक निरन्तर पण्डाल में व्यास गद्दी के तखत के नीचे बैठकर कथा का श्रवण किया और कथा की समाप्ति के साथ ही साथ कुत्ते के प्राण पखेरू उड़ गये। यह घटना उनके लिए भागवत के प्रति असीम श्रद्धा का कारण बनी। उन्होंने महसूस किया कि जिसे सुनकर जीवन मुक्त हो जाये वही कथा भागवत कथा है।

भागवत, वेदान्त दर्शन, रामकथा के अध्येता ओजस्वी एवं धाराप्रवाह वक्ता रमेश भाई ओझा ने इन शास्त्रों का अनुशीलन और विश्लेषण शास्त्र के रूप में नहीं बल्कि संस्कृति और मर्त्य–अमर्त्य और संस्कार के रूप में किया। कृत्य–अकृत्य, मर्त्य–अमर्त्य और मुक्ति–अमुक्ति, राग–वैराग का भेद 'भागवत' और आदर्श जीवन–शैली की स्थापक 'श्रीरामकथा' का ध्येय शास्त्र नहीं वरन् संस्कार की स्थापना है। रमेश भाई ओझा कथा नहीं कहते बल्कि कथा के एक सूत्रधार बन श्रोताओं के साथ प्रसंग में भगवान के समक्ष उपस्थित होते हैं और प्रभु के साक्षात्कार का सेतु बनते हैं। श्रोता भावविभोर हो प्रभु के बाल्यकाल में उन्हें अपने हाथों में झूला भी झुलाता है और उसे रोता हुआ देखकर स्वयं अश्रु भी बहाता है। वो हर प्रसंग अपने समक्ष घटित होते देखता है। कथा के समानान्तर चलता है। गंगा के एक घाट पर श्रोता चलता है और दूसरे घाट पर वाचक, बीच धार में केवट की नाव पर प्रभु झूलते हैं।

वाल्मीकि ने मुनि नारद जी से एक प्रश्न किया **''चारित्रेण च को युक्तः''** महर्षि वाल्मीकि की चारित्र योग की यही जिज्ञासा रामायण में प्रभु राम और सीता के माध्यम से विश्व समाज और संस्कृति के परिप्रेक्ष्य में धर्म और चरित्र की स्थापना का आधार बनी। श्रीराम कथावाचक के रूप में श्री रमेश भाई ओझा ने रामायण के इन आधारभूत तथ्यों को कथा में धर्म और चरित्र की स्थापना का आधार बनाया। श्रीराम कथावाचक के रूप में श्री रमेश भाई ओझा ने रामायण के इन आधारभूत तत्त्वों को कथा में समाविष्ट करते हुए आत्मसात भी किया। श्वेत धवल वस्त्र और धवल आत्मा, शान्त नेत्र और शान्त चित्त, केसरिया हरिचन्दन पर लाल भालमणि सा तिलक, प्रसंग वात्सल्य का हो या शृंगार का, करुणा का हो या वीरता का, प्रभु राम के चरित्र के अनुरूप ही निरपेक्ष, निश्चल मुखमुद्रा और वाणी प्रशान्तात्मा राम की कथा के लिए वाचक को और क्या चाहिए।

कथा में अभिव्यक्ति का सौन्दर्य और शैली की मधुरता, अमृतमयी धीर–गम्भीर वाणी से कथावाचन को विशिष्ट स्थान दिलाने वाले सन्त श्री ओझा दार्शनिक से द्रष्टा के पद पर आरूढ़ हो गये। प्रकाश का विचार और प्रकाश का साक्षात्कार ही अन्य वाचकों से उन्हें अन्यतम स्थान प्रदान कराता है। शिव सूत्र और वेदान्त दर्शन के सिद्धहस्त ओझा जी श्रीरामकथा कहते हुए कितनी सुन्दरता से शिव तत्त्व का उल्लेख और सद्गुरु की व्याख्या करते हुए कहते हैं कि शिव नित्य बोधमय है, शिव का हर तत्त्व हर चेष्टा बोधमय है,

शिव महाश्मशान में रहते हैं इसी तरह जीव हर क्षण चिन्ता में जल रहा है। चिता क, द्वेष का, राग का, दुःख का ताप चिता अग्नि के समान उसे लील रहा है, शरीर हर क्षण नष्ट हो रहा है, काल आयु को पी रहा है **''कालो जगते भक्षकः''।**

शिव भभूति रमाते हैं, उसी तरह जीवन के माथे जंजाल की जटाएँ हैं पर शिव के अनुरूप सद्गुरु ही हैं जो नीलकण्ठ हैं, जो अपने साधकों के जीवन के हर ज़हर को, हर व्याधि को पीकर अमृत की अनुभूति कराता है। शिव समान सद्गुरु का जीवन भी नित्य बोधमय हो क्योंकि सद्गुरु की हर चेष्टा साधक के लिए सीख होती है। एक सच्चा सद्गुरु ही ये व्याख्या कर सकता है। ऐसा गुरु जो समाधान के साथ समाधि दे, उसके सत्संग से सिर्फ़ सूत्र नहीं मिलते बल्कि क्रान्ति घटित होती है। जो ब्रह्माण्ड के हर कण को उद्वेलित कर देती है। रामचरितमानस के प्रथम सोपान बालकाण्ड की एक चौपाई जो श्रीराम के नामकरण से सम्बन्धित है–

**जो आनन्द सिन्धु सुखरासी, सीकर तें त्रैलोक सुपासी।**

इस चौपाई की पूर्ण अर्थ सहित व्याख्या अनेकोनेक शास्त्रों में पढ़ने को मिलेगी पर उक्त चौपाई में 'सीकर' शब्द की सुन्दर व्याख्या श्री ओझा जी के शब्दों में–जब किसी पात्र में हाथ डुबाकर निकालो तो जो उँगलियों के अग्रभाग पर जलबिन्दु दिखाई देता है, अगर उसे छिड़क दिया जाये तो सहस्रों जलकण बन जाते हैं, यही सीकर है। प्रयोजन राम के नाम का सूक्ष्मतम अंश भी जगत को आनन्द से भर देता है। प्रभु की लीलाओं में जो स्थान बाल लीला का है उतना मनमोहक स्थान और दृश्य अन्यत्र दुर्लभ है पर उन पर उत्प्रेक्षाएँ या भाव को अन्यतम सुन्दरता प्रदान करना कथावाचक का काम है। चूँकि श्री ओझा जी भागवत कथा के भी श्रेष्ठ वक्ता हैं, उन्होंने रामकथा को अत्यन्त सुन्दरता से कृष्णकथा से जोड़कर नयनाभिराम दृश्य उत्पन्न किये। भगवान श्रीकृष्ण की बाललीला में प्रभु के द्वारा मिट्टी खाने के उद्देश्य के पीछे कितनी ही व्याख्या महामनीषियों द्वारा लिखी गयीं, पर उन सभी का अध्ययन कर मनकों को एक तार में पिरोने में ओझा जी की शैली बेजोड़ है। उन्होंने ये भी माना कि पृथ्वी क्षमा का पर्याय है और कृष्ण पृथ्वी के मेहमान बनकर अवतरित हुए अतः पृथ्वी द्वारा परोसे हुए पदार्थ 'मृदा' से उन्होंने क्षमा को ग्रहण किया क्योंकि पृथ्वी पर रहते हुए इसी गुण की सर्वाधिक आवश्यकता उन्हें पड़ने वाली थी। इसके साथ ही ओझा जी ने ये भी माना कि पृथ्वी पर ब्राह्मण अपने सत्व गुण के कारण जन में फैले दुर्गुणों से खुद को बचाने के लिए मानस को सही मार्ग में लाने के अपने कर्तव्य से हटकर स्व–हितार्थ भगवत भक्ति में लीन हो गये, इसके लिए श्री ओझा जी के शब्द पढ़ें–

**ये नामुमकिन है कि दुनिया अपनी मस्ती छोड़ दे**<br>**इसलिए ऐ दिल तू ये बेकार बस्ती छोड़ दे**

अतः ओझा जी के अनुसार कृष्ण ने पृथ्वी से मिट्टी के रूप में रजोगुण ग्रहण किया, क्योंकि रजोगुण ही है जो प्रवृत्ति को प्रेरित करता है।

कृष्ण का दायाँ हाथ पकड़कर माँ यशोदा उन्हें मिट्टी खाने के लिए डाँट रही है, ओझा जी की सूझ देखिए–दायाँ हाथ इसलिए क्योंकि मिट्टी खाने के अपराध में वही शामिल है इसलिए वह ही दण्ड का पात्र है, ये कथा की रोचकता है, ये कथावाचक की दृष्टि है,

जिसने माँ यशोदा की आँखों के वात्सल्य को हर श्रोता की आँख में भर दिया। मैया कहती चटोरे और इस शब्द के लिए 'अदांतात्मन' शब्द का प्रयोग ओझा जी के अनुसार विष्णु सहस्रनाम में भी नहीं है।

कृष्ण के मुँह खोलने पर माँ यशोदा को ब्रह्माण्ड दर्शन होना और कृष्ण का सोचना कि अगर मैया इस क्षण में सारा गुस्सा भूलकर कान्हा को गोद में बिठाकर एक ही पल में सारे ऐश्वर्य की स्वामिनी हो जाती है। मैया माया के वशीभूत है और माया कृष्ण के। ओझा जी के मुख से बहती इस गंगा धारा में श्रोताओं के अश्रु मिश्रित होते रहते हैं और हर गोद पुलक उठती है। तभी श्री ओझा श्रीरामचरितमानस का वह छन्द गाते हैं और माँ कौशल्या की उसी मनोदशा का वर्णन करते हैं जो माँ यशोदा की प्रभु के विराट स्वरूप के दर्शन से हुई–

**देखराबा मातहि निज अद्भुत रूप अखण्ड**<br>**रोम रोम प्रति लागे कोटि कोटि ब्रह्माण्ड**

और माँ कौशल्या अपनी ममता के वशीभूत प्रभु की स्तुति करती है–

**अस्तुति करति न माई भय माना**<br>**जगत पिता मैं सुत करि जाना**

मानस और भागवत का ये समानान्तर प्रवाह कथावाचक श्री ओझा की मुखमुद्रा में गोचर होता है। कृष्ण चंचल–चपल हैं और राम धीर–गम्भीर। ओझा जी की मुखमुद्रा कृष्ण और राम के नाम के साथ बदलती है। श्रोता भावविभोर हो उठता है जब वह कथावाचक के चेहरे पर अपने प्रभु के भाव देखता है। जीवन का ऐसा कौन–सा कोना शेष रहा जिसे भाईश्री ओझा ने स्पर्श न किया हो। एक सच्चे सन्त के रूप में उन्होंने गुजरात प्रान्त में अपने जन्मस्थान देवका में देवका विद्यापीठ तथा पोरबन्दर में सान्दीपनी विद्यानिकेतन की स्थापना की जहाँ गुरुकुल पद्धति से संस्कृत की निःशुल्क शिक्षा दी जाती है। सन् 1987 में ढाई करोड़ की राशि आधुनिक नेत्र चिकित्सा के विकास के लिए तथा दो करोड़ की राशि गोवर्धन क्षेत्र को प्रदूषण मुक्त करने हेतु दान कर उन्होंने श्रीराम एवं श्रीकृष्ण के आदर्शों को कथा के साथ सोदाहरण प्रस्तुत किया। ये विश्व सन्त समाज में भागवत भूषण, भागवताचार्य और भागवत रत्न जैसी उपाधियों से अलंकृत किये गये।

आज नगरों–महानगरों में सत्संग के लिए पण्डालों में हज़ारों की भीड़ देखी जा सकती है इसका अर्थ सिर्फ़ श्रद्धा, भक्ति या आस्था ही नहीं हो सकता। एक शून्य है जिसे हम स्वतः भर नहीं पा रहे। एक क्षुधा है, अतृप्ति है जो सोने–चाँदी की थाली में परोसे छप्पन प्रकार के व्यंजनों से नहीं मिट रही। ये क्षुधा जो उन्हें सत्संग के इन पण्डालों तक खींच लायी, वो है ज्ञान की, मोक्ष की और भक्ति की। एक बहुत ख़ूबसूरत प्रसंग जो ओझा जी द्वारा ही सुनाया गया, किंचित याद है मुझे–

वृन्दावन की गली में एक नौजवान साधु आँखों में आँसू लिए भूख–भूख चिल्ला रहा था। भूख से इस कदर व्याकुल कि आँखों से बहती अश्रुधार नहीं रुक रही थी। लोगों ने देखा तो साधु समझ अपनी मति अनुसार फलाहार की व्यवस्था कर दी, पर उस साधु ने फलाहार को आँख खोलकर भी न देखा। कुछ लोगों ने सोचा कि वैष्णव है, भूखा है.... क्षुधा सम्भवतः फलाहार से शान्त न हो अतः अन्न की व्यवस्था की गयी पर साधु ने आँख भर न

देखा और रोता ही रहा, भूख–भूख चिल्लाता रहा... पीड़ा बढ़ती ही जा रही थी। एक अन्य साधु वहाँ से निकले उन्हें रोककर लोगों ने उस नवयुवक साधु के बारे में बताया। साधु ज्ञानी थे, देखते ही समझ गये। उन्होंने मुस्कुराते हुए उस नवयुवक साधु के सिर पर हाथ फेरा और बोले कि रोते रहो जब तक भूख न मिट जाये, जब तक भूख मिटे हरिदर्शन की, जब तक नैन तृप्त न हों, बहते रहने दो अश्रु। वृन्दावन में हज़ारों साधु हैं पर इस क्षुधा से प्रीति बिरले को सताती है। यही प्रेम यही क्षुधा है जो सत्संग के द्वार तक ले आती हैं।

श्री भागवत कथा के श्लोक, श्री रामचरितमानस के दोहे, छन्द, चौपाई और वेदान्त दर्शन, उनकी मीमांसाएँ कोई कहानी नहीं बल्कि सूत्र है, जीवन सूत्र है, जिस प्रकार गणित के सूत्र में प्रत्येक पद को हल करते हुए हम सवाल का उत्तर प्राप्त करते हैं। उसी प्रकार उनके प्रत्येक शब्द की व्याख्या का हमारे जीवन से सम्बन्धित प्रत्येक सवाल का हल हृदयगम्य बना दे... उत्कण्ठा उपलब्ध कराती है, ज़रूरत होती है योग्य व्याख्याकार की, योग्य गुरु की, गूढ़ अध्येता की जो इन शब्दों या पदों में छुपे अर्थों का विश्लेषण कर हमारे लिए बोधगम्य बना दे, हृदयगम्य बना दे,.. उत्कण्ठा दे, बोधि दे, ब्रह्मदेव और ब्रह्माण्ड दे।

मनुष्य जन्म और उसका उपभोग लोक कल्याण की भावना के साथ रामराज्य की परिकल्पना और चारित्रिक आदर्श की प्रस्तुति तथा भगवत धर्म के सूत्र एवं विचार की छाया में पल्लवित समाज के पथ प्रदर्शक कथावाचक सार्थक करते रहे हैं।

**बड़े भाग मानुष तन पावा**
**सुर दुर्लभ सद्ग्रन्थहिं गावा।**
**साधन धाम मोक्ष कर द्वारा**
**पाई न जेहि परलोक सँवारा।।**

❑❑

# लेखक-प्रस्तुतिकर्ताओं के पते

| | |
|---|---|
| **डॉ. अवधेश कुमार चंसौलिया** | – डी.एम. 242, डी.डी. नगर, ग्वालियर (म.प्र.) |
| **रमेश तिवारी** | – दमोह (म.प्र.) |
| **वीरेन्द्र शर्मा कौशिक** | – 146, कुरेचा नाका, मऊरानीपुर, झाँसी (उ.प्र.) |
| **डॉ. सतीश चतुर्वेद 'शाकुन्तल'** | – विभागाध्यक्ष हिन्दी शासकीय कस्तूरबा कन्या महाविद्यालय, गुना (म.प्र.) |
| **डॉ. जवाहर लाल द्विवेदी** | – प्राचार्य, शासकीय महाविद्यालय, राघौगढ़, गुना (म.प्र.) |
| **अनिरुद्ध नीरव** | – शिल्पायन, सदर रोड, अम्बिकापुर, सरगुज। (छत्तीसगढ़) |
| **प्रीति तिवारी** | – श्री चंडी जी वार्ड, हटा, दमोह (म.प्र.) |
| **प्रभुदयाल मिश्र** | – अध्यक्ष, महर्षि अगस्त्य संस्थान, 35 ईडन गार्डन, कोलर रोड, भोपाल (म.प्र.) |
| **किरण उपाध्याय** | – राजीव कॉलोनी, सिविल वार्ड–5, दमोह (म.प्र.) |
| **डॉ. कृष्णगोपाल मिश्र** | – 9, चैतन्य नगर, मालाखेड़ी रोड, होशंगाबाद (म.प्र.) |
| **डॉ. रमेशचन्द्र खरे** | – 'श्यामायन' एम.आई.जी.बी. 73, विवेकानन्द नगर, दमोह (म.प्र.) |
| **डॉ. प्रणव शास्त्री** | – 'कल्पतरु', वसुन्धरा कालोनी, पीलीभीत (उ.प्र.) |
| **डॉ. प्रेमचन्द्र स्वर्णकार** | – गायत्री नगर, दमोह (म.प्र.) |
| **डॉ. अम्बिका प्रसाद पाण्डेय** | – यमुनौली नगर, मड़ौका रोड, डॉडी, प्रयागराज (उ.प्र.) |
| **डॉ. सरोज गुप्ता** | – हिन्दी विभाग, शास. कला एवं वाणिज्य महाविद्यालय सागर (म.प्र.) |
| **डॉ. विश्वास पाटील** | – पूर्व प्राचार्य, शहादा, जिला नन्दूखार (महाराष्ट्र) |
| **जयकृष्ण पलया** | – पोस्ट ऑफिस के पास, हटा, दमोह (म.प्र.) |
| **जगदीश प्रसाद पाठक** | – रेलवे विभाग, जबलपुर (म.प्र.) |
| **मंजूषा सोनी** | – सागर (म.प्र.) |